제3판

보 육 과 정

정정란 강복화 강인숙 권미진
박혜정 오성숙 이영화

창지사

머 리 말

현대사회는 지속적인 경제성장과 산업화·정보화로 가정과 아동의 지위변화, 가족구조의 변화, 저출산·고령화 사회로의 이행, 사회경제적 양극화 현상, 위기가정과 위험아동의 증가 등 여러 가지 사회적 변화를 경험하게 되었다. 이러한 사회변화에 따라 보육시설 또한 새로운 서비스를 제공해야 하는 사회적 변화를 요구받게 되었다. 즉 과거에는 아동에게 제공되는 서비스의 책임이 부모에게 있는 것으로 간주하였으나 현대에 와서는 더 이상 부모만의 책임이 아니라 국가나 사회가 이를 책임져야 한다는 관심이 대두되고 있다. 이와 맥을 같이 하여 최근 OECD 회원 국가에서는 보육의 공공성 강화를 위하여 무상보육을 확대하고 있다.

우리나라에서도 세계적 동향에 발맞추어 영·유아보육을 위한 제도적·정책적 지원을 강화하고 있으며 질적 수준의 향상을 위한 노력으로 국가수준에서 제공하는 보편적이고 공통적인 보육의 목표와 내용을 제시하고 있다. 2007년 제정·고시된 국가수준의 표준보육과정은 2012년 제2차 표준보육과정으로 개정되었으며 3~5세 누리 과정을 반영하여 2013년에 제3차 어린이집 표준보육과정을 개정·고시하였고 2020년 현재 제4차 어린이집 표준보육과정을 고시하여 운영하고 있다.

제4차 어린이집 표준보육과정은 0~1세 보육과정, 2세 보육과정, 3~5세 보육과정으로 구성되어 있으며 놀이 중심, 아동 중심, 현장 자율성 확대, 보육 수준 적정화를 통한 아동의 전인적 발달과 창의성 신장 추구에 중점을 두고 궁극적으로 영유아가 놀이를 통해 심신의 건강과 조화로운 발달을 이루고, 바른 인성과 민주 시민의 기초를 형성하는 데 목적을 두고 있다.

이에 따라 저자는 보육과정의 의미와 가치를 공감하고 보육과정을 계획하고 운영하는 데 필요한 지식, 기술, 태도를 습득하는 데 중점을 두고 책을 집필하고자 하였다.

원고를 마무리하고 보니 집필하고자 했던 처음의 의도와는 달리 바쁜 일정에 쫓겨 충분한 검토와 분석을 하지 못해 아쉬움이 남는다. 그러나 이러한 아쉬움에 대한 저자들의 여운은 앞으로 끊임없이 노력하고 연구해야 함을 알려주는 좋은 계기가 될 것이며, 다음을 기약하는 촉매제가 될 것이다. 출간한 후에도 전문가 및 독자들의 기탄없는 비판을 통해 미흡한 부분에 대해 수정·보완하고 더 좋은 책으로 개정될 수 있도록 노력할 것이다. 모쪼록 보육에 관심을 가지고 있는 학생은 물론, 현장에서 보육에 관한 기초지식을 필요로 하는 모든 사람에게 유용하게 사용되기를 바란다.

끝으로 이 책의 출간을 위해 마음을 써 주시고 도와주신 창지사 사장님과 임직원분들께 따뜻한 감사의 마음을 전한다.

2020. 8

저자 일동

차 례

제 3 부 보육과정의 운영

제 1 부

보육과정의 이론과 기초

제1장

보육과정의 이해

보육과정은 보육시설에서 보육담당자가 영 · 유아를 보호하고 교육하는 일련의 전문적 활동으로 보육 목적과 목표를 설정하고 그에 맞는 활동 내용을 선정 · 조직하여 운영과 활동을 전개하고 평가하는 체계적인 설계도이다.

본 장에서는 보육과정의 개념을 알아본 후 보육과정의 특성과 우리나라 보육의 운영과 추진과제에 대해 살펴본다.

1. 보육과정의 개념
2. 보육과정의 특성
3. 우리나라 보육의 운영과 추진과제

1. 보육과정의 개념

1) 보육의 개념

보육(保育)이란 말의 사전적 의미는 "어린아이를 돌보아 기름"이라는 뜻으로 보(保)는 '지키다, 편안하게 하다, 돕다'이며 육(育)은 '기르다'로 일반적으로 영·유아를 보살피고 돌보며 기르고 교육하는 것을 의미한다. 그러나 과거에는 보육을 단지 "아동을 위탁한다."라는 의미로 사용되었으며 그 개념 또한 전통적으로 사용되어 오던 '탁아(託兒)'의 개념에서 찾을 수 있다. 이에 대한 법적 근거는 1952년 제정된 '후생시설 요강'에 잘 드러나 있으며, 이 요강에서는 '탁아소'라는 명칭을 사용하였다. 그 후 1961년 제정된 「아동복리법」에서는 탁아소 대신 탁아시설이라는 명칭을 사용하면서 탁아사업의 목적과 내용을 법령으로 명기하였다.

보육이 보육서비스의 성격을 가지게 된 것은 1982년 「유아교육진흥법」과 1991년 「영유아보육법」이 제정·공포되면서부터이다. 그동안 보호기능에 그쳤던 탁아의 개념을 교육까지 통합하는 보육의 개념으로 바꾸었으며 명칭도 '탁아소'에서 '어린이집'으로 개칭되었다. 이것은 단지 명칭의 변경이 아니라 부모를 대신하여 아동을 보호하고 양육하는 것은 물론, 아동의 전인적 발달을 위해 교육의 기능도 함께 수행되어야 한다는 인식의 변화를 포함하고 있다. 즉, 보육의 개념은 아동의 건강과 안전 지도뿐만 아니라 전인적 발달을 위한 교육을 포함하는 보호(care)와 교육(education)이 통합된 보육(educare)의 개념으로 확장되었다. 이러한 법적 근거는 「영유아보육법」 제2조에서 보육을 "영·유아를 건강하고 안전하게 보호·양육하고 영·유아의 발달 특성에 맞는 교육을 제공하는 어린이집 및 가정양육 지원에 관한 사회복지서비스"로 정의하고 있는 것에서 찾아볼 수 있다. 더불어 동법에서 보육의 내용은 교육, 영양, 건강, 안전, 부모에 대한 서비스와 지역사회와의 교류까지 포함하는 종합적인 개념으로 정의하고 있다. 이러한 견해들을 요약해 보면 현대적 관점의 보육은 모든 영 ·유아가 차별 없이 평등한 조건에서 보호와 교육을 받아 최적의 발달에 도달할 수 있게 하며, 영·유아의 부모가 함께 행복해지도록 사회와 국가가 지원하는 복지서비스를 포함한 포괄적인 개념으로 정의할 수 있다.

2) 보육과정의 개념

보육과정을 계획하고 조직하기 위해서 보육교사는 영·유아를 어떤 존재로 보고 있으며 어떤 인간으로 기르고자 하며, 이를 위해 영·유아가 경험하기를 바라는 내용이 무엇인지 생각해 보아야 한다. 따라서 보육과정에는 영·유아발달에 대한 철학과 신념, 이론이 담겨 있어야 하며 영·유아가 어떤 상태로 성장해 나가야 할 것인가의 명확한 목적이 나타나야 한다. 보육과정에 대한 개념은 학자들에 따라 다음과 같이 다양하게 정의를 내리고 있다(김정원 외, 2006).

- 영·유아가 학습할 내용, 보육 목표를 성취해 나가는 과정, 영 · 유아의 이러한 목표 성취를 돕기 위한 교사의 역할, 교수와 학습이 발생하는 상황에 관해 서술한 조직화된 틀이다(NAEYC & NAECS/SED, 1991).
- 프로그램의 목적에 따라 계획되고 조직된 학습 경험들의 목록이다(Spodek, 1991).
- 출생에서부터 만 5세까지 모든 영·유아의 성장과 발달을 촉진하고 전인적 인간 형성 및 기본생활 형성을 돕는 보육시설에서 영·유아가 경험한 모든 내용의 총체이다(김명순 외, 2005).
- 영·유아의 전인적 성장과 발달을 돕기 위해 보육시설에서 영·유아가 학습할 내용, 보육과정 목표를 성취해 나가는 과정, 유아의 목표 성취를 돕기 위한 교사의 역할, 교수와 학습이 발생하는 상황에 관해 계획한 조직화

된 틀이다(한국유아교육학회, 1996).

한편, Schwartz와 Robison(1982)은 보육과정에 대한 유형을 5가지로 분류하였는데, 이를 기초로 보육과정의 개념을 정리해보면 〈표 1-2〉와 같다.

표 1-2 보육과정의 유형

유 형	내 용	교사의 역할
우연히 일어난 것으로서의 보육과정	• 영 · 유아의 요구와 흥미를 중심으로 보육경험이 결정되는 보육과정 • 학습의 구체적 내용보다는 과정에 가치를 둠	• 영 · 유아의 흥미와 요구가 다양하게 이루어질 수 있는 환경구성 • 단점 : 보육과정의 범위가 불확실
모든 경험으로서의 보육과정	• 보육시설에서 갖게 되는 모든 경험이 곧 보육과정 • 의도하지 않았지만 영 · 유아에게 영향을 줄 수 있는 잠재적 보육과정을 포함	• 의도된 경험뿐 아니라 계획되지 않은 많은 요인이 영 · 유아에게 영향을 미친다는 점에서 교사의 민감성이 강하게 요구
교수계획으로서의 보육과정	• 미리 짜인 의도된 계획으로서의 보육과정 • 계획은 곧 교수의 기초	• 단점: 영 · 유아의 요구와 흥미를 융통성 있게 반영하기 어려움
교수요목으로서의 보육과정	• 공식적인 문서의 성격을 가진 보육과정	• 단점: 국가 수준의 획일화된 문서로 지역사회의 특성이나 영 · 유아의 흥미나 요구 반영이 어려움
프로그램으로서의 보육과정	• 한 가지의 접근방법이나 이론에 기초한 보육과정 (예: 몬테소리프로그램, 디스타프로그램 등)	

이상에서 살펴본 보육과정의 개념 정의를 종합해 보면 보육과정은 보육시설에서 시행되는 교육과정(curriculum)을 의미하는 것으로써 보육시설에서 보육담당자가 영·유아를 보호하고 교육하는 일련의 전문적 활동으로, 보육 목적과 목표를 설정하고 그에 맞는 활동 내용을 선정 조직하여 운영 및 활동을 전개하고 평가하는 등에 관한 체계적인 설계도라고 할 수 있다.

2. 보육과정의 특성

보육과정은 보육대상과 보육시간, 보육프로그램, 보육평가 등으로 구성되며 다음과 같은 특성을 가지고 있다.

첫째, 보육과정의 대상 범위는 출생(0세)~5세까지 취학 전의 영·유아를 포함하며 필요할 경우 만 12세까지 연장하여 보육할 수 있어(「영유아보육법」 제27조 단서조항) 보육과정의 대상 연령은 초등학교 아동기인 12세까지로 확대된다. 어린이집 운영시간은 주 6일 이상, 연중 계속 운영하는 것을 원칙으로 하며 평일 12시간 이상 운영함을 원칙으로 하되, 보호자의 근로시간 등을 고려하여 미리 보호자의 동의를 받아 조정·운영할 수 있다.

둘째, 보육과정은 평일 12시간의 종일반을 원칙으로 하고 있으므로 종일의 보육활동을 위한 프로그램을 제공해야 한다. 프로그램은 발달에 적합해야 하며 오전과 오후 활동의 일관성, 정적 활동과 동적 활동의 시간적 균형, 영·유아와 가정, 부모의 요구에 맞는 다양한 보육활동을 융통성 있게 제공 해야 한다.

셋째, 보육과정은 생애 초기교육 및 보육으로서 앞으로 다가올 학습과 영유아의 전인적 성장의 기틀을 마련하는 특징을 가지고 있다. 따라서 놀이 중심, 아동 중심, 현장 자율성 확대, 보육 수준 적정화를 통한 아동의 전인적 발달과 창의성 신장 추구에 중점을 두고 이러한 내용을 담아 2020년 제4차 어린이집 표준보육과정을 고시하였다.

넷째, 보육과정은 시대적 변화에 따라 수요자의 요구에 따라 다양한 형태로 제공되어야 한다. 즉, 영·유아의 연령, 발달 수준, 장애 여부 등의 개인적 특성, 가족의 상황, 지역사회의 조건 등에 따라 다양하게 구성하여 운영해야 한다.

3. 우리나라 보육의 운영과 추진과제

보육시설은 보호자의 위탁을 받아 영·유아들을 대상으로 보호와 교육을 하는 기관으로 「영유아보육법」에 근거하여 설치·운영되며 2020년 현재 어린이집은 보건복지부의 관할하에 있으며 '영유아의 행복한 성장을 위해 함께하는 사회'라는 비전 아래 제3차 중장기 보육계획을 실행하고 있다.

1) 어린이집의 운영

(1) 어린이집의 유형

① 국·공립 어린이집

국가와 지방자치단체가 설치·운영(위탁운영 포함)하는 어린이집 중에서 직장어린이집을 제외한 시설로서 상시 영·유아 11인 이상을 보육할 수 있는 시설을 갖추어야 하며 명칭은 "○○어린이집"으로 한다. 국가 및 지방자치단체의 장이 인가절차 없이 직접 설치하되, 보육시설 수급계획 등을 포함한 보육계획을 사전에 수립하여야 한다. 자치 단체 외의 각급 정부기관은 지방자치단체의 수급계획이 반영될 수 있도록 관할 시·군·구청장과 협의하여야 하며 저소득

층 밀집지역, 산업단지 지역에 우선하여 배치하여야 한다.

② 사회복지어린이집, 법인·단체 등 어린이집, 민간어린이집

사회복지법인 어린이집이란 「사회복지사업법」에 의한 사회복지법인이 설치·운영하는 어린이집이다. 법인·단체 등 어린이집은 각종 법인(사회복지법인을 제외한 비영리법인)이나 단체 등이 설치·운영하는 어린이집을, 민간 어린이집은 국공립·사회복지법인·법인단체 등 직장·가정·협동 어린이집이 아닌 어린이집을 말한다.

상시 영·유아 21인 이상을 보육할 수 있는 시설을 갖추어야 하며 명칭은 "○○어린이집"으로 해야 하고 명칭 사용에 유치원, 학원 등 유사기관으로 오인할 수 있는 명칭은 사용할 수 없다.

③ 직장어린이집

사업주가 사업장의 근로자를 위하여 설치·운영하는 어린이집(국가 또는 지방자치단체의 장이 소속 공무원 및 근로계약을 체결한 자를 위하여 설치·운영하는 어린이집 포함)을 말한다. 상시 영유아 5인 이상을 보육할 수 있는 어린이집으로 명칭은 "○○어린이집"으로 해야 한다. 「영유아보육법」상의 설치기준을 모두 갖추어야 하며, 사업주가 직장어린이집을 설치할 경우에는 안전사고 및 재난에 대비한 시설을 갖추어 건물 내 5층까지 보육실을 설치할 수 있다.

상시 영·유아 20인 이하를 보육하는 직장어린이집은 가정어린이집을 설치할 수 있는 곳에도 설치할 수 있으며 관할 시장·군수 또는 구청장에게 사전에 인가를 신청하여야 한다. 상시 여성 근로자 300인 이상 또는 근로자 500인 이상을 고용하고 있는 사업장은 직장보육시설을 설치하여야 하며, 의무사업장의 사업주가 단독으로 설치하기 어려운 경우에는 사업주 공동으로 직장보육시설을 설치·운영하거나 지역의 어린이집과 위탁계약을 체결하여 근로자 자녀의 보육을 지원해야 한다.

④ 가정어린이집

개인이 가정 또는 그에 준하는 곳에 설치·운영하는 시설을 말한다. 상시 영·유아 5인 이상 20인 이하를 보육할 수 있는 시설을 갖추어야 하며 관할시장, 군수 또는 구청장에게 사전에 인가를 신청하여야 한다.

⑤ 협동어린이집

보호자 또는 보호자와 보육교직원 11인 이상이 조합을 결성하여 설치·운영하는 어린이집으로 상시 영·유아 11인 이상을 보육할 수 있는 시설을 갖추어야 하며 관할 시장·군수 또는 구청장에게 사전에 인가를 신청하여야 한다. 보육아동을 둔 보호자 11인 이상이 상호 출자하여 공동으로 보육시설을 설치·운영할 것을 약정함으로써 그 효력이 발생한다. 조합원은 아동보육의 필요성이 없게 되거나 기타 조합계약으로 정하는 시기에 탈퇴할 수 있으며, 출자금은 탈퇴 당시 조합의 재산 상태 및 지분에 의한다. 보육시설 운영에 관한 통상 사무는 원장이 전임하여 주요사항은 조합원 과반수 이상의 찬성으로 결정한다.

이 밖에 보육시설의 설치와 관련해서 시설은 위험시설로부터 50m 떨어져 입지해야 하며 정원은 300인 이하로 제한하고 보육실을 포함한 시설 면적은 영·유아 1인당 4.29m^2 이상, 보육실은 영·유아의 연령에 구분없이 1인당 2.64m^2 이상으로 한다.

(2) 어린이집 운영의 일반원칙

① 어린이집 정원

어린이집 정원은 어린이집 전용으로 사용하는 시설(실내) 면적, 보육실 면적, 옥외 놀이터 및 대체놀이터(정원 50인 이상) 면적을 기준으로 산정한 후 각 면적산정 인원 중 가장 적은 수 이하로 정한다.

<table>
<tr><th>면적기준 / 시설규모</th><th>어린이집 전용면적</th><th>보육실 면적</th><th>놀이터 면적</th><th>산정 기준</th></tr>
<tr><td>50인 미만 시설</td><td rowspan="2">영유아 1인당 4.29m^2</td><td rowspan="2">영유아 1인당 2.64m^2</td><td></td><td rowspan="2">각 면적산정 인원 중 가장 적은 수를 정원으로 함</td></tr>
<tr><td>50인 이상 시설</td><td>영유아 1인당 3.5m^2 원칙</td></tr>
</table>

※ 보육실은 반별 최대 정원을 고려하여 설치하도록 설치 전 상담 시 지도
※ 놀이터 면적은 보육시설 규모별로 별도 면적기준 제시(놀이터 설치기준 참조)

② 어린이집의 반편성

가. 반편성 기준은 동년도 출생아(동년도 1. 1.~동년도 12. 31. 출생아)를 함께 반편성하는 것을 원칙으로 한다.

나. 어린이집은 가능한 한 만 2세 미만 영아반, 만 2세 영아반과 만 3세 이상의 유아반을 동시에 운영해야 한다. 다만, 장애아가 있는 경우에는 장애아만으로 구성된 반을 운영할 수 있다(시행규칙 제23조 별표 8의 규정).

다. 연령별 반편성 시 반별 정원 기준은 「영유아보육법」 시행규칙 제10조에 의하며 연령별 반별 정원 기준은 〈표 1-3〉과 같다.

표 1-3 연령별 반별 정원 기준

반별 정원기준	만 0세	만 1세	만 2세	만 3세	만 4세
원칙	3명	5명	7명	15명	20명

라. 반별 정원 탄력편성, 농촌 소규모 어린이집 및 도서·벽지·농어촌 지역의 교사 대 아동비율 특례 등에 의해 예외적인 반편성이 허용된 어린이집도 정원책정 기준인 어린이집 전용면적과 보육실 면적 등을 준수해야 한다.

마. 예외적으로 연령혼합 반편성을 할 경우 교사 대 아동 비율은 낮은 연령의 교사 대 아동비율을 준수해야 한다.

>> 표 1-4 연령혼합 반편성 시 교사 대 아동비율

혼합반 운영	만 0세와 만 1세 영아	만 1세와 만 2세 영아	만 0세와 만 2세 영아	만 2세 이하 영아와 만 3세 이상 유아	만 3세와 만 4세 이상 유아
원칙	가능	가능	불가능	불가능	가능
교사 대 아동비율	1:3	1:5	–	–	1:15

출처: 보건복지부(2020).

③ 어린이집의 건강·급식·위생관리

가. 건강관리

- 어린이집 원장은 영유아와 어린이집 보육교직원에 대하여 정기적으로 건강진단을 실시하는 등 건강관리를 해야 한다.
- 영유아 에게 질병·사고 또는 재해 등으로 인하여 위급상태가 발생한 경우 즉시 응급의료기관에 이송해야 한다.
- 아동이 접근할 수 없는 안전한 장소에 응급조치를 위한 비상약품 및 간이 의료기구 등을 비치하여야 한다.
- 보육 아동 또는 보육교직원에게 식중독으로 의심되는 증상 발견 시 즉시 시·군·구청장에게 보고하고, 「감염병예방 및 관리에 관한법」에 따른 제1급 감염병부터 제3급 감염병까지에 해당하는 감염병 중 보건복지부령으로 정하는 감염병이 발생한 경우 또는 의심되는 증상 발견 시 관할 보건소에 신고하여야 한다.

나. 영양관리

- 어린이집의 장은 영유아에게 균형 있고 위생적이며 안전한 급식을 해야 한다. 급식은 정상적인 발달에 필요한 영양을 섭취할 수 있도록 영양사가 작성한 식단에 의하여 공급하여야 한다.
- 영유아 100인 이상을 보육하는 시설은 영양사 1인을 두어야 하며 영양사는 영유아의 건강·영양 및 위생을 고려하여 어린이집의 급·간식을 관리해야 해야 한다.
- 급식은 어린이집에서 직접 조리하여 공급하는 것을 원칙으로 하나 현장학습 등 어린이집에서 직접 제공하기 어려운 경우로서, 학부모에게 급식(외부 음식) 제공에 대해 미리 고지·안내하여 학부모 동의를 거칠 때에는 직접 조리하여 제공하지 않아도 된다.
- 「식품위생법」에 따라 상시 1회 50인 이상(영유아 및 보육교직원 포함)에게 식사를 제공하는 어린이집의 경우 시·군·구청 위생관련 부서에 집단급식소로 신고·운영하고 조리사를 배치해야 한다.
- 모든 어린이집은 영유아의 건강·안전 및 소비자의 알권리 확보를 위해 농수산물이나 그 가공품을 조리하여 제공하는 경우, 식단표에 원산지를 기재하여 공개해야 한다.

다. 위생관리

- 어린이집의 원장 및 급식을 조리·제공하는 보육교직원은 어린이집에서 식중독 환자가 발생하지 않도록 위생관리를 철저히 해야 한다.
- 어린이집의 조리 직원(영양사, 조리원)은 작업 전 건강상태를 확인하고 위생모, 위생복, 위생화를 착용(장신구는 착용불가)한다.
- 식품과 소모품은 별도로 구분하여 보관하되 여건상 부득이 함께 보관할 경우에는 서로 섞이지 않도록 분리 보관하고 식품과 소모품의 품명, 용도 등을 표시해야 한다.

- 유통기한이 경과되거나 상한 원료 또는 완제품을 조리할 목적으로 보관하거나 이를 음식물의 조리에 사용하여서는 아니되며, 이미 급식에 제공되었던 음식물을 재사용하여서는 안 된다.
- 부패·변질되기 쉬운 식품 등의 원료 및 제품은 냉동·냉장시설에 보관하는 등 철저하게 관리해야 하며 어린이집 내 조리실은 항상 청결을 유지하되 정기적으로 식기, 도마, 칼, 행주, 그 밖에 주방 용구를 세척·살균 및 소독하고 매일 위생 점검을 실시하는 등 위생관리를 철저히 해야 한다.

2) 보육의 비전 및 추진과제

(1) 중장기 비전

영유아의 행복한 성장을 위해 함께하는 사회라는 비전 아래 4대 목표를 두고 있다.

① 보육의 공공성 강화
② 효과적인 보육서비스 제공을 위한 보육체계 개편
③ 보육서비스의 품질 향상
④ 부모 양육지원 확대

(2) 추진과제

2020년 현재 제3차 중장기 보육계획을 실행하고 있다. 보다 구체적인 변화를 살펴보기 위해 과거의 중장기 기본계획의 주요개요를 살펴본 후 제3차 중장기 보육계획을 살펴보도록 한다.

① 1차 중장기 보육계획(새싹플랜, 2006~2008)

최초의 '중장기보육 기본계획'으로 보육업무의 여성가족부 소관 시기에 수립(당초 '06~ 10 목표로 수립)되었으며 여성의 사회진출 증가에 대응한 보육서비스 공급에 중점을 두었으며 비전은 '함께 키우는 건강한 아동'이었다.

② 1차 보완(아이사랑 플랜, 2009~2012)

2009년에는 기본계보육업무를 복지부 이관하고 1차를 보완한 아이사랑플랜을 발표하고 새정부 국정철학에 맞춰 기존 계획의 수정·보완을 거쳐 재수립하였다. 아이사랑 플랜에서는 국가책임 강화를 강조하고 보육서비스를 '영유아' 중심으로 '아이와 부모가 행복한 세상'을 비전으로 설정하였다.

③ 2차 중장기 보육계획(2013~2017)

무상보육 도입과 함께 보육서비스의 질 강화에 중점을 두어 '아이는 행복하고 부모는 안심할 수 있는 세상'을 비전으로 설정하였다.

1~2차 중장기 기본계획 주요개요를 정리하면 [그림 1-1]과 같다.

	제1차 중장기 보육기본계획 (새싹플랜 '06~'10)	제1차 계획보완 (아이사랑플랜 '11~'12)	제2차 중장기 보육기본계획 ('13~'17)
비전	함께 키우는 건강한 아동	아이와 부모가 행복한 세상	아이는 행복하고 부모는 안심할 수 있는 세상
전략	보육의 공공성 강화 / 양질의 보육 서비스	영유아 중심 / 국가책임제 보육 / 신뢰 회복	건강한 성장발달 / 국가책임 실현 / 참여와 신뢰증진
추진과제	1. 공보육 기반 조성	1. 부모의 비용 부담 완화	1. 부모의 비용 부담 완화
	2. 부모 육아부담 경감	2. 수요자 맞춤 지원	2. 수요자 맞춤 지원
	3. 다양한 보육서비스 제공	3. 보육지원 질제고 및 균형	3. 보육지원 질제고 및 균형
	4. 아동중심의 보육환경 조성	4. 보육인력 전문성 제고	4. 보육인력 전문성 제고
	5. 보육서비스 관리체계 강화	5. 보육사업 지원체계 구축	5. 보육사업 지원체계 구축

[그림 1-1] 1~2차 중장기 기본계획 주요개요

④ 제3차 중장기 보육계획(2018~2022)

제3차 중장기 보육계획은 정부의 보육서비스 지원에 대한 부모 체감도를 더욱 높일 수 있도록 보육·양육에 대한 사회적 책임을 강화하고 특히, 공공성 제고와 보육서비스의 질 강화 방안을 집중 추진한다. 구체적으로 살펴보면 보육의 공공성 강화를 위해 첫째, 다양한 방식을 통한 국공립어린이집 확충 및 지역적 균형 확충을 통해 보육의 양적인 공공성을 확충하고 둘째, 국공립어린이집 위탁운영 방식 개선, 취약보육 운영 의무 확대 등 국공립 운영의 공공성을 강화한다.

셋째, 직장어린이집 설치 의무 이행제도의 강화와 직접설치 지원 확대로 근로자의 보육시설 이용여건을 개선하고 넷째. 모든 어린이집이 '믿고 맡길 수 있는 어린이집'이 될 수 있도록 원장 자격을 강화하고 공공형 관리 확대 등 운영의 건전성을 제고한다.

한편 보육체계 개편으로 첫째, 부모의 어린이집 적정 이용을 위해 보육서비스 이용 여부, 이용 시간을 스스로 선택할 수 있도록 보육지원 체계를 개선하고, 둘째, 영유아 보육환경 변화와 누리과정 개편 등을 고려해 영유아의 연령과 발달 수준에 맞는 표준보육과정을 개정 추진하며, 셋째, 적정 보육서비스 제공이 이뤄지도록 표준보육 비용 계측과 이에 따른 적정 보육료를 지원한다.

부모양육 지원 확대를 위해서는 부모상담 확대, 체계적인 부모교육 지원 등 부모의 양육역량 강화를 위한 가정 내 양육 지원·확대하고 제공기관 확대 및 지원기준 개선으로 시간제 보육 접근성 제고한다. 또한 실행기반 강화의 일환으로 보육서비스 품질관리를 위한 기관의 기능개편과 민·관 협업 확대로 정책과제 추진 동력을 제고하고 효율적인 어린이집 관리 및 지원을 위한 전산시스템 개편을 추진한다.

이러한 보육에 대한 기본방향을 토대로 추진과제를 정리하면 [그림 1-2]와 같다(보건복지부, 2017).

비전: 영유아의 행복한 성장을 위해 함께하는 사회

목표 및 전략

보육의 공공성 강화

1. 국공립 이용을 40%로 확대
2. 국공립 운영의 공공성 강화
3. 직장어린이집 활성화
4. 어린이집 운영의 건전성 제고

보육 체계 개편

1. 어린이집 이용 및 지원체계 개선
2. 표준보육비용 선정 및 적정 보육료 지원
3. 보육과정 개편

보육 서비스 품질향상

1. 보육교사 전문성 강화
2. 보육교사 적정 처우 보장
3. 영유아 보육환경 개선
4. 상시적 품질관리 강화

부모 양육지원 확대

1. 부모의 양육역량 강화 지원
2. 시간제 보육 서비스 확대
3. 취약보육 지원 개선

실행 기타

- 지원기관 기능 개편
- 민 · 관 협업 확대
- 전산시스템 개편

[그림 1-2] 비전 및 정책과제 체계도

생각해볼 문제

1. 우리나라의 보육의 특성을 정리해 보자.

2. 보육현장에서 보육과정이 필요한 이유는 무엇인가?

3. 보육의 비전과 6개 추진과제에 대해서 토론해 보자.

제 2 장

보육과정 구성의 기초

보육과정의 기초를 이해하기 위해서는 먼저, 영 · 유아들이 바람직하게 성장하기를 원하는 인간상과 인간의 본성에 대한 내용(철학적 문제), 둘째, 영 · 유아들의 성장 및 발달과 학습에 대한 내용(심리적 기초), 셋째, 변화하는 사회의 영 · 유아보육에 대한 요구(사회적 기초)에 관련된 지식을 아는 것이 필수적이다. 따라서 본 장에서는 보육과정을 구성하는 데 있어 서로 밀접하게 영향을 미치는 철학적 기초, 심리적 기초, 사회적 기초를 살펴본다.

1. 철학적 기초

보육과정의 철학적 기초는 영·유아를 어떤 존재로 바라보는가에 대한 사상 또는 이념을 말한다. 시대와 문화적인 상황 속에서 철학자들은 기대하는 인간상을 정의하고 그에 적합한 교육내용과 방법을 제시하였다. 보육과정을 개발하는 이가 어떤 철학적 입장을 가지고 있느냐에 따라서 보육기관의 본질 또는 기능에 차이를 가져올 수 있다. 또한, 철학적 기초를 통해 교사는 자신의 아동교육관을 형성하며 보육의 목표를 설정하는 데 방향을 제시할 수 있다. 보육의 철학적 기원은 Comenius, Rousseau, Pestalozzi의 사상을 들 수 있으며 그들의 사상은 Froebel, Dewey, Montessori의 사상에 영향을 주었다.

1) Comenius

Comenius(1592~1670)는 낡고 봉건적인 교육론과 그 실태를 분석함으로써 새롭고 근대적인 교육론을 체계화하였으며 그의 사상은 합자연의 원리와 경험적 지식을 중요시하는 실학주의에 기초하고 있다. 또한, 인간의 임무를 '학식'과 '덕성', '신에 귀의하는 마음'을 인식하는 것으로 보았으며, 이를 획득하기 위해서는 교육이 필요하다고 하였다. 즉, 인간은 교육을 받지 않고서는 인간이 될 수 없다고 하였으며, 교육의 목표도 여기에 있다고 하였다. 그는 교육에 대한 수많은 글을 남겼으며 그 중 『대교수학(*Didactica Magna*)』은 그의 교육사상과 방법을 알 수 있는 단서가 된다. Comenius는 이 저서를 통해 출생부터 성인기까지를 4단계로 나누어 각 시기별로 일관된 학문체제를 구성하고 편성하였다.

- 1단계: 아동기를 위한 어머니의 무릎학교
  (school of the mother knee: 출생~6세)
- 2단계: 아동기를 위한 모국어 학교
  (varnacular elementary school: 7~12세)
- 3단계: 소년기를 위한 라틴어학교(latin school: 13~18세)
- 4단계: 청년기를 위한 대학(university: 19~24세)

대교수학에서는 전체학교 계통론 속에 유아학교를 포함시켜 유아교육론의 대요를 들었으며 무릎학교(school of the mother knee)에서 이를 더 상세하게 논의하고 있다. 무릎학교에서는 6세 미만의 영·유아들에게 형식적인 교육을 시키는 것을 반대하였고 형식적인 학교교육은 6세 이후에 필요하며 영·유아 시절은 가정에서 어머니에게 교육을 받도록 해야 한다고 제시하고 있다. 대교수학은 어머니들이 가정에서 영·유아들에게 교육시켜야 하는 것이 무엇인지를 구체적으로 설명하고 있으며 어머니에 의한 교육의 중요성을 역설하였다.

[대교수학]

체코어(교수법)의 라틴어 번역판인 『대교수학』은 1633~1638년 사이에 저술되어 1657년에 출판되었다. 『대교수학』은 총 33장으로 구성되어 있으며 가장 기본적인 자연의 원리인 질서의 개념을 근간으로 하고 있다. 제1~제6장까지는 교육의 목적과 내용을 논했고, 제7장~제10장까지는 학교교육의 필요성과 전 민중의 취학의 필요성을 제11장~제12장까지는 현재 학교의 결함을 지적하고, 제13장~제26장은 각 교과영역별 교육 기술론을 논술했으며, 제27장~제31장까지는 학교제도와 각 학교단계의 학교관리 및 학교 조직론을 논급했으며, 제32장~제33장은 보편적 교수법에 대해서 논하고 있다.

어머니에 의한 감각기관의 훈련은 부모에 의해 적극적으로 실시되어야 하며 훈련의 재료는 실물에 의한 방법도 있지만 『세계도회(*Orbis sensualium pictus*)』 활용이 가장 적합하다고 하였다. 세계도회는 세계최초의 그림책으로써 본문과 관련된 삽화가 들어 있으며 감각기관을 활용해 지식에 이르도록 하는 방법을 사용하고 있다.

[세계도회]

1653년에 저술되어 1657년에 출판되었으며 150개 장으로 구성된 최초의 삽화독본으로 각 장마다 주어진 주제의 설명과 거기에 적합한 실물삽화를 포함하고 있다. 서문에서 모든 학습의 기초는 지각할 수 있는 대상들을 쉽게 이해할 수 있도록 감각기관에 분명하게 제시하여야 할 것을 밝히고 있다.

Comenius의 합자연의 교육근본 원리와 감각, 직관, 생활경험 등을 기초로 한 교육방법론은 근대적인 교육방법론으로서 주목해야 할 것이며 어머니를 중심으로 했던 유아교육사상과 함께 가정교육론 확립, 유아교육을 학교 체계의 첫 단계에 두어 무릎학교라고 했던 것은 획기적인 것이다. 이러한 그의 업적은 후에 Pestalozzi, Fröebel 등에게 영향을 미쳤다.

2) Rousseau

계몽사상의 대표자인 동시에 낭만주의의 선구자인 Rousseau는 아동중심사상과 자연에 의한 교육을 주장하였다. 그는 영·유아들은 순진하고 선하게 태어나기 때문에 성인들이 그들의 타고난 자연성을 방해하지 않는 한 긍정적 방향으로 성장하므로 영·유아들에게 자유를

허용해야 한다고 강조하고 있다.

유명한 교육저서인 『에밀(*Emile*)』에서 그는 교육의 근원을 자연과 인간과 사물로 보았다. 우리의 능력과 기관의 내적 성장은 자연의 교육이고 이 성장을 어떻게 이용할 것인가를 가르쳐 주는 것은 인간의 교육이며 우리가 환경의 경험에 의해 얻는 것은 사물의 교육이라고 하였다. 또한, 자연이라는 말을 통해서 자연의 발달 단계설을 제시했는데 인간은 태어나자마자 쾌−불쾌에 의한 감성적 판단, 적합−부적합에 의한 오성적 판단 그리고 마지막 단계에서는 이데아에 의한 이성적 판단에 도달한다고 하였다. 따라서 교육은 아동의 발달 단계에 맞추어 단계적으로 실시해야 한다.

아동을 이성적인 존재로 만들고자 이성적인 판단을 요구하고 지식을 주입하는 교육은 자연의 발달단계에 맞지 않는 것이라고 배척하였으며 그들 자신이 가지고 있는 흥미에 따라 자유로운 활동을 하도록 하는 소극적인 교육(negative education)을 강조하였다.

Rousseau의 교육사상이 갖는 자연주의적 아동중심의 입장은 소극적인 교육으로 나아가 자칫 자유방임적인 교육으로 발전될 수 있다는 우려를 낳기도 한다. 그러나 Rousseau는 아동들을 성인들의 세계로부터 해방시키는 밑거름이 되는 사상을 전개하였으며 아동의 천성을 억압하는 모든 전통과 권위에 저항하며 아동을 성인의 축소판으로 인식하던 전통주의 교육을 비판하였다.

3) Pestalozzi

Pestalozzi는 Rousseau의 교육사상에 많은 영향을 받았으며 합자연의 원리를 바탕으로 인간중심, 아동중심의 교육을 실천한 위대한 교육실천가이다. 그는 교육의 목적을 인간개혁과 사회개혁에 두었다. 교육을 통해 인간을 도야하고 인간을 통해 인간을 개혁하며, 개혁된 인간에 의해 사회개혁이 이루어진다고 보았다. 그에 따르면 인간발달은 유기적이며 자연법칙에 따라 통합적으로 진행하는 것이며 교사의 임무는 아동의 모든 기능의 자연적, 체계적, 조화적 발달을 기하도록 자연을 조력해 주는 것이다. Rousseau가 소극적인 교육을 강조한 것과는 달리 그는 아동들에게 실물을 제공하는 등 환경을 조성해 주는 적극적인 교육을 실천하였다.

Pestalozzi의 교육목표는 심정력(가슴: Heart), 정신력(머리: Head), 기술력(손: Hand)의 세 가지 능력이 조화를 이루어 인간의 내재된 무한한 잠재력을 계발하는 데 있으며(자발성의 원리) 여러 능력의 조화 이것이 진정한 인간 행복의 기초라고 주장한다.

심정력은 가정도야의 내용으로 도덕과 종교에 관한 것이며 이는 가정에서 부모와 자녀의 상호관계에 의해 느끼면서 생활하고 행동하는 가운데 도야되어 간다. 또한, 정신력은 읽기, 쓰기, 셈하기(3R's)와 수(數), 형(形), 어(語)를 중심으로 한 인식의 수단으로써 직관교수가 중심을 이루며(직관의 원리) 기술력은 인간의 기술적 측면의 개발에 의해 성취되는 노동에 의한 직업과 예체능 분야의 기초 도야를 의미하며 기술력의 도야는 농경과 방직 등의 노작 교육(노작의 원리)을 통해 이루어졌다. 그의 이러한 교육방법과 내용은 가정교육이 중심이 된다. 인간형성의 기초는 가정에서 시작되며 교육은 어머니의 사랑으로부터 시작된다. 즉, 유아기에서부터 건전한 가정에서 교육받은 어린이는 마음이 착하고 사리분별을 잘하며, 끈기 있는 어린이로 자라므로, 유치원이나 학교에서 행해지는 교육도 부모가 자식을 사랑하고, 자식이 부모를 따르듯이 가정교육을 바탕으로 행해져야 한다는 것이다.

Pestalozzi의 이러한 사상은 후일 Dewey의 아동의 경험을 중시하는 경험중심 교육사상과 Piaget의 아동의 인지발달 연구의 기초를 마련하였다. 또한, 그가 주장한 자발성의 원리, 직관의 원리, 노작의 원리는 근대 교육활동의 중심원리가 되었으며, 나아가 활동중심 유아교육과 아동중심 유아교육의 출발점이 되었다.

4) Fröebel

Froebel은 조화와 통합을 중시하는 교육 철학을 바탕으로 어린이를 의미하는 Kinder와 정원을 의미하는 garten을 합성하여 '어린이정원이'라는 뜻을 가진 유치원(Kindergarten)원을 창설하였다. 그는 어린이의 본성에 따라 바르게 잘 대하여 주고 그들의 내적 힘을 마음껏 발휘할 수 있도록 한다면 어린이는 어려움 없이 순탄하게 자라나게 될 것이라고 하여 어린이를 신과 같은 본성을 지닌 존재이며 자발성을 가진 존재로 간주하였다. 따라서 이들을 교육함에 있어 자기활동을 중시하였으며, 내적인 동기를 가지고 자연스럽게 자신을 발전시키며 성장시켜 나갈 수 있도록 하였다.

자발성을 신장시키는 활동으로 Froebel은 놀이의 가치를 높이 평가하고 있다. 그는 놀이를 단순한 시간 소비라고 생각해 온 전통적인 통념에서 벗어나 가장 유력한 교육의 수단이라고 하였으며, 놀이를 통하여 가장 자연스럽게 아동은 내면적인 충동을 나타내며 동료와의 협동이 이루어진다고 보았다.

Froebel이 만든 영·유아의 놀잇감인 은물(gift)은 세계 최초의 영·유아 교육교구로서 블록 교구의 효시가 되었으며 통일성, 관계, 연결, 다양성 등을 자각하고 우주의 진리를 상징화하도록 고안되었다. 이러한 은물은 유아들이 가지고 활동하는 동안 미, 지식, 삶의 형식을 깨닫도록 하기 위한 목적으로 고안되었다. 놀이를 위한 또 다른 교육내용으로는 노래, 이야기, 동시 등이 있으며 이 활동들은 어린이의 착한 행동을 실행하기 위한 것이라고 보았다.

위에서 살펴본 Froebel의 교육사상은 신과 인간과 자연의 일치를 중시한다는 점에서 Rousseau나 Pestalozzi의 사상과 공통점을 가지고 있다. 그러나 Rousseau는 자연성을 중시하고 Pestalozzi는 인간성을 중시하는 반면에, Froebel은 신성을 사상의 중심으로 삼았다. 모든 교육과정과 목적 또한, 그의 이상

[은물(恩物, gift)]

하느님께서 어린이들을 사랑하여 주신 은혜로운 놀이선물이라는 뜻으로 종교적이고 낭만주의적인 교육사상을 반영한 것이다. 은물은 형태(1~6은물), 면(7은물), 선(8은물), 점(9은물), 재구성(10은물)으로 구성되어 있다. 유아들은 은물을 조작하면서 형태, 크기, 색, 숫자세기, 비교하기, 크기측정 등을 배울 수 있다.

주의적 관념인 인간의 신성한 내적 법칙을 어린이가 각성하게 안내하는 과정이며 어린이가 갖고 태어난 선한 본성을 육성하고 세상 만물의 상징들을 학습하게 됨으로 완성될 수 있다고 보았다.

이와 같은 Froebel의 사상은 당시의 성인 중심이었던 교육에서 벗어나 놀이 중심 교육의 장을 열어 주었으며 놀이의 교육적 가치에 대한 인식과 은물의 제작 등은 종교의 교육적 기능과 교육의 종교적 측면을 새롭게 인식시켜 주었다. 뿐만 아니라 신, 자연, 인간의 합일적인 인간교육원리의 제시, 발전과 성장, 진보중심의 교육원리는 교육학 분야에 새로운 시각을 조명해 주는 역할을 하였다.

5) Dewey

실용주의 철학(Pragmatism)에 기반을 두고 있는 Dewey의 진보주의(Progressivism) 교육사상은 기존의 이상주의적이고 기계주의적인 교육을 비판하고 아동 중심주의 교육을 주장하고 있다. 그의 아동 중심주의 교육은 종래 Rousseau 등의 이상주의적인 아동 중심주의를 그대로 계승한 것은 아니다.

Rousseau의 교육은 자연에 따른 발전의 과정이고, 인간은 태어나면서부터 신적인 자연성을 지니고 있으며, 인간은 그것에 의하여 자연스레 발달할 수 있다고 하였다. 그러나 Dewey에 의하면 지금까지의 학교는 아동 자신의 직접적인 본능이라든지 활동을 중심으로 하지 않고 교사 및 교과서를 중심으로 하고 있기 때문에 교사가 외부로부터 정립한 교육목적과 교육과정에 의하여 아동이 속박되었다는 것이다. Dewey는 기본 기술이나 교과학습을 반대하지는 않았다. 교육목적을 달성하기 위한 교육내용은 아동을 중심으로 교육내용이 조직되지만 교사나 학부모, 교육전문가의 의견을 무시하거나 배제해야 한다는 뜻이 아니라, 교과중심 내용에서 무시되었던 유아의 발달과 흥미를 포함시켜 받아들이고자 하는 것이다. 즉, 유아에게 일방적으로 주입하는 전통적인 교수전략은 지양되어야 한다고 보았다.

유아는 활동을 스스로 계획하고 그 뜻을 이해하게 될 때 흥미를 갖게 되며 그때 노력이 따르기 마련이고, 훈련 역시 자율적으로 이루어진다. 따라서 Dewey의 교육에서 교사는 이러한 변화가 일어나도록 기회를 제공하는 안내자의 역할을 하게 된다. 또한, 그는 교육이란 계속적인 경험의 재구성이며 생활의 일부가 되어야 한다고 하였다. 즉, 경험의 과정은 삶의 과정이고 사회적 과정이다. 따라서 교육은 생활 자체이어야 하며 그 준비가 아닌 것이다.

그는 자신의 교육이론을 '계속성의 원리'와 '상호작용의 원리'로 설명하고 있다. 이는 생활 속에서 자신과 사회적 환경과의 상호작용이 현재뿐 아니라 과거 경험과도 연결되어 연속성을 가지는 것을 의미하며, 이것이 성장과 연결되면서 교육이 이루어진다고 보았다. 따라서 Dewey는 경험을 통한 끝없는 성장과정 그 자체를 교육의 목적으로 보고 있으며, 결국 Dewey에 있어서 성장이란 경험의 성정을 의미하고 이것이 다름 아닌 교육인 것이다.

이상에서 살펴본 그의 교육사상은 아동중심, 생활중심, 경험중심, 흥미중심, 활동중심 등으로 요약된다고 할 수 있다. 이러한 Dewey의 교육사상과 방법은 이후 미국과 세계 여러 나라의 유아교육에 지대한 영향을 주었을 뿐 아니라 유년기부터 경쟁적 환경 속에서 살아가야 하는 아동에게 현대사회가 요구하는 인재양성의 근저를 이룬다고 볼 수 있다.

6) Montessori

Montessori는 이탈리아 최초의 여의사로서 정신장애 아동을 대상으로 보육을 시행하다가 후에 도시 빈민 영·유아를 대상으로 하는 어린이집(Casa dei Bambini)을 창설하였다. 그녀의 교육철학은 Froebel이나 Dewey와 많은 공통점을 지니고 있음에도 불구하고 아동발달과 교육에 독특한 관점이 존재한다. 그녀는 유아를 내적 잠재력과 능력을 지닌 능동적이고 자발적인 존재로 성장과 발달은 내부로부터 이루어진다고 하였다. 따라서 그녀는 유아의 이러한 잠재된 내적 생명력을 존중하지 않으면 참다운 교육은 이루어질 수 없다고 주장하였다. 이러한 잠재된 가능성은 민감기(sensitive period) 동안에 강하게 나타난다. 민감기란 영·유아가 발달과정을 거치는 동안 특정행동과 기술을 더욱 쉽게 습득할 수 있는 최적의 시기를 말한다. 영·유아는 감각적 자극에 매우 민감한 시기이다. 따라서 감각교육으로 지적발달을 가져올 수 있다고 보았으며 미각, 시각, 청각, 촉각과 같은 감각교육에 중점을 두었다. 특히, 시각과 촉각의 발달은 지적성장과 추상적 개념의 이해에 기본적임을 알아내고 유아의 감각발달을 도와주는 교수자료를 고안하였다.

Montessori 교육에서는 또래와의 상호작용이나 교사와의 상호작용은 거의 없으며 교구와의 상호작용이 높은 비중을 차지한다. 교구를 사용하여 스스로 선택한 작업을 해 나가는 과정을 통하여 자연스럽게 유아의 잠재된 무한한 가능성이 발전되어 스스로의 인격을 형성해 나가는 것을 가능하도록 한 자동교육을 주장하였다.

Montessori 교육에 있어서 교사의 역할은 유아를 성인에게 맞추려는 것이 아니라 자연스러운 분위기에서 영·유아 스스로 선택한 교구와 상호작용하고 관찰한 것에 기초하여 유아를 교육할 수 있는 가장 적합한 환경을 조성하고 유아 자신이 내적인 힘을 활용하여 스스로 성장하도록 도와주는 데 역점을 둔다. 이러한 환경을 그녀는 준비된 환경(prepared environment)이라 하였다.

이상에 살펴본 Montessori의 교육은 영·유아를 자기교수적인 존재로 인식하고 그들의 발달에 맞는 적합한 교구를 제작하여 활용하였다는 점에서 유아교육에 기여한 점이 크다고 할 수 있다. 그러나 교구에 의존한 Montessori 교육 방법이 영·유아의 창의성을 제한시키고 인지발달만을 강조했으며 교사나 다른 영·유아와의 상호작용이 거의 없어 학습을 비인간적인 것으로 만들 우려가 있다는 비판을 받고 있다.

2. 심리적 기초

영·유아기는 인간의 발달 과정에서 가장 급격하고 현저한 발달이 이루어지는 시기로, 양육자나 교사가 발달특성에 대한 지식에 근거한 보육과정을 계획한다면 보다 효과적인 보육설계를 할 수 있을 것이다. 이러한 측면에서 심리적 기초는 보육의 주체와 객체 간에 일어나는 상호작용의 심리적 속성에 관한 정보이다. 따라서 다양한 발달심리이론을 살펴보는 것은 보육과정을 구성하는 근본적인 방향을 결정짓고 어떤 이론에 기초를 둔 보육과정인가에 따라 보육의 목표가 다를 수 있기 때문에 중요하다 할 수 있다.

보육의 심리적 기초를 이해하는 데 있어서 근거를 제공해 주는 이론으로는 [그림 2-1]과 같이 여러 학자의 이론이 있으며 이러한 발달심리학적 이론의 관점에 따라 영·유아 학습의 원리 및 보육과정에서의 강조점은 달라질 수 있다.

각 이론들이 영·유아 발달학습에 영향력과 강조점을 제공하였음에도 불구하고 한 가지 이론으로 유아의 심리적 특성의 모든 것을 설명할 수 없으므로 다양한 이론을 살펴볼 필요가 있다. 본 장에서는 성숙주의 이론, 정신분석이론, 학습이론, 인지발달, 생태학적 체계이론에 대해서 살펴본다.

[그림 2-1] 심리학 이론 학자들

1) 성숙이론

성숙이론은 인간발달이 선천적으로 타고난 유전적 요인에 의해 결정된다고 생각한다. 즉, 인간의 발달은 타고난 내재적인 본성이 있어서 인위적인 자극이 없어도 자연스러운 상황에서 이미 타고난 예정대로 성숙한다는 입장이다. 따라서 영·유아에게 영향을 미치는 환경은 아동의 성장을 주도하는 요인이라기보다는 아동의 성장을 돕고 촉진시키는 것으로 볼 수 있다.

교사와 성인의 역할은 아동의 모든 반응을 수용적 자세로 받아들이고 적절하고 성숙된 기술을 갖추도록 다양한 경험을 계획하여 스스로 욕구나 흥미를 따르도록 발달적으로 적합한 학습 환경을 제공하는 것이다. 영·유아의 발달 및 성숙 수준에 부합되지 않는 성취를 강요하거나 성숙을 재촉하는 성인의 개입을 적절하지 않은 것으로 본다.

성숙이론의 대표적 학자인 Gesell은 그의 동료들과 함께 수십 년간 실시한 유아관찰, 검사, 부모와의 면담을 통해 '연령에 따른 행동의 표준'을 수립하게 되었다. 그는 발달을 정해진 생물학적 시간표의 결과로서 일어난다고 보았으며 모든 유기체는 성장하는 데 있어 이미 성장의 방향이 결정되어 있는 성장모형(growth matrix)을 가지고 있다고 주장하였다. 이러한 성장모형은 이미 결정되어 있는 유전적 요소들로 이루어져 있으며 영·유아의 부적응 행동이나 실패는 발달이 영·유아 자신의 내적 요구와 발달순서에 따라 이루어지지 않기 때문으로 본다. 즉, 환경적인 요인은 적절한 성장을 유지시켜 줄 수 있지만 구조의 행동을 순서적으로 전달하는 역할은 할 수 없다. 환경적 요인들은 이러한 유전과 성장모형을 단지 유지하거나 약간 수정할 뿐이지, 발달을 유발시키지는 못한다는 것이다.

결국, 성숙주의론자들은 발달을 성숙적 준비도 수준과 조화를 이루어 형성되는 것으로 파악함으로써 발달속도와 행동에서 나타나는 개인차는 유전형질로서의 차이로 설명한다. 따라서 경험을 제시하기에 가장 적절한 시기는 유아의 성숙수준이 특정 능력을 학습하기 위한 준비도에 이르렀을 때이다. 이러한 성숙주의 이론은 아동의 성장이 정상적으로 진행되고 있는지를 알 수 있도록 비교할 수 있는 기준을 제공하고 있으며, 아동 스스로가 성장할 기회를 주면서 시간을 갖고 천천히 지켜 볼 필요가 있음을 일깨워주는 데 공헌이 크다 하겠다.

그러나 많은 발달학자는 성숙주의 이론이 영·유아들의 모든 행동을 표준목록의 틀에 맞추어 영·유아를 판단하고 그들의 개인차를 고려하지 않은 고정된 발달이라는 점과 훈육이나 학습 등의 환경적인 요인이 아동발달에 많은 영향을 미칠 수 있다는 점을 간과한 것에 대해 비판을 하고 있다.

2) 정신분석이론

정신분석이론은 Freud의 심리성적 이론과 Erikson의 심리사회적 이론으로 크게 나누어볼 수 있다. Freud에 의해서 창안된 심리성적 이론은 인간의 타고난 욕구와 본능을 해결하고자 노력하는 과정에서 발달이 이루어진다고 보는 입장이다.

Freud는 성인의 인성을 이해하기 위해서는 아동기의 인성발달과 초기경험을 파악해야 한다고 보고 무의식이 인간의 행동에 어떻게 영향을 미치는지에 관한 심리성적 이론을 제시하였다. Freud의 발달이론을 심리성적 단계이론(psychosexual stage theory)이라고 부르는 이유는 성적 에너지인 리비도(libido)가 집중된 부위에 따라 단계를 나누었기 때문이며, 만약 특정 발달단계에서 갈등을 완전히 해결하지 못하면 그 단계에 고착(固着, fixation)하게 된다.

Freud는 성격구조의 세 부분, 즉 원초아, 자아, 초자아가 5단계의 발달과정을 거쳐 통합이 이루어진다고 보았다. 이 발달단계는 생물학적으로 이미 예정되어 있으며 모든 인류에게서 보편적으로 일정한 순서에 따라 나타난다. 각 단계별 특징을 간단하게 설명하면 다음 〈표 2-1〉과 같다.

표 2-1 Freud의 심리성적 발달단계와 특징

단계	특징
구강기 (출생~18개월)	심리성적 욕구는 어머니에 대한 애착을 촉진하고 구강을 통해 만족한다. 자아가 발달하지 않은 상태에서 원초아에 의한 쾌락만 추구한다.
항문기 (18개월~3세)	생물학적 충동과 사회적 요구 사이의 갈등이 야기되면서 소변과 대변을 통제하도록 요구받는다. 배변훈련은 욕구 만족에 대한 외부의 간섭을 처음 경험하게 된다.
남근기 (3~6세)	심리성적 에너지는 생식기로 향하고, 이성의 부모에 대한 욕망을 부추긴다. 동성의 부모로부터의 보복에 대한 두려움이 아동으로 하여금 부모를 동일시하게 하고, 대리적으로 이성부모에 대한 매력에 만족하게 한다.

단계	특징
잠복기 (6~12세)	심리성적 에너지가 학업과 동성의 또래와의 놀이와 같은 사회적으로 용인될 수 있는 활동에 돌려지는 조용한 시기이다.
생식기(사춘기~ 성인기 이전)	심리성적 욕구가 이성애의 관계로 향해지는 성적 성숙의 시기이다.

출처: Kail & Cavanaugh(2000). 재구성함.

사회·정서 발달, 심리 내면에 강조점을 두고 있는 정신분석 이론에서 Freud는 생의 초기에 아동이 거치는 각 발달단계에서 부모의 역할과 초기경험의 중요성을 역설하였다. 따라서 어렸을 때 아동주위의 사회적 환경과의 상호작용 특성이 성장한 후에 학습, 사회적 적응 및 불안에 대한 대처방법 등에 결정적 영향을 미친다고 보았다.

Freud는 인간의 행동과 발달이 무의식적 욕구에 의해 지배된다고 주장함으로써 정신의학과 심리학 분야에 지대한 영향을 미쳤으며 초기경험을 중요시하여 부모의 역할을 강조하였다. 이러한 지대한 영향을 미쳤음에도 불구하고 그의 이론은 병리적 문제가 있는 성인들을 대상으로 한 자료에 근거하여 아동발달을 설명하고 있기 때문에 일반화가 어려울 뿐만 아니라 문화적 편견과 성적 편견이 있는 것으로 지적되고 있으며 개념들이 모호하다는 점에서 많은 토론과 논쟁을 불러오고 있다.

한편, Erikson의 심리사회적 이론은 Freud의 심리성적 이론과는 달리 인간의 인성 발달은 각 개인이 접하고 있는 사회적 환경과의 상호작용을 통해 전 생애를 통하여 발달이 이루어진다고 보았다. 그의 이론에서 주요 개념은 자아정체감 발달이며 확고한 자아정체감을 확립하기 위해서는 일생을 통해 8가지 위기를 성공적으로 해결해야 한다고 하였다. 각 단계마다 심리사회적 위기를 잘 극복하지 못하면 병리적 문제가 발생하며 각 단계의 위기를 성공적으로 해결했을 때 발달이 제대로 이루어진다고 보았다. Erikson의 심리사회적 발달의 8단계와 단계를 발달과업과 극복해야 할 위기는 〈표 2-2〉와 같다.

표 2-2 Erikson의 심리사회적 발달 단계와 특징

단계	특징
신뢰감 대 불신감 (출생~12개월)	어머니 혹은 주된 양육자에 대한 신뢰와 무엇인가 할 수 있다는 자신에 대한 신뢰, 초기의 안정된 애착이 주요 요소이다.
자율성 대 수치심 (12개월~3세)	새로운 신체적 기술로 자기 스스로 선택을 할 수 있게 된다. 배변훈련을 하게 되며 유아는 통제하는 것을 배우나, 적절하지 않게 다루어지면 수치가 발달할 수 있다.
주도성 대 죄의식 (3세~6세)	목적을 가지고 활동을 조직한다. 보다 단호하고 공격적이 된다. 동성의 부모에 대한 오이디푸스 갈등은 죄의식을 이끈다.
근면성 대 열등감 (6세~11세)	학문적 기술, 도구 사용 등의 기본적인 문화기술과 규준을 받아들인다.
정체감 대 정체감 혼미(청소년기)	사춘기의 변화에 적응한다. 직업선택을 하며 성인과 같은 성적 정체감을 갖는다. 새로운 정치적, 종교적 가치를 추구한다.
친밀감 대 고립감 (성년기)	한 명 혹은 그 이상과 친밀한 관계를 형성하며 가정을 갖는다.
생산성 대 침체감 (중년기)	아이를 낳고 기르며 직업적 성취 혹은 창의성에 집중한다. 다음 세대를 훈련하며 자신에게서 다른 사람으로 향하게 된다.
자아통정 대 절망감 (노년기)	이전 단계들을 통합하고 자아를 받아들인다.

출처: Bee(1999), 한미라 외(2008), 재인용

Erikson은 성격의 주된 책임자였던 부모의 역할을 약화시킴으로써 아동이 경험하는 성격발달의 실패에 대한 부모의 책임을 감소시켜 주었으며 인간발달에서 전생애 발달적 접근을 한 점과 문화적 상대성을 인정한 점은 매우 중요한 공헌이라 할 수 있다. 그러나 Erikson의 이론은 개념정의가 명확하지 못하고 발달의 원인이 무엇인가에 대한 설명이 부족하다는 점이 문제점으로 지적되고 있다.

3) 행동주의이론

성숙주의이론과 행동주의이론은 과학적인 방법을 사용하여 영·유아를 연구한다는 공통점을 가지고 있지만, 영·유아의 발달을 유전으로 보느냐, 환경으로 보느냐에 분명한 견해 차이가 있다. 학습이론은 성숙주의이론과는 반대로 영·유아의 발달은 환경의 지배를 받는다는 입장이다.

환경론적 관점은 Lock, Thorndike, Hall의 이론과 Skinner의 자극-반응 강화이론에 기초하고 있다. 환경론적인 관점에서는 개인이 가지고 있는 유전형질은 단지 발달의 가능성을 표시할 뿐 그것이 발달할지 어떠한지는 외부에서 주어지는 변화에 의한 영향, 즉 경험에 의해서 결정된다고 주장하고 있다(김제한, 2001). 따라서 유아는 외부로부터 전달되는 지식을 받아들이는 수동적인 학습자이며, 발달은 외부환경으로부터 제공되는 경험을 받아들임으로써 이루어지는 것이라고 본다(서봉연·이순형, 1998). 모든 행동은 경험의 산물이라고 가정하기 때문에 학습을 자극과 반응의 관계로 이해하며 행동단위별 강화를 통해서 학습이 이루어지는 것으로 이해한다. 그 결과 객관적 관찰이 가능하고 측정할 수 있는 외면적 행동만을 중요시하였으며, 사고, 의식, 감정, 동기에 대한 지식은 영·유아의 구체적인 행동을 변화시키기 위해서는 필요하지 않음을 강조한다.

행동주의 이론에서는 환경적 영향이 어떻게 아동에게 독특한 행동을 형성하게 하는지에 관심을 가지므로 적절하고 조직적이며 단계적인 외적 경험을 제공함으로써 영·유아의 바람직한 행동이 촉진될 수 있다고 본다. 이러한 관점은 아동을 외적 요인에 의해 모든 심리적 바탕이 결정되는 매우 소극적이고 피동적인 존재로 본다.

행동주의이론은 교사 중심적이고 교사의 직접적인 교수에 의해 아동이 사실이나 정보를 습득해 감으로써 후기 사회에서의 성공과 적응을 지향하는 특징을 지니고 있다. 따라서 교사와 성인의 역할은 매우 능동적이고 지시적이며 관찰자, 강화자, 평가자 등의 다양한 역할을 수행하며 아동에게 필요한 학습 내용을 결정한다.

이상에서 살펴본 행동주의이론은 아동의 행동을 이해하는 데 많은 도움을 주지만 모든 행동을 기본적인 단위나 단순한 요소들로 나누어 이해하려 했기 때문에 발달의 총체적인 모습을 파악하기 힘들다는 문제점을 갖는다. 특히, 환경을 지나치게 강조한 나머지 생물학적 영향을 무시했으며 개인의 주관적이 노력과 그 결과로 이루어진 변화를 무시했을 뿐만 아니라 고차원적인 정신활동을 설명하기 어렵다는 점이 한계점으로 지적된다.

4) 구성주의 이론

구성주의 이론에서는 영·유아 발달이 그들의 능동적인 학습에 의하여 이루어진다고 보았으며 유기체와 환경과의 상호작용을 중요시한다. 구성주의는 인지적 구성과정에 초점을 두는 Piaget의 이론과 사회문화적 영향력을 중요시하는 Vygotsky의 이론에 기초하고 있다. 두 이론 모두 인지발달에 있어서 놀이의 가치를 강조하고 있으며 영·유아는 자신의 경험에 대한 반성을 통해서 지식을 구성해 간다고 가정한다. 학습활동에 있어서는 아동이 보다 적극적이고 능동적으로 참여하도록 지원하며 학습경험을 개별적, 소집단으로 아동의 흥미에 따라 선택하도록 한다. 또한, 아동–아동, 교사–아동 간의 상호작용을 극대화하고자 노력하며 풍부한 물리적 환경제공을 하고자 한다.

Piaget는 조직화(organization)와 적응(adaptation)에 의해 발달을 설명한다. 조직화는 행동과 사고가 결합되어 관련된 행동이나 사고체계로 묶이는 것을 말하며 적응은 동화와 조절에 의해서 설명될 수 있다. 동화란 외부로부터 들어오는 새로운 자극이 자신의 기존 도식과 동일하지는 않지만 비슷한 경우, 이 자극을 기존의 도식에 맞춰 통합시키는 과정을 말한다. 그러나 새로운 자극이 기존의 도식과 맞지 않을 때 기존 도식을 변형해가는 것을 조절이라고 한다.

이 조절에 의해서 불평형 상태는 평형화된다. 불평형 상태는 긴장과 갈등을 유발하며 평형 상태로 되돌아가려는 노력을 활성화시킨다. 이와 같이 불평형의 상태를 벗어나 인지와 환경 간의 평형 상태를 유지, 추구하려는 경향을 평형화라고 한다

Piaget는 일관성 있는 행동과 사고력을 준거로 해서 인지발달을 감각 운동기, 전조작기, 구체적 조작기, 형식적 조작기의 4단계로 구분하였다. 그 시기와 특성을 개략적으로 제시하면 〈표 2-3〉과 같다. 아동의 발달 속도는 경험 및 유전적 요인에 따라 차이가 있을 수 있으나 이 단계 들은 정해진 순서대로 진행된다.

표 2-3 Piaget의 인지발달단계

단 계	시 기	특 성
감각운동기	출생 ~ 2세	• 감각과 신체운동 간의 관계를 통해 세상을 이해 • 대상영속성 인식 • 초보적 상징적 사고의 시작
전조작기	2 ~ 7세	• 표상적 상징이 가능 • 자기중심적 사고 • 직관적 사고 • 물활론적 사고
구체적 조작기	7 ~ 11세	• 구체적 사건에 대해 논리적 추론 가능 • 보존개념 • 조망수용 능력
형식적 조작기	11세 이후	• 가설적 사고 • 조합적 사고 • 추상적 사고

Piaget는 아동들의 지식이 일련의 단계를 지나면서 발달되는 논리·수학적인 조작의 체계에 의해서 구성된다고 보았다. 이러한 관점은 아동에게 언제 어떻게 개념을 제시해주어야 하는지, 아동들의 단계와 개별적인 흥미에 따라 자료

들과 시간을 제공해 줄 수 있도록 도와주었다. 뿐만 아니라 인지이론은 아동발달에서 인지의 중요성을 인식하게 하고 유아기의 독특한 사고의 특성을 발견하는 데 공헌하였다. 그러므로 유아교육이 유아의 발달수준에 적합하게 실시되어야 함을 시사하고 아동이 능동적으로 환경을 탐색하고 교육과정에 적극적으로 참여할 때 학습이 가장 효과적으로 이루어질 수 있다는 교육의 기본원리를 제공하고 있다.

한편 Vygotsky는 사회적 상호작용이 학습에 중요한 역할을 한다고 믿었다. Vygotsky 이론은 문화적 맥락의 중요성을 강조하면서 아동을 맥락과 분리된 개체로 바라보지 않고, 일상적인 생활 속에서 일어나는 아동들에 대해 관심을 가졌기 때문에 아동의 발달과 학습에 대한 실질적인 정보를 제공하였다. 학습이 발달을 주도한다고 믿었던 Vygotsky는 근접발달지대의 개념을 통해 인지발달과 학습 간의 관계를 개념화하였다.

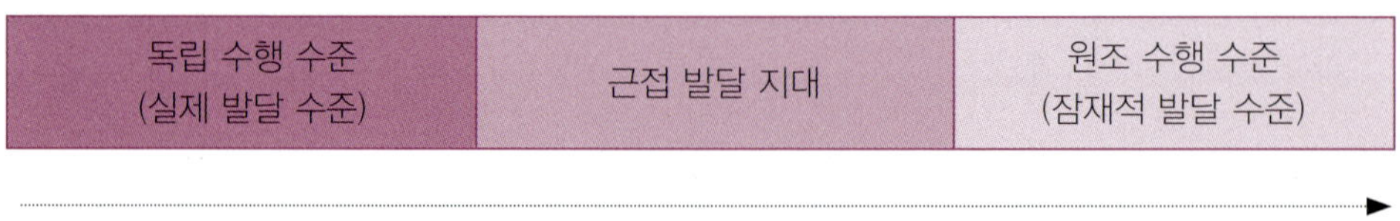

근접발달지대란 독립적으로 과제를 해결할 수 있는 수준과 성인이나 자신보다 유능한 동료의 도움을 받아 문제를 해결할 수 있는 수준 간의 차이이다. 또한, 학습과 인지발달을 지원하기 위해 비계설정(scaffolding)이란 개념을 사용하였는데, 비계설정이란 좀 더 능력 있는 사람으로부터 얻는 도움을 말한다. 아동이 혼자서는 할 수 없지만 다른 사람의 도움을 받아서 할 수 있는 과제들은 이미 성숙된 지능보다는 현재 발달과정에 있는 정신적 기능들을 자극한다. 즉, Vygotsky는 이미 획득된 것보다는 미래의 과정에서 계속 성장 중에 있는 인지적 과정에 초점을 두고 있다(이기숙 외, 2005). 따라서 교사는 유아의 현재 발달 수준을 잘 관찰하여 유아들에게 적합한 비계설정과 상호작용을 해주어야 한다.

Vygotsky는 문화와 사회적 경험을 강조한 반면에, 발달의 생물학적 측면을 간과했다는 비판을 받는다. Vygotsky는 생물학적 영향력의 중요성은 인정하였으나, 인지적 변화에 있어 유전이나 뇌의 성장이 미치는 영향에 대해서는 거의 언급하지 않았다(Berk, 2000). 또한, Vygotsky가 주장한 근접발달 영역의 개념이 모호하다는 지적을 받고 있으며 어머니와 아동 간의 상호작용에 대해서는 집중적으로 다루었지만, 또래 관계나 아버지와 아동의 관계에 등에 대한 내용이 부족하다는 비판을 받고 있다(Miller, 1993).

5) 생태학적 체계이론

Bronfenbrenner(1979)에 의해서 주창된 생태학적 체계이론은 자연적 환경이 인간 발달에 중대한 영향을 미친다는 생태심리학 이론을 확장시켜 생태학적 이론을 구축한 것으로써 가족, 지역사회, 문화 등 인간이 몸담고 있는 생태 환경을 보다 체계적으로 구조화하고, 이들 환경체계와 개인 간의 관계를 이해하는 것을 주요 과제로 삼고 있다.

생태학적 관점에서의 환경은 대인간 구조와 더불어 인간발달을 설명함에 있어 매우 중요한 위치를 차지한다. Bronfenbrenner(1979)는 상호의존적, 동태적 겹 구조 모형을 구성하는 네 개의 주요한 생태학적 환경체계를 규정하고 발달하는 인간은 여러 환경체계–가족과 같은 직접적인 환경에서부터 문화와 같이 멀리 떨어져 있는 맥락까지–의 중심에서 그것들에 둘러싸여 있으며, 각 체계는 인간 및 다른 체계들과 상호작용하여 발달에 의미 있는 영향을 미친다고 했다(정정란, 2006).

각 체계에 적용된 개념적 용어는 [그림 2–2]에 제시된 미시체계(microsystem), 중간체계(mesosystem), 외체계(exosystem), 거시체계(macrosystem)이다.

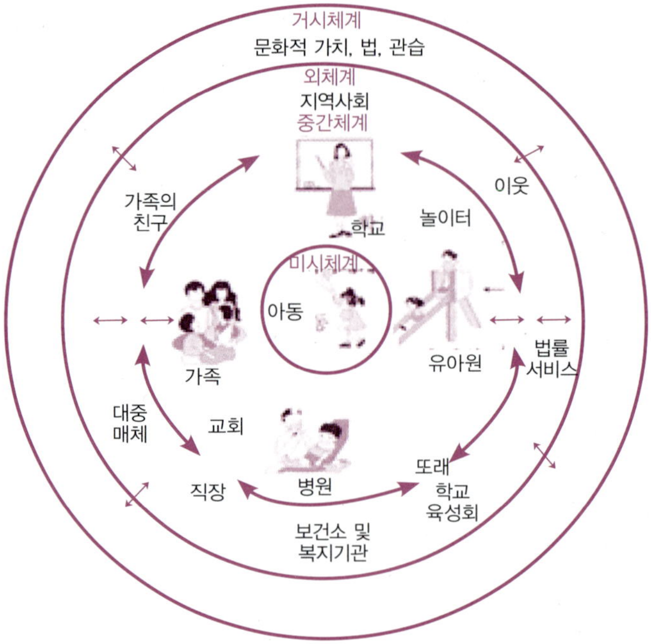

[그림 2-2] 생태학적 접근에 따른 인간환경의 네 가지 체계

출처: Kopp & Krakow(1982), 최경숙(2001) 재인용.

미시체계란 개인을 둘러싼, 그래서 개인이 직접 참여하고 영향을 받는 구체적·물리적 환경과 개인의 활동, 역할, 대인관계 패턴 등을 의미한다. 중간체계는 미시체계들로 이루어진 하나의 체계로서 발달하는 인간이 능동적으로 참여하는 둘 이상의 환경들과의 상호관계(interaction)를 말하며 예로서, 아동의 경우는 가정, 학교와 이웃, 동료 집단 사이의 관계들이며, 성인의 경우는 가족, 직장, 사회생활 사이의 관계에 해당한다.

외체계는 발달하는 인간과 직접적인 상관없이 그 인간이 상호작용하는 다른 사람이나 요인들에게 영향을 주어 궁극적으로 그 인간에게 관계되는 것을 말한다. 즉, 개인이 직접 관여하지 않으나 자신이 속한 환경에서 간접적으로 영향을 주고받는 것을 뜻한다. 거시체계는 기본적인 신념체계가 이념과 함께 하위문화나 문화 전반의 수준에 존재하거나 혹은 존재할 수 있는 하위체계(미시체계, 중간체계, 외체계)의 형식과 내용의 일관성이며 또한, 그 일관성의 기초가 되는 신념체계와 이념도 거시체계에 포함된다고 하였다(이영 역, 1992).

이상에서 살펴본 바와 같이 각 수준의 체계는 아동발달과 관련된 두드러진 특징을 가지고 있으며, 그 영향 또한, 긍정적일 수도 있고 부정적일 수도 있다. 종전에는 일반적으로 가정이라는 미시체계가 아동발달을 위해서 가장 중요한 환경체계로 간주되었으나 생태학적 환경체계에서는 독특한 특징을 가진 각각의 체계가 상호 연결되어 있는 상호의존적 관계에 있으며, 이것은 다시 능동적으로 발달하고 있는 유기체와 상호 호혜적으로 작용함으로써 발달을 가져온다(오은순, 1997).

이러한 관점은 아동발달에 직·간접적으로 작용하는 사회적 환경들의 상호 연계성을 체계화함으로써 아동발달에 직접적으로 작용하는 요인에만 국한하는 관점에서 벗어나 포괄적인 관계망을 이해하게 해준다(최기영, 1999).

3. 사회적 기초

사회적 기초는 보육과정을 계획할 때 고려하여야 할 사회적 요구나 가치를 선정하는 데 도움을 준다. 교육은 사회문화적 환경을 배경으로 이루어지는 만큼 사회적 변화 및 영향 요인들과 밀접한 관계를 가지고 변화되어 왔고 앞으로 변화되어 갈 것이기 때문이다(한미라 외, 2008). 인간은 교육을 통해 그 사회가 요구하는 행동방식과 가치 규범을 획득하며 도덕적 삶을 영위하는 데 필요한 지식, 기능, 가치와 태도를 익히게 된다. 즉, 인간의 삶은 그가 속해 있는 사회적 분위기와 무관할 수 없고, 사회적 차원에서 교육이란 사회구성원들에게 특정 상황에서 어떻게 행동하는가 하는 행동양식을 가르쳐 주는 사회화라고 폭넓게 정의될 수 있다. 따라서 영·유아를 위한 보육은 사회가 요구하는 바람직한 인간을 양성하기 위한 지식, 기능, 가치를 기르기 위해 사회의 변화에 민감해야 한다.

1) 아동권리

인권이란 사람이 이 세상에 태어나면서 출생과 더불어 소유하게 되는 자연법적인 천부의 원리를 말한다. 성인에게 주어지는 인권은 아동에게도 그대로 적용되고, 그에 덧붙여 아동은 생존을 스스로 보호할 수 없는 특별한 존재이기에 보호권과 양육보장권이 첨가된다. 또한, 아동은 잠재되어 있는 능력을 개발하기 위해서 교육받을 권리가 있다. 특히, 사회에 나가서 직업을 가지고 생활을 영위할 수 있는 기본능력을 준비하는 교육과정이 제공되어야 한다.

아동의 권리는 아동의 제반 욕구가 사회에 의하여 인식되고 주장된 것이라고 볼 수 있다. 1989년 11월 20일 유엔총회에서 만장일치로 채택된 '아동의 권리에 관한 국제협약(Convention on the Rights of the Child)'에서도 아동을 보호의 대상뿐만 아니라 적극적인 권리의 주체로 인식하고 있으며, 무차별의 원리, 아동의 최선의 이익 최우선의 원칙, 아동의 생존, 보호, 발달의 원칙, 아동의 의사존중 및 참여의 원칙을 명시하고 있다.

우리나라의 경우 대한민국 어린이헌장에 아동이 누려야 할 기본적 권리를 명시하고 있으며 무차별원칙과 인간존엄성이 포함되어 있다. 또한, 건전한 가정에서의 보호, 영양, 교육, 문화, 놀이 및 오락, 학대와 노동으로부터의 보호, 장애아동의 보호 등에 관한 권리가 명시되어 있다.

[대한민국 어린이 헌장]

1. 어린이는 건전하게 태어나 따뜻한 가정에서 길러져야 하며, 가정이 없는 어린이에게는 이를 대신할 수 있는 적절한 환경에서 길러져야 한다.
2. 어린이는 몸과 마음이 튼튼하게 자라도록 필요한 영양을 공급하고, 질병의 예방과 치료를 받으며 공해 없는 깨끗한 환경에서 길러져야 한다.
3. 어린이는 누구나 교육을 받을 수 있어야 하고, 어린이를 위한 교육시설이 우선적으로 마련되어야 하며, 개인의 능력과 소질에 따라 교육이 이루어져야 한다.
4. 어린이는 빛나는 우리 문화를 이어받아 미래를 가꾸는 새로운 문화를 발전시키도록 이끌어야 한다.
5. 어린이는 즐겁고 유익한 놀이와 오락을 위한 시설과 환경을 제공받아야 한다.
6. 어린이는 예절과 질서를 지키며 스스로 책임을 다하는 민주시민으로 길러져야 한다.
7. 어린이는 자연을 사랑하고 과학을 탐구하도록 길러져야 한다.
8. 어린이는 위험으로부터 먼저 보호되어야 하고 안전을 지킬 수 있는 훈련을 받아야 한다.
9. 어린이는 학대를 받거나 버림을 받아서는 안 되고, 나쁜 일과 짐이 되는 노동에 이용되지 말아야 한다.
10. 몸이나 마음에 장애를 가진 어린이는 재활되어야 하고, 빗나간 어린이는 선도되어야 한다.
11. 어린이는 우리의 내일의 소망이다. 겨레의 앞날을 짊어질 한국인으로, 또한 인류의 평화에 이바지할 수 있는 세계인으로 키워야 한다.

* 1957년 제정, 1988년 전면개정.

따라서 아동은 그들의 생명이 존중되는 안전한 환경 속에서 몸과 마음이 튼튼하게 자라도록 필요한 영양을 공급받고, 적절한 지적인 자극을 통해 정신적으로 발달할 과업을 이루어야 한다. 국가는 각 아동이 처한 상황에 적합한 보호와 교육시설을 제공하여 모든 아동이 최상의 발달을 할 수 있도록 해야 한다.

2) 저출산 문제

과거에는 자녀양육의 문제가 자녀가 속한 가정의 문제로 인식되어 보육의 1차 책임자는 부모로서 국가는 부모를 지원하는 역할을 담당하는 보조적 책임자로 간주되었다. 그러나 최근 보육은 가정만의 문제가 아닌 국가적 책임으로 받아들여지고 있다. 그 이유 중 하나는 저출산 현상이 확산되어 예비시민인 아동의 수가 급속하게 감소되었기 때문이다.

[그림 2-3]에서와 같이 2005년 기준 우리나라 출산율은 1.08명으로 출산율 저하의 문제가 매우 심각하게 부각되고 있다. 우리나라의 합계 출산율은 '05년 이후 세계 최하위에 머물러 있고 '10년(1.23) 일시 반등하였으나, 2012년 현재 1.2명대의 수준에서 벗어나지 못하고 있어 지속적인 반등은 어려울 것으로 전망된다(2013, 보건복지부).

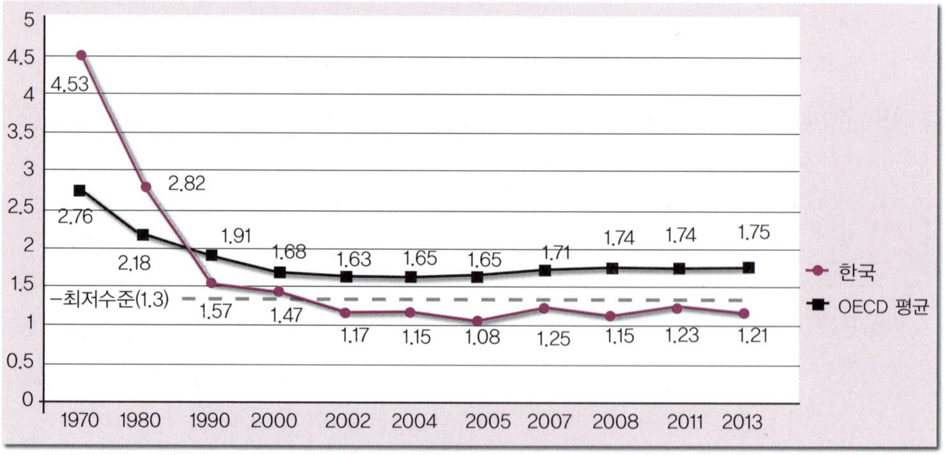

[그림 2-3] 우리나라와 OECD 평균 출산율 변동추이

그나마 1.2명대 출산율은 최근 10년간 극도로 낮았던 우리나라의 출산율에 비교하면 높은 수준인데, 이는 2000년대 초반의 저출산 현상에 위기의식을 느낀 정부가 일련의 출산장려 운동 및 지원정책 등을 시행한 효과가 나타난 것으로 이해할 수 있다. 그럼에도 불구하고, 이러한 1.2명대의 출산율 수준은 2010년 기준 약 1.7명인 OECD의 출산율 평균에는 한참 못 미치는 실정으로, 1.3보다 낮은 출산율은 최저 중의 최저 범주에 분류된다(박휴용, 여영기, 2014).

저출산 현상은 결혼 가치관의 변화, 결혼기피, 높은 이혼율에 따른 한부모가정의 증가, 자녀양육에 대한 과도한 부담, 여성의 희생을 요구하는 육아시스템, 여성의 교육 수준 및 경제활동 참여 증가 등의 원인에서 비롯되고 있다. 즉, 현실적으로 자녀를 낳아 양육해야 하는 일과 직장에서 성공적으로 자신이 위치를 확보해야 하는 두 가지 일을 해야 하기 때문에 어려움이 있기 때문이다.

이와 같은 여러 가지 문제로 인한 출산율의 저하로 소자녀사회로 진입하게 됨에 따라 아동의 조기 교육에 대한 부모의 욕구가 증가하면서 보육문제는 중요한 사회적 관심사가 되고 있으며 근래 우리 사회는 이를 해결하기 위해 무상보육의 확대, 양육수당, 일-가정 양립을 위한 육아휴직제, 출산휴가 등의 정책을 시도하고 있다. 이와 더불어 어린이집을 이용하는 보육수요자의 만족도를 높여 후속 출산을 격려하려는 수요자 중심의 보육서비스, 보육시간을 연장하여 운영하는 시간연장제 보육과정 등을 실시하고 있다(김상림 외, 2013).

보육의 측면에서 본다면 값싸고 질 좋은 보육과 출산장려 정책 등을 제공해야 하며 국가발전을 위해 투자해야 할 부분이 인력개발인 만큼 보다 적극적으로 보육사업에 개입하며 많은 재정적 지원을 하여 아동이 양질의 보육서비스의 혜택을 받도록 해야 한다.

3) 가족구조의 변화

급속한 산업화, 도시화, 서구화의 진행에 따라 오늘날 우리 사회가 직면하고 있는 사회·문화적 특징 중 하나는 가족규모가 축소되고 가족의 유형이 다양해졌다는 점이다. 즉, 조부모가 자녀를 양육하고 돌봐주던 확대가족에서 부부 중심의 핵가족, 한부모가족, 재혼가족, 다문화가족 등 다양한 형태의 가족구조의 변화가 이루어졌다.

핵가족의 경우 가족차원의 지원체계가 부족해지면서 부모 역할에 대한 자신감을 잃게 되고 이는 자녀양육 문제와 관련하여 사회적 도움을 더 많이 요구하게 되었다. 또 다른 가족구조의 변화는 빠르게 증가하는 이혼가족으로 인한 한부모 가족을 들 수 있다. [그림 2-4]에서 제시한 바와 같이 한부모가족은 2005년 1,370,000 가구에서 2014년 1,749,000 가구로 크게 증가되었다. 한부모가족의 문제는 경제적인 문제가 가장 크기 때문에 생계유지를 위해 한부모가 반드시 일을 하면서 가정생활을 병행해야 하며 이에 따라 자녀양육과 가사노동에 어려움을 겪게 된다.

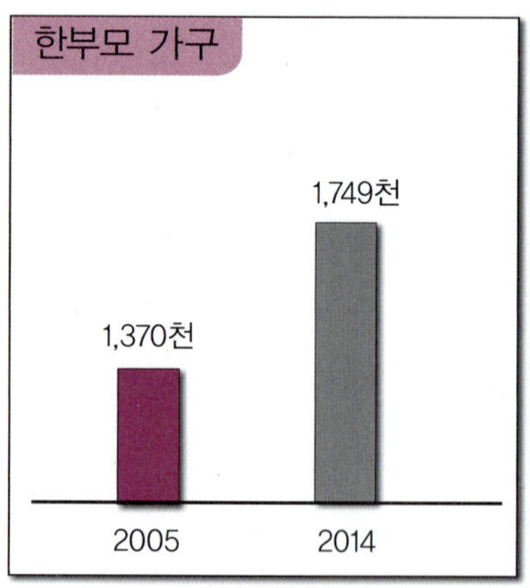

[그림 2-4] 한부모가구의 증가

출처: 한국보건사회연구원(2015).

한편, 다문화 가족은 국제결혼, 외국인 근로자 증가 등으로 증가하고 있으나 2012년 말 기준, 시설 이용률은 49.4%(105,495 중 52,120명) 수준에 머물고 있으며 시설 이용 시에도 지원 프로그램 및 교사 연수 등 양질의 기반이 미흡한 것으로 나타났다(보건복지부, 2013).

우리나라에서의 다문화가족 자녀 수는 2007년도 44,258명에 비해 2013년 7월 기준 191,328명으로 약 5배 이상의 증가율을 보이고 있으며(표 2-4), 이들이 한국사회에 적응하는 측면에서 발달적·사회적인 어려움이 보고되고 있다.

>> 표 2-4 국적별 다문화가족 자녀 수

2013년 7월 현재 (단위: 명)

국적별	2007	2008	2009	2010	2011	2012	2013
합계	44,258	58,007	107,689	121,935	151,154	168,583	191,328
중국 (한국계)	14,201	16,681	18,669	31,404	33,186	39,278	42,294
중국	7,716	10,889	35,932	29,800	34,852	33,231	37,084
베트남	5,062	8,194	22,491	27,517	34,256	41,238	49,458
필리핀	6,013	6,378	10,687	11,926	13,937	15,820	18,020
일본	6,016	6,508	6,838	5,734	14,510	16,237	17,806
캄보디아				2,554	3,565	4,690	5,961
몽골	405	816	1,681	1,807	2,250	2,468	2,802
태국	799	870	1,563	1,711	2,082	2,427	2,663
미국	852	2,406	683	821	1,207	1,422	1,697
러시아	263	303	736	766	1,090	1,139	1,289
대만	878	1,515	770	1,129	1,191	1,615	1,758
기타	2,053	3,447	7,639	6,766	9,028	9,018	10,496

* 캄보디아의 경우 '09년 이전에는 '기타'에 포함.

출처: 여성가족부(2014). 다문화가족 관련 연도별 통계.

그 예로 부모가 자녀를 양육하는 데 있어 의사소통의 어려움과 조기교육이나 사교육과 같은 한국의 양육·교육문화를 이해하지 못하며 자녀의 교육지원과 학업성취에 있어 부담감을 갖게 된다. 또한, 교사와 학부모 간의 소통에 어려움을 갖게 되고 외국인 어머니로서의 역할에 무력감을 경험하기도 한다(박찬옥 외, 2014).

이상에서 살펴본 이러한 문제로 인해 부모는 자녀에게 적절한 지원을 위한 어려운 환경에 놓이게 되고 어린 자녀를 돌볼 시간이 절대적으로 부족하게 되어 자녀를 안심하고 맡길 수 있는 양질의 어린이집에 대한 필요성이 절실해지고 있다(임영심 외, 2013).

4) 다문화교육

다문화주의의 실천을 위한 가장 강력한 도구는 다문화 교육이라고 볼 수 있다. 다문화교육은 사람은 누구나 가치 있는 존재라는 인식하에 유아 자신의 문화적 정체감 확립은 물론, 다른 민족이나 인종에 대해 올바른 지식을 구성하도록 돕고, 다양한 차이를 편견 없이 받아들임으로써 다문화 사회에 적합한 가치와 태도를 습득하는 교육이다(이기숙 외, 2001). 즉, 다문화 교육은 각기 다른 인종과 성, 언어, 계층 등을 이해하고 존중하도록 유도하여 영·유아와 그 가족의 삶을 긍정적으로 변화시킴으로써 다양한 문화의 세계에서 영·유아들이 공동의 목표를 향해 생활하고, 의사소통하는 지식, 태도, 기술을 가질 수 있도록 준비하는 교육(김영옥, 2002)이라고 할 수 있다.

이러한 다문화 교육은 유아기에 특히, 강조되어야 한다고 많은 학자는 보고하고 있다. 인간이 사회적인 대상들에게서 차이를 인식하는 것은 영아기부터이며 타인에 대한 부정적인 시각 역시 아주 어린 시기에 생긴다. 또한, 아주 어린 시기부터 사회에 대한 그들의 첫 번째 패턴과 선택, 그리고 사회에 대한 물리적, 사회적 세계에 대해 학습한다. 이러한 의미에서 유아들에게 잘 구성된

효과적인 다문화 교육을 제공하는 것은 의미 있는 일이다(Ornstein & Levine, 1990).

Stones와 Church(1973)도 유아기의 자기중심적 사고라는 발달 특성이 유아 주변 사람들의 가치와 생각, 행동방식을 당연하게 여기고, 자신의 문화를 다른 문화를 판단하는 도덕적 규율로 삼는 자기문화중심주의의 기초가 될 수 있으므로 유아기에 다양한 문화를 이해하고 존중할 수 있도록 다문화 교육이 필요하다고 하였다(이경우, 류재경, 1999). 이러한 측면에서 Derman-Spark & Ramsey(1993)는 교육과정의 모든 영역에 다문화를 통합해야 한다고 제시하였다(이경우, 이은화, 2000).

따라서 세계 여러 나라는 보육에 유아의 문화적·개별적 다양성을 접목시키기 위한 여러 가지 노력을 실천하고 있으며, 하나의 보편적인 관점을 넘어서는 다원주의적 관점에서 보육과정에 대한 발전방향을 논의하는 과정을 활발히 하고 있다.

5) 양성평등

양성평등교육이란 기본적으로 성역할 교육과정(gender curriculum)을 타파하고 타고난 성별에 관계없이 자신의 소질과 능력을 충분히 개발할 수 있도록 도와줌으로써 교육에 접근기회뿐 아니라 학업성취 등 교육의 과정이나 결과에 있어서 성간 격차가 없도록 하는 것이다(정해숙, 2001).

양성평등의 사회 실현은 양성평등교육을 통해서 가능하고 바람직한 양성평등 교육은 남녀를 불문하고 사회, 국가적으로 잠재되어 있는 인력을 개발하여 지식 정보사회에 맞는 창의적인 인력이 되도록 만들어 주고, 인간 미래의 삶을 행복하고 즐겁게 하기 위해 필요한 부분이다.

각자의 개성과 능력을 충분히 발휘하기 위하여 남녀에 대한 전통적인 관념이나 고정적인 틀로 학생들을 지도할 때 학생의 재능이 충분히 발현되지 못한다면 학생 개개인의 불행만이 아니라 국가적인 인력 낭비를 초래하게 된다.

특히, 영·유아기에 형성된 성 의식은 이후 삶을 살아가는 데 기초가 되며 이 시기는 성 평등 의식의 형성과 성역할 태도변화에 있어 사회 환경의 영향을 많이 받는 매우 중요한 시기이다. 사회적 존재인 유아들은 일차적 사회공동체인 가정, 유치원, 어린이집, 주변사회에서 집단의 구성원으로서 이들 공동체의 성에 대한 개념이나 규칙들이 어떤 것인가를 배우고 내면화시킨다. 따라서 성 의식 및 성 역할 고정관념이 형성되고 발달하는 영·유아기부터 가정과 유아 교·보육기관에서 의도적이고 체계적인 양성평등교육을 실시하는 것이 필요하다(김희진 외, 2004).

6) 여성의 취업률 증가와 자아실현 욕구의 증가

산업사회에 따른 가장 두드러진 변화 중 하나는 여성의 취업률 증가와 자아실현의 욕구를 들 수 있다. 여성의 교육 수준이 높아지고 자아실현과 경제적 자립의 욕구가 강해지면서 가정 안에서 강조되던 여성의 역할이 사회적으로 확대되었다. 여성은 취업을 통해 이에 대한 보상과 함께 자기의 이상 및 만족을 성취하려는 욕구가 높아지고 취업을 하지 않은 기혼여성이라 할지라도 자신의 능력을 개발하거나 다양한 취미생활 등을 통해 자아실현을 하고자 하는 욕구가 증가하고 있다.

여성의 취업률로 인해 지속적으로 증가하고 있는 맞벌이 가구는 전체 유배우 가구의 43.6%로 거의 절반을 구성하고 있다. 특히, 이들의 세대별 구성을 보면 30대 가구주 중에서 맞벌이 가구는 42.4%를 차지하고 있으며 향후 맞벌이 가구의 비율은 더욱 증가할 것이며 세대구성 역시 육아기 부모세대 등 젊은 세대의 구성비율이 계속 증가할 것으로 전망된다(2013, 홍승아 외).

여성의 취업률과 자아실현 증대는 보육에서 영·유아의 연령, 필요한 보육시간, 보육내용 등을 수요자 중심의 보육과정의 개발과 운영이 필요하다는 것을 보여준다. 따라서 보육은 보조적 서비스의 차원에서 벗어나 양질의 보육환경을 갖추기 위해서 다양한 형태의 서비스를 제공하고 보육시설은 영·유아의 보육과 가족지원 프로그램을 제공하는 종합적인 서비스체계로 인식되어야 한다. 이러한 관점에서 볼 때 영·유아 보육서비스는 가족을 대신 아동을 안전하게 맡아주는 보호적 기능, 아동의 발달적 요구에 적합하고 질적으로 우수한 보육프로그램을 실시하는 교육적 기능, 가족들이 자신감을 갖고 자녀양육에 임할 수 있는 도움을 주며 그들의 능력을 개발시키기 위한 가족교육프로그램, 지역사회와의 상호교류를 통하여 부모와 가족에게 도움을 주는 등 다양한 기능을 할 수 있어야 할 것이다.

7) 정보화 사회

산업화가 진행됨에 따라 우리 사회는 정보화 사회로 진입하였으며 다양한 지식과 정보들은 빠르게 세계 각국으로 전파되고 이는 세계화와도 밀접한 관련성을 가지게 되었다. 새로운 커뮤니케이션 수단의 등장은 지구촌 사람들을 이웃사촌으로 만들었으며 가족구조와 생활양식에도 적지 않은 변화를 가져오게 하였다. 이러한 변화의 방향은 긍정과 부정의 양면을 모두 갖고 있다. 시공간의 제약 없이 다양한 지식과 정보를 습득할 수 있으며 가족끼리 실시간 소통함으로써 가족생활과 가족구성원들 간의 관계를 더욱 풍요롭게 하는 긍정적인 영향을 준 반면, 가족과의 대화 단절, 가족구성원의 세대 차 발생, 자녀의 일탈행동 증가 등과 같은 부정적인 측면이 우려되기도 한다(박찬옥 외, 2014). 그러나 보육기관에서는 컴퓨터 활동이 영·유아들에게 적합하냐 아니냐의 논쟁을 넘어서 이미 컴퓨터는 영·유아의 삶에 밀접하게 관련되어 있다. 따라서 컴퓨터와 소프트웨어는 보육과정을 위해 필요한 교수매체라는 것을 인식하고 보육 프로그램의 교육철학과 일치될 수 있는 맥락에서 발달적으로 적합하게 실천해 나가려는 노력이 필요할 것이다(서영숙 외, 2007).

생각해볼 문제

1. 보육과정의 철학적 · 심리적 기초가 되는 학자들의 이론을 정리해 보자.

2. 프뢰벨과 몬테소리 교육을 실시하고 있는 어린이집을 방문하여 교구 및 환경구성, 교사의 역할 등을 주의 깊게 살펴보고 기록해 보자.

3. 구성주의 이론과 행동주의 이론을 비교해 보고 두 이론을 교육에 적용했을 시 교사의 역할이 어떻게 달라지는지 토의해 보자.

4. 우리나라의 저출산 문제를 극복하기 위한 방안들을 생각해 보자.

5. 보육과정을 계획할 때 고려하여야 할 사회적 요구에 대해 토의해 보자.

제 3 장

영·유아 발달의 이해와 보육교사의 역할

영 · 유아들이 보육기관에서 지내는 시간이 많아짐에 따라 보육교사의 역할이 매우 중요하게 인식되고 있다. 보육교사의 역할은 무엇보다 영 · 유아들을 진정으로 존중하고 사랑으로 교감하며 그들의 부모와 소통과 협력의 관계를 유지하는 것이다. 또한, 보육교사는 영 · 유아들의 계속적인 발달과 변화의 특징에 민감해야 하며 적절한 반응을 위한 지식, 기술들을 끊임없이 배우고 발전시켜 보육교사로서의 전문성을 갖는 것이 필요하다. 본 장에서는 영 · 유아들을 위한 복합적이고도 다양한 교사의 역할에 대해 살펴본다.

1. 영·유아 발달의 이해
2. 보육교사의 역할

1. 영·유아발달의 이해

1) 영아기 발달의 특성

출생 후 약 2세까지의 영아기는 비록 짧지만 일생을 통하여 가장 발달이 빠른 시기이다. 이 시기의 가장 놀라운 변화는 자신의 몸을 조정하지 못하는 무력한 존재에서 스스로 이동하거나 움직일 수 있는 독립된 존재로 발달하는 것이다. 이 시기 동안 급속한 신체 운동 발달로 만 2세경이면 혼자서 뛰어다닐 수 있고 자신의 경험에 상징적인 의미를 부여하기 시작하며, 의사소통의 수단이 되는 언어가 획득되어 어른과 기본적인 상호작용을 할 수 있다. 자기와 타인에 대한 개념이 형성되기 시작하고 부모, 특히, 어머니와 애착 관계를 형성하게 되며, 이 시기 동안 관찰할 만한 정서발달이 이루어져 성인에게서 나타나는 대부분의 정서가 나타난다. 또한, 최초로 다른 사람과의 사회화가 시작되는 시기이기도 한다.

또한, 이 시기의 영아는 개인적인 특성이 매우 강하며 정상적으로 발달하는 영아들조차도 그 속도의 개인차도 매우 크다.

(1) 신체·운동발달

생후 1년 전후로 근육과 신경계가 발달하여 서서히 걸을 수 있게 되면서 영아는 보다 활동 폭이 넓어진다. 그 후 운동능력은 대근육 운동에서 시작하여 소근육 운동까지 점차 발달하며 성장하면서 더 조직화되고 정교화되어간다. 또한, 신체적 변화가 급격히 나타나고 운동 및 근육 발달은 지각, 인지, 언어 및 사회적 기능과 밀접한 상호작용하면서 발달해나간다.

(2) 언어발달

영아기는 자기중심적 언어인 반복, 집단적 독백과 사회화된 언어인 비판, 명령, 질문, 대답 등의 언어발달 특징을 보인다. 초기 언어발달에 있어서 즐겁고 애정적인 관계가 중요한데 영아의 발성에 대해 주위 사람들이 미소를 짓거나 다독거리고 이야기를 하면서 그들의 기쁨을 표현하는 등의 긍정적 반응을 해 주는 것이 언어발달에 중요한 영향을 미친다.

(3) 인지발달

영아기는 감각을 통해 획득한 정보를 조직하고 환경적 자극에 반응하는 도식을 형성함으로써 인지적 발달을 꾀한다. 인지발달은 지능과 이해력, 논리 및 지식의 성장을 의미하는 것으로 영아는 보고, 듣고, 냄새 맡고, 맛보는 감각을 사용하여 주변세계를 이해하고 배워간다. 손이나 장난감 빨기, 손으로 종이 찢기, 모빌 쳐다보기, 딸랑이 흔들기 같은 활동을 통해 지식을 확장해 간다.

(4) 사회·정서발달

영아는 다른 사람들에 대하여 나타나는 영아의 울음, 미소, 안구 운동은 사회적 행동의 초기형태로 나타나는데 6개월 이후가 되면 친숙한 사람을 낯선 사람과 구별하여 반응하는 적극적 반응행동을 나타낸다. 2세가 되면 영아는 타인과 함께 어울려 노는 일에 더 많이 관심을 가지게 되어 사회적 관계의 태도를 서서히 형성하게 된다. 영아에 있어서 정서는 미분화된 정서반응을 보이다가 사회성 발달로 정서의 표현이 차츰 분화되고 더욱 풍부해져 간다. 생후 1년 동안에는 정서조절 능력이 아직 덜 발달하여 정서조절은 주로 성인에게 의존한다. 그렇지만 그 이후에는 정서조절 능력이 나타나 언어로 자신의 정서를 표현하며 조절해 나간다.

다음은 영아들의 주요 발달 특징을 영역별로 제시하면 다음과 같다.

① 1세 미만의 발달

발달 영역	발달 특성
신체운동 발달	• 손과 입을 사용해서 사물을 탐색한다. • 출생 후 1세 미만에 이르기까지 턱 들기, 가슴 들기, 몸 뒤집기, 다리에 힘 주기, 물건 쥐기, 앉기, 기기, 붙잡고 일어서기가 가능해지고 돌 무렵이면 걷기 시작한다.
인지 발달	• 사물에 초점을 맞추기 시작하며 눈으로 사물을 추적한다. • 소리 나는 방향으로 몸을 돌린다. • 단순한 움직임을 모방한다. • 음악과 노랫소리에 따라 몸을 움직이며 반응한다. • 두드리기, 흔들기, 던지기, 쥐기를 통해 사물을 탐색하고, 행위를 가하여 일어난 결과에 흥미를 보인다. • 대상영속성 개념이 발달한다.
사회성 및 정서 발달	• 사람의 얼굴과 목소리에 관심을 보이며, 낯가림을 한다. • 사람들과 접촉하고 싶어 하며, 관심을 끌고 싶어 한다. • 주변의 자극에 흥미와 호기심을 보인다. • 까꿍놀이, 물건 주고받기와 같은 사회적 게임을 한다. • 다른 사람의 행동을 모방한다.
언어 발달	• 엄마와 낯선 사람의 목소리를 구별한다. • 소리내기(쿠잉)와 옹알이를 한다. • 엄마의 말을 이해하고 반응을 보이기 시작한다. • 간단한 명령을 이해한다.

② 1~2세의 발달

발달 영역	발달 특성
신체 · 운동 발달	• 걷기 시작하면서 활동 반경이 넓어진다. • 사물을 조작하고 탐색하며, 새로운 활동을 시도한다. • 뛸 수 있으며, 층계를 오르내리고, 큰 공을 찰 수 있다. • 크레파스, 색연필 등의 도구를 종이 위에 긁적거린다. • 책장을 넘길 수 있으며, 블록을 몇 개 쌓는다.
인지 발달	• 사물의 질감, 모양, 크기, 색, 기능적인 관계에 관심을 갖는다. • 비슷한 사물끼리 짝을 지을 수 있다. • 표상 능력의 발달로 상징놀이를 시작하고, 감각운동놀이를 즐긴다. • 그리기, 만들기 놀이를 하며, 결과보다 과정을 즐긴다. • 구체적 사물과의 상호작용을 통해 개념이 발달하며, 추상적인 개념은 이해하지 못한다.
사회 · 정서 발달	• 혼자 놀거나 성인과 함께 놀며, 성인의 인정과 칭찬을 받고자 노력한다. • 자신의 감정과 느낌을 솔직하고 강하게 표현한다. • 독립심을 보이며, 자신이 한 일에 자신감을 보인다. • 또래 상호작용이 시작되나 지속 시간이 짧다. • 남녀의 차이를 알고, 자신의 성에 관심을 갖는다. • 다른 사람의 감정에 관심을 나타내고 그것을 이해한다.
언어 발달	• 자신의 이름과 몇 개의 단어를 말한다. • 그림책을 보고 듣는 것을 즐긴다. • 말을 통해 다른 사람에게 원하는 것을 표현하고, 대화가 가능하다. • 간단한 심부름을 할 수 있다. • 두 단어로 한 문장을 표현하는 두 단어기 언어 표현을 사용한다.

2) 유아기 발달의 특성

유아기는 3~5세경에 이르는 시기로 언어와 인지발달이 급속히 이루어지며 적극적인 활동과 탐색, 발견 등의 특징을 보인다. 신체적으로 독립된 개체로서 자유의지에 의하여 몸을 움직일 수 있다. 따라서 영아기에 불가능했던 다양한 자조 기능을 습득하며 사회적 가능과 태도에서도 놀라운 발달을 보인다. 사회성 발달과 함께 이 시기 유아의 정서반응도 영아기보다 더욱 분화되어 나타난다. 이러한 발달특징으로 유아는 급속히 사회화되어 가면서 자기의식을 발달시키고 사회적 접촉에서 사회의 가치체계를 내면화하면서 보다 확대되고 다양한 행동양식을 형성하게 된다(유안진, 1999).

영·유아기는 모든 측면에서 상당한 성장과 변화가 일어난다. 영·유아기는 의사소통을 비롯하여 인지능력, 운동능력이 급속도로 발달하며, 또래와의 관계에도 상당한 관심을 갖게 된다. 자기주장과 지배에 대한 욕구가 매우 강한 시기이다. 이는 개인으로서의 자신을 의식하기 시작하는 데서 비롯된 것으로 반항과 고집, 자기주장이 나타나기 시작한다. 이처럼 영·유아기는 모든 영역에서 현저한 발달과 함께 발달영역 간의 유기적 상호연결에 의해 독특한 개인이 형성된다.

(1) 신체·운동 발달

유아기에 신체발달은 연령, 성별에 따라 신체적 성장속도나 정도는 개인차가 심하며 일반적으로 신체적 발달은 몸통이나 다리 부분에서 일어나며 배는 들어가고 다리가 길어지는 등의 가는 모습의 체형을 점점 갖추게 된다.

유아기에는 영아기의 눈에 띌 정도로 현저한 신체적 변화와 함께 대근육 운동 기술과 소근육 운동기술이 크게 향상된다. 유아는 성숙에 따른 신체적 능력과 더불어 경험이나 훈련이 서로 상호작용하면서 2세 이후가 되면 자기신체의 균형을 잡을 수 있고 여러 가지 자조기능을 발달시킨다. 또한 신체발달과 눈과 손의 협응 능력의 발달로 유아는 잠시도 가만히 있지 못하고 대근육 활동을 활발하게 한다.

(2) 인지발달

유아기는 피아제의 인지발달단계 중 전조작기 단계로 상징과 정신적 표상능력이 급격히 증가하여 인지발달에 상당한 진전을 이루는 시기이다. 유아기의 지각발달로 전체적인 구성을 지각할 수 있게 되면서 자각된 내용에서 상호관련성을 알게 되며, 보다 더 복잡하거나 인지체계로 지각한 내용을 조작할 수도 있게 된다. 일상생활에서 만나는 주위의 여러 대상을 변별할 수 있는 변별력이 발달하여 다양한 자극들이 지닌 공통의 특징이나 특성을 배워 가는 개념의 발달이 나타난다. 그러나 아직 영·유아기의 인지발달은 제한적이어서 대체로 자아중심적이고, 사물의 외양에 의해 지배되며, 겉으로 드러난 특정 사실에만 초점을 맞추어 비논리적인 추론을 하며, 주의 집중력이 짧고 사물을 비체계적이고 불완전한 방법으로 탐색하는 특성을 보인다.

(3) 언어발달

영·유아기는 폭발적인 어휘력의 증가를 보이는 시기로 어휘나 문장의 길이 또한, 증가되어 보다 복잡한 의사소통이 가능하게 된다. 3세가 지나면서 유아도 의사소통을 효율적으로 하려고 말을 할 때는 자신이 원하는 내용만 말하는 것이 아니라, 하고자 하는 내용을 듣는 사람에게 맞추어야 한다는 것을 알게 된다. 또한, 의사를 전달하였음에도 이것이 성공하지 못할 경우, 1세 이후 사용하였던 단순히 반복하는 전략을 사용하는 것이 아니라 자신의 말을 수정하는 경향을 보인다. 4세가 되면 같은 말일지라도 상황이나 듣는 사람의 연령 등을 고려함으로써 메시지를 효과적으로 구성할 수 있게 된다. 5세 유아들은 주변에서 보고 경험한 여러 유형의 인물이나 사건을 언어로 표현하며 의사소통 할 수 있게 한다. 또한, 다른 또래와의 상호작용을 통해서 민주적으로 역할을 분담하며 협동적인 놀이가 가능하게 된다(류송미, 2001). 영·유아들이 타인의 욕구나 관점을 고려하며 사회적 언어를 사용하여 의사소통을 하게 되는데 결국, 유아들이 사용하게 되는 사회적 언어는 단순히 정보전달을 위한 것이 아닌 타인에게 자신의 의사를 이해시키기 위하여 질문과 다양한 반응의 형태를 내포한 다양한 의사소통을 하게 된다.

(4) 사회·정서 발달

유아기 동안 사회적, 정서적, 도덕적인 영역에서 상당한 진전을 보이게 된다. 특히, 또래와의 상호작용은 중요한 학습의 기회를 제공하고 유아의 사회화 과정에 많은 영향을 주게 되는데, 유아는 또래와의 사회적인 관계를 잘 유지하기 위해 자신의 충동을 억제하여 사회적으로 수용되는 방식으로 적절한 행동을 취할 수 있는 자아통제력이 발달하게 된다. 또한, 자아개념의 발달로 스스로 가치에 대해 평가하게 됨으로써 자긍심을 형성하게 된다. 이는 유아기에 중요한 측면으로 유아들의 주도성에 기여하는 바가 크다. 유아기 때 자조성, 성취감 및 자존감의 기초로 자아개념을 발달시킨다. 또한, 유아기에는 초보적인 양심 즉, 부모를 동일시하는 과정에서 부모의 행동과 기대에 의하여 부모의 태도, 가치를 자기 것으로 내면화하면서 초자아를 발달시켜 나간다. 유아의 사회화는 또래의 강화가 중요한 역할을 하며 때때로 또래가 모델이 되고 준거가 되기도 한다.

유아기 초기에 정서는 매우 강렬하게 나타나지만 일시적이다. 유아는 감정표현을 폭발하듯이 강렬하게 한다. 화가 날 때 온몸을 사용해서 그 성냄을 표현하고, 좋을 때는 깡충깡충 뛰면서 감정표현을 한다. 하지만 그 강렬함이 오래 가지는 않고 금방 화를 내다가도 쉽게 풀어져 금방 울다가 웃음을 터트리기도 한다. 또한, 유아는 상상력으로 인해 여러 가지 무서운 생각을 갖게 되면서 두려움이라는 새로운 정서를 갖게 된다. 그리고 타인에 대한 감정적인 적대적 공격성이 나타나게 되는데 공격성을 조절하고 이타적인 행동을 학습하는 일은 유아기의 사회·정서발달에서 성취해야 할 가장 기본적인 과업 중의 하나이다. 그러나 유아기 후반이 되면 자신과 타인의 정서를 어느 정도 이해하게 되고 자신의 감정을 반영할 수 있게 되고 부정적 정서를 조절할 수 있는 전략을 발달시켜 나간다.

다음은 유아들의 주요 발달 특징들을 영역별로 제시한다.

① 3세 유아발달의 특징

발달 영역	발달 특성
신체 · 운동 발달	• 대근육의 운동조절 능력이 증진된다. • 속도를 변화시키며 뛰거나 돌 수 있고, 계단 오르기, 세발자전거 타기가 가능하다. • 소근육 기술이 세련되지는 못하나 양손을 사용한 신체적 기술에 관심이 많다. • 운동기능 및 감각기능의 협응력이 필요한 활동이 가능하다. • 초보적인 가위질 하기와 그리기가 가능하다.
인지 발달	• 인과관계를 이해하고, 결과를 예견하는 능력이 나타난다. • 주의집중 시간이 짧고 실제와 가상을 구별하지 못한다. • 상상력이 이전보다 뚜렷이 증가하지만 추상적 사고를 다룰 수 없다. • 보고 들은 것의 재생이 가능하나 두 가지 이상의 정보를 기억하지 못한다. • 단순하고 구체적이며, 감각적인 사고를 하며, 한 가지 특성에 의존하여 사물을 판단한다.
사회 · 정서 발달	• 자율성과 독립심이 싹튼다. • 혼자 놀이에 익숙하고, 양보 능력이 거의 없으며, 성인과 가까이 있기를 좋아한다. • 자신의 감정을 솔직하게 표현하고, 부정과 반항의 표시가 많으며, 특히 피곤하거나 통제를 받으면 화를 잘 내고 변덕을 부린다. • 성인 및 또래의 인정과 칭찬에 관심이 많으며, 또래에 대한 질투의 감정이 강하게 나타난다. • 시각적인 것에 공포심을 표현한다.
언어 발달	• 어휘 수가 급격하게 증가한다(약 1,000개). • 말하는 것을 즐기고, 새로운 단어에 관심이 많으며, 우스운 소리나 말놀이를 좋아한다. • 세 단어로 한 문장을 표현하는 세 단어기 언어 표현을 사용하며, 다양한 문장 표현과 의문문, 부정문을 사용하나 문법에 맞지 않는 불완전한 문장을 사용할 때도 있다. • 그림책을 보면서 실제 내용과 비슷하게 꾸며 읽는다.

② 4세 유아발달의 특징

발달 영역	발달 특성
신체 · 운동 발달	• 신체 운동 기술이 발달하여 독립적이고 활동적인 운동과 새로운 신체적 기능을 활용한다. • 대근육 활동이 활발해지고, 소근육과 눈과 손의 협응력의 발달이 점차 정교해진다. • 단순한 협응력이 요구되는 기술은 도움을 필요로 하지 않으나 시간이 오래 걸린다. • 한 발로 서서 균형을 잡는다.
인지 발달	• 인과 관계의 유추가 가능하며 간단한 사건의 이유를 설명할 수 있다. • 상상과 가상을 구별하며 현실을 인식하고 사물의 속성과 기능의 유사점 및 차이점에 의해서 분류하고 범주화하는 능력이 형성되기 시작한다. • 탐색적 · 논리적 사고, 기억력, 언어 표현력의 발달이 활발히 이루어진다.
사회 · 정서 발달	• 친구를 좋아하고, 동성의 유아에게 관심을 보인다. • 혼자 놀이를 중심으로 하지만, 집단놀이가 나타난다. • 타인의 요구사항을 이해하게 되고, 규칙을 배울 수 있으며, 상대방을 고려하고 도와줄 수 있다. • 남녀의 성역할을 인식하기 시작하며, 사회적 인간관계에서 관심이 많다. • 성인 및 또래의 인정과 칭찬에 민감하다.
언어 발달	• 3~7개의 단어를 사용하여 완전한 문장으로 말할 수 있으며, 어휘 수가 1,600개 정도 된다. • 과장이나 유머를 좋아하고 이야기를 듣거나 다른 사람과 이야기하기, 노래 부르기, 책 읽기를 좋아한다. • 글자, 숫자, 단어를 인식하기 시작하며, 읽고 쓰기 위한 모양의 변별이 가능하다. • 왕성한 호기심으로 질문이 많아진다.

③ 5세 유아발달의 특징

발달 영역	발달 특성
신체 · 운동 발달	• 신체적 비율이 유아 전기보다 성인의 신체비율에 가까워진다. • 안정되고 민첩하며 균형적인 동작이 가능하며, 대근육 발달에 의해 뛰기, 달리기, 균형적인 동작이 가능하며, 대근육 발달에 의해 뛰기, 달리기, 균형 유지하기, 두발자전거를 탈 수 있다. • 신체 협응 능력과 소근육 발달이 더 정교해진다. • 운동신경이 발달하며, 자신의 운동기술을 실험해 놀이를 선호한다.
인지 발달	• 사물의 속성과 기능의 유사점 및 차이점에 의해 분류하고 범주화한다. • 구체적 사물의 지각 경험과 논리적인 사고능력에 기초한 보존개념, 시 · 공간개념 및 인과관계, 과학개념이 발달한다. • 회상과 재생 및 기억력이 점차 아동기의 수준과 비슷하게 발달한다. • 문제를 해결하기 위해 탐색, 질문, 예측, 관찰, 실험하기를 즐긴다.
사회 · 정서 발달	• 협동하기, 돕기, 협상하기, 공감하기 등의 사회적 기술과 규칙이 발달한다. • 또래의 인정에 민감하여 또래의 규제력이 유아의 중요한 사회적 준거가 된다. • 사회적 기술과 역할을 인식하며, 사회적 상호작용에 관한 지식이 발달한다. • 감정표현이 풍부하고, 분화된 정서 형태에 따라 정확한 감정을 표현할 수 있다. 상황에 맞게 부정적인 정서를 피할 줄 알게 되고 감출 수도 있다. • 자신감이 증가하며, 상상력이 발달하여 상상적인 공포감이 나타난다.
언어 발달	• 완전한 문장으로 말할 수 있으며, 다른 사람과 적절히 의사소통 할 수 있다. • 문장 형태와 문장 이해력이 성인의 언어형태와 유사하며, 글자의 이름 · 소리 · 단어의 변별이 가능하며, 말하기에 사용되는 어휘가 늘어나 의사소통에 거의 불편함이 없게 되며, 읽기와 쓰기에 흥미를 느끼고, 기본 기술을 습득한다.

2. 보육교사의 역할

모든 보육에 있어 보육의 질을 결정하는데 핵심에 보육교사가 있는 것이 사실이며 특히, 보육교사의 질을 결정하는 데 보육교사의 역할은 절대적이라고 할 수 있다. 이는 성인에게 많은 부분을 의존하고 있는 영아의 특성에도 기인하고(김양자, 2002), 상황에 따라 융통성 있게 운영되어야 하기 때문에 매순간 의사결정을 해야 하는 보육프로그램의 특수성(김민정, 2004)에도 원인이 있다. 아무리 좋은 환경과 보육프로그램을 갖추고 있다고 하더라도 그것을 운영하는 보육교사가 우수한 자질을 갖고 있지 못하다면 보육의 효과는 제대로 나타날 수 없을 것이다.

보육교사는 보육기관이라는 조직 속에서 교육을 목적을 달성하기 위해 자신의 역할을 수행한다. 보육교사의 역할은 일반적으로 유아의 성장과 발달을 돕는 것이다. 그러나 실제 보육현장에서는 이러한 역할의 형태가 보다 다양해지고 교사는 복합적인 역할을 수행하게 한다. 왜냐하면 유아교육의 본질과 특성에 따라 그리고 보육기관의 유형, 유아의 연령, 프로그램의 종류 등에 따라 보육교사에게 기대하는 행동 유형이 달라지기 때문이다.

유아의 발달적 특징이 복잡하고 다양한 역할을 요구하고 있기 때문에 보육교사에게 기대되는 역할은 상급학교 교사보다 더 복잡하고 다양하다(김숙희, 2003). 보육교사는 교육환경을 제공하고, 자료를 선정 배열하고, 유아를 안내하며. 상호작용하고, 기록하고, 부모와 만나는 등의 다양한 역할을 한다(Schickdanz, 1990). 즉 보육교사는 단순한 보호적 차원을 넘어서 유아의 발달을 촉진하고, 미래를 준비시킬 수 있는 전문적 지식과 기술을 가진 창의적인 성격을 가지고 있다.

다음은 다양하고 창의적인 역할을 요구되는 보육교사의 역할에 대해 구체적인 내용을 소개하고자 한다.

1) 영·유아의 발달적 특성을 이해하기

영·유아 보육교사의 기본적인 역할은 영·유아를 안전하게 보호하고, 이들의 생리적인 욕구와 독특한 개성적 욕구를 충족시켜 주며, 이들의 발달적 특성을 이해하는 것이다. 그러므로 보육교사는 영·유아의 건강을 돌보고 안전을 지켜주면서 영·유아와 개별적인 관계를 형성하여 보육을 실시하여야 한다. 따라서 영·유아 교사는 일련의 과정 속에서 이들이 각 발달 단계에서 나타내는 발달적 특성과 관심에 대한 지식을 반영할 수 있어야 한다.

영·유아는 보호자와 분리되어 하루 종일 보육시설에서 생활하기 때문에 그들에게 심리적인 안정감과 편안함은 기본적인 요구 사항이다. 따라서 바람직한 보육시설의 분위기는 가정과 유사하여야 하며, 그러기 위해서 보육교사는 부모의 역할을 수행하여 영·유아가 교사를 신뢰하고 의지할 수 있도록 하여야 한다.

특히, 영·유아기는 인생에 있어서 매우 중요한 발달이 진행되는 시기이다. 즉, 영아가 걷게 되고 움직임과 이동성이 자유롭게 되면서 오감을 통해 주변 환경과 세계를 적극적으로 탐색하게 된다. 또한, 대소변을 가릴 수 있게 되며, 일상생활에서 자조 능력을 발달시키고, 말을 배우게 되면서 인지능력과 언어능력이 급속하게 발달함에 따라 주변 세계와의 관계를 형성하게 된다. 생후 2~3년 동안 이와 같은 발달 과업이 이루어진다는 것을 감안할 때, 영아기에는 특히 월령에 따라 변화가 급속히 일어나는 시기이다. 또한, 12개월 된 영아에게 적합한 활동이 18개월 된 영·유아에게는 더 이상 흥미가 없다. 25개월 된 유아에게 적합한 활동이 18개월 된 영·유아가 수행하기에는 발달적으로 아직 준비가 되어 있지 않은 경우도 있다. 그러므로 교사는 영·유아의 발달 수준을 이해하고 그에 적합한 활동을 계획하여야 한다. 이와 함께 영·유아를 주의 깊게 관찰하여 발달에 대한 개인차를 고려하여 상호작용하여야 한다. 그리고 하루일과 운영에서도 영·유아 개인의 생리적 주기를 고려하여 융통성 있게 운영하는 것이 필요하다. 즉, 영·유아 개인의 수유시간, 배변 시간(기저귀 갈기), 수면시간 등이 다르므로 영·유아의 개별적 요구에 따라 시간이나 활동을 재조정할 수 있어야 한다.

2) 애정과 신뢰감 형성하기

교사는 가정과 보호자를 떠나 보육시설의 낯선 환경에 접하게 되는 영·유아가 정서적으로 안정되고, 교사와 신뢰 관계를 유지할 수 있도록 영·유아의 애정적 요구를 충족시켜 주어야 한다. 그리고 교사이기 이전에 보호자의 대리자로서 영·유아에게 따뜻하고 허용적인 자세로 보살펴 주어야 한다. 성인과 안정된 애착을 형성한 영·유아는 정서적인 안정감을 느끼게 되고 자신감을 가지고 자기 주변을 적극적으로 탐색할 수 있게 된다. 이러한 안정감이나 신뢰감은 2세가 된 후에는 점차 독창적이고 창의적인 영·유아로 성장해 가는 데 기여하게 되고 집단 속에 참여하고 개체로서 자기를 주장할 수 있는 기초가 된다. 이와 같이 따뜻하고 애정적인 관심은 영·유아가 건강하게 성장할 수 있는 핵심적인 역할을 한다. 따라서 보육시설에서 영·유아와 교사 간의 관계는 영·유아의 정서적인 발달에 매우 중요한 영향을 준다. 이러한 정서적 지원은 별도의 활동을 통해서 행해지기보다 하루일과 중 생활 속에서 이루어진다. 영·유아와 신뢰감을 형성하는 위한 교사의 역할을 구체적으로 살펴보면 다음과 같다.

- 부드러운 목소리와 온정적인 태도로 영·유아를 대하고 영·유아가 도움을 청할 때 도와준다.
- 영·유아의 이름을 부르면서 이야기한다. 이것은 영·유아와 개인적으로 좀 더 친숙한 관계를 형성하는 데 도움이 된다.
- 영·유아의 눈을 보고 이야기하면 영·유아는 자신이 중요하고 특별한 존재라고 느끼게 된다.

- 영아에게 우유를 먹이거나 기저귀를 갈아 주는 시간이 그들에게 편안함을 주고 언어를 배우게 하며 신뢰감을 형성하는 데 중요한 기회가 되게 한다.
- 간식 시간, 낮잠 시간 등의 일상생활 중에 대화하면서 영·유아와 함께 하루일과를 진행한다.
- 영·유아가 행복하게 느끼고 교사와 좋은 관계를 맺을 수 있도록 개인적으로 친밀한 대화를 한다.
- 영·유아가 한 일에 칭찬과 기쁨으로 반응해 주면 영·유아 자신이 스스로 할 수 있다는 성취감과 자부심을 갖는 데 도움이 된다.
- 영·유아의 잘못된 행동을 지적할 때도 자신이 사랑받고 있다고 느끼도록 한다.

3) 상호작용하기

영아기 교사들은 다른 교사들과 마찬가지로 영아들에게 긍정적이고 민감하게 반응하고 효과적으로 언어 전달을 해야 하며, 또래와 상호작용할 수 있게 돕고, 이들을 적절한 방법으로 훈육할 수 있어야 한다.

더구나 영아와의 상호작용은 다른 영아들에 비해 좀 더 신체적이다. 영아들은 흔들어 주고 안아주기를 원한다. 영아들은 교사의 무릎에 앉고 싶어 하고,

좌절했을 때 안기고 싶어 한다. 따라서 교사라면 적어도 영아들과 긍정적으로 상호작용할 수 있는 충분한 기술을 가지고 있어야 한다.

이상으로 영아 교사는 개별 영아와의 상호작용에 많은 시간을 보낼 수 있도록 해야 하며 교사로서 우리의 주된 기능은 개별화된 보호와 관심에 초점을 두는 것이다.

유아기 교사의 상호작용은 유아들 간의 관계와 더 나아가 물리적 환경, 현상들과의 서로 영향을 미치고 관계를 맺는 과정이라고 할 수 있다. 이 시기에 유아가 하는 경험의 대부분은 놀이를 통해 또래와 교사와의 상호작용을 통해 이루어진다. 교사와 유아 간의 긍정적인 상호작용은 교육활동의 질을 구성하는 핵심적인 요소가 된다. 무엇보다 중요한 것은 유아가 누구와 놀이를 하는지, 어떻게 놀이하는지, 어떤 관계를 맺는지 자세하게 관찰함으로써 유아의 성향, 사회적 능력, 대인관계 등을 파악하여 지원할 수 있어야 한다.

다음은 하루일과에서 유아의 놀이를 지원해주고 발달의 촉진시켜 주고, 일상생활지도에서의 활용할 수 있는 상호작용 유형을 제시한다.

(1) 인정하기

인정하기는 유아에게 관심을 기울여주고, 활동을 지속할 수 있도록 긍정적인 격려나 칭찬을 해주는 것으로 교사는 유아의 생각이나 느낌, 행동을 인정해 주면 유아는 더욱 즐겁게 생활하고 활동에 참여할 수 있다. 막연하고 지나치게 칭찬하면 유아의 내적 동기를 약화시킬 수 있으므로 구체적인 사실에 근거하여 인정해 주어야 한다.

(2) 모범 보이기

학급에서 일어나기를 바라는 경향, 태도, 가치에 대해 교사가 바람직한 모습을 보여줌으로써 유아가 적절한 행동, 즉 바르게 말하기, 정리정돈하기, 공손

한 태도, 골고루 먹기 등을 교사 자신이 매일의 생활에서 실천함으로써 유아가 자연스럽게 느끼거나 받아들일 수 있도록 하는 것이다. 행동 그 자체를 모방하는 것에 초점을 두는 것이 아니라 행동 이면의 가치, 성향, 태도를 닮아가는 것을 더 중요하게 본다.

(3) 촉진하기

교사의 최소한 개입으로 유아의 학습을 용이하게 해 주는 상호작용 유형으로, 유아가 과제나 문제를 보다 쉽게 해결할 수 있도록 일과 계획하기, 보조교사 함께하기, 활동 시간 조절하기 등의 방법을 의미한다. 예를 들어, 다른 친구들이 놀이하는 활동에 집중하지 못할 때 교사는 다른 곳으로 자리를 옮겨주고 유아가 하는 활동을 곁에서 지켜봐 주는 등의 행동이다.

(4) 지지하기

유아의 현재능력이 어느 정도에 이르면, 다음 발달 수준으로 넘어서도록 도움을 주거나 도전해 볼 수 있는 기회를 제공하는 것으로, 교사는 유아가 어떤 단계에 있는지를 파악하고, 새로운 단계로 발전할 수 있도록 기회를 주어야 한다. 그리고 유아가 스스로 하고 싶지만 도움이 없으면 하기 어려운 활동 과제를 알아내어 도움을 주어야 한다.

(5) 함께 구성하기

모형이나 블록을 함께 쌓아 올리는 것처럼 교사와 유아가 공동으로 문제나 과제를 함께 생각하고 조사하며, 배우고 해결해 나가는 것으로, 이때 교사와 유아는 모두 학습자인 동시에 교사가 된다. 문제나 과제를 해결해 가는 과정에서 교사가 즉시 답을 알려주기보다는 유아와 함께 공동의 학습자가 되어 유아가 문제 해결 과정을 경험해 가도록 도와야 한다. 교사는 유아와 함께 놀이한 즐거움을 느낄 수 있어야 한다. 유아와 교사가 놀이의 즐거움을 공유하는 기회가 많을수록 둘 사이에 진정한 공감과 소통이 활발하게 이루어진다. 예를 들어 유아가 놀이하던 중 아이디어의 결핍, 유아 간의 상이한 의견충돌, 공간이나 자료를 점유하기 위한 갈등으로 활동이 계속적으로 이루어지지 않을 때 교사의 놀이참여는 유아들이 문제를 명확하게 이해하고 문제해결을 도울 방법을 찾는 데 도움이 되며, 놀이 중 배움을 위한 적절한 순간에 즉각적으로 지원을 제공하는 데 도움이 될 수 있다.

(6) 시범 보이기

어떤 사항을 유아에게 구체적으로 지도하기 위해 교사가 활동에 적극적으로 참여하여 보여주는 상호작용으로, 유아는 교사가 직접 시범을 보이는 모습을 관찰할 수 있기 때문에 더욱 쉽게 특별한 기술을 습득할 수 있다. 위험한 도구를 사용하는 데 가장 안전한 방법을 보여주거나 새로운 기술을 가르칠 때 효과적인 방법이다.

(7) 지도하기

유아가 착오 없이 학습이 이루어지도록 교사가 필요한 정보나 지식을 전달하는 과정으로, 지식과 정보를 더 많이 가진 사람이 그렇지 못한 사람에게 정보를 전달하고 말해 주는 전통적인 방법이다. 지도하기는 유아들이 스스로 문제를 발견하고 해결하는 것보다 직접적으로 그 방법을 말해 주는 것이 더 효과적일 때 사용하는 것이 바람직하다. 예를 들면, 안전과 관련된 교육내용이거나 도구 사용하는 방법이나 새로운 기술을 익히는 경우이다.

이상에서 다양한 상호작용 중에서 어느 유형이 주어진 상황에서 각 유아에게 적절한 것인지를 바르게 알아야 하고, 지나치게 도움을 주거나 적절한 지지를 제공해 주지 못하는 일이 없도록 해야 한다.

4) 가족이해 및 지원하기

(1) 가족 이해

가족을 이해하는 방법은 가족들과 의사소통하는 것이다. 부모들은 영아가 하루를 어떻게 보냈는지 알고 싶어 하며, 무엇을 먹었고, 잘 잤는지, 그리고 대소변 문제는 어떠했는지 등 그들의 가정에 돌아가 다시 영아를 돌보기 위해 필요한 일상적인 정보를 알고자 한다. 부모회를 통하여 부모들은 프로그램에 친숙해지고 질문을 할 수 있으며 영아의 성장, 발달에 대해 토론할 수 있는 기회를 가질 수 있다. 부모회는 훈육, 영양, 스트레스, 행동 또는 가족의 중요성 등에 관한 문제에 대해 정보를 서로 나눌 수 있는 기회가 된다. 또한, 무엇보다 가족의 문제가 무엇이고 어려운 일이 무엇인지를 듣는 것이, 가족과 그들의 특수한 상황에 대해 공감대를 형성할 수 있는 주요 방법이 되는 것이다.

가족에 대한 이해는 가족생활의 개인적 본질을 인정하는 것과 동시에 이들이 우리와 함께 공유할 것이라는 믿음을 기초로 한다. 신뢰감이란 가족과의 관계 속에서 중요한 요소이며, 어떠한 판단 없이 가족 그 자체를 인정한다는 것을 보이는 것이다. 따라서 가족과의 모든 상호작용 시 교사는 사적인 문제에 대한 비밀 보장이 중요하다.

교사는 어떤 상황에서 부모가 보이는 태도를 받아들이기 어려운 경우가 있다. 그러나 교사는 부모를 지원해 주어야 하고 그들을 위하는 것이 자신의 역할임을 명심해야 한다. 전문가로서 교사는 부모로 하여금 영아의 발달단계를 잘 이해할 수 있도록 여러 가지 책자나 자료를 주고 문제에 대해 대안을 제시하는 역할을 해야 한다.

(2) 부모와의 의사소통 기술

교사와 부모들이 만나 유아에 관해 의논을 하거나 부모들로 하여금 유아의 교육문제에 직접 참여하도록 하기 위해서는 교사가 부모와 이야기를 나눌 수 있는 의사소통 기술을 가지고 있어야 한다. 의사소통 기술이라는 것은 어떤 정보를 부모에게 전달하는 것 이상의 의미가 있다. 의사소통은 잘 듣기, 얼굴 표정에서 나타나는 것과 같은 비언어적 의사소통을 잘 이해하기, 그리고 유아가 처해 있는 환경에 대해 이해심을 가지는 것 등의 여러 가지 변인이 내포되어 있다. 이러한 의사소통 기술을 얻기 위해서는 그러한 조건들을 그냥 기억하고 적어두는 것으로는 부족하고 그것들을 직접 실천해야 하며 실천을 위한 연습 또한 필요하다.

① 대화는 상호교류의 시간이 되어야 한다.

의미 있는 의사소통이란 부모들에게 그냥 얘기를 나누기 위해서는 말솜씨뿐만 아니라 경청 기술, 상대방의 비언어적 표현을 감지하는 법과 서로 마음을 나누는 기술을 배워야 한다. 우선 의사소통은 일방통행이 아니며, 둘 또는 그 이상의 사람들이 상호 반응하는 것이다.

② 부모의 다양한 요청과 욕구를 읽어라.

교사가 부모와 면담하는 목적이 유아의 발달 문제에 대한 것일지라도 부모는 교사에 대해 물어보고 싶은 다른 질문도 많고 또 자기 자녀에 대한 다른 걱정도 있다는 것을 잊어서는 안 된다. 교사는 부모의 이러한 걱정을 자유롭게 표현하도록 하여 적절한 교육적 프로그램을 계획할 수 있어야 한다. 만약 유아가 집에 있을 때 일으키는 특별한 문제가 있을 때 교사의 조언을 바란다면, 교사는 가정에서 해야 할 적절한 대응방법을 세우는 데 도움을 주어야 한다. 때로 교사는 가정에서 효과적인 프로그램을 수행해 가도록 부모를 빈번히 만나 도와주어야 하는 경우도 있다.

③ 적극적인 경청자가 되어야 한다.

듣는다는 것은 소극적인 행위가 아니다. 경청은 주의집중을 요구한다. 상대방이 말하는 것들을 잘 들어야 한다. 그렇지 않고 건성건성 듣는다면 이야기의 핵심을 잃어버린다. 일방적인 교사의 의견제시보다는 부모가 어떻게 생각하는지를 물어보고 의도를 정확하게 표현하도록 하여 부적절한 충고를 하는 실수를 예방해야 한다.

④ 친근감 있는 태도와 분위기를 만든다.

진지하면서도 유쾌하고 긴장을 푼 자세로 임해야 한다. 무엇보다도 교육기관에 다니는 자녀에 대해 부모는 깊은 흥미와 관심을 가진다. 무관심한 교사의 태도는 부모의 반응에 악영향을 끼친다. 교사는 형식적이고 전문적인 태도 내지는 허식을 버리고 진솔하고 정직하게 부모를 대해야 하며 반말은 절대 사용하지 않는다.

5) 보육운영자의 역할

(1) 일과 운영

보육기관에서 유아는 등원시간부터 귀가하는 시간까지 여러 활동들로 일과가 구성된다. 일과는 크게 신체적 요구와 관련된 활동과 유아의 관심과 흥미를 고려한 교육활동으로 나누어 볼 수 있다. 이 두 활동은 분리되어 있는 것이 아니라 서로 유기적인 관계를 유지하게 되는데, 연령이 어릴수록 전체 일과 중에 신체적 요구와 관련된 교육활동이 길고 중요하며, 연령이 높아질수록 관심과 흥미를 고려한 교육활동이 전체 일과에서 차지하는 비중이 커지게 된다. 교사가 유아의 발달 수준과 흥미를 고려하여 유아의 욕구를 가장 잘 충족시켜 줄 수 있는 일과 계획을 세우도록 해야 한다.

개정 누리과정에서는 일과에서 바깥놀이를 포함하여 유아의 놀이가 충분하게 이루어지도록 편성하여 운영할 것을 강조하고 있다(새누리과정 해설서, 2020).

교실에서의 하루는 유아의 놀이를 중심으로 반복되는 일상생활 그리고 활동으로 구성된다. 일과에는 놀이 외에도 등원과 하원, 간식과 점심, 손씻기와 화장실 다녀오기, 일상의 안전에 대한지도 등 매일 반복되는 일상생활이 포함된다.

또한, 교사는 유아들의 놀이를 지원할 수 있는 다양한 활동을 계획해야 하는데 유아들과 의논하여 순서를 정할 수도 있고, 날씨의 변화나 상황에 따라 놀이의 지속 여부를 융통성 있게 계획할 수 있어야 한다. 무엇보다 교사는 유아가 놀이에 충분히 몰입하고 그 속에서 진정한 배움이 일어날 수 있도록 놀이와 생활, 활동들을 유연하게 운영할 수 있어야 한다.

영유아의 발달에 맞게 질 높은 일과운영을 위해 반영되어야 할 유아들의 요구를 살펴보면 다음과 같다.

① 안락하고 따뜻한 느낌에 대한 요구
영유아의 능력을 지적, 정서적, 정신적으로 최대한 개발할 수 있도록 개별적으로 존중하고 수용되어야 한다.

② 안전에 대한 요구
신체적, 도덕적, 사회적 위험으로부터 보호하여야 하며 건강을 증진시키고 모든 질병으로부터 보호되어야 한다.

③ 다양한 물체와 재료를 실험해 봄으로써 적극적 탐구하고 자유롭게 움직이고자 하는 요구

④ 언어, 미술, 음악, 과학 및 다양한 매체를 통해 의사소통의 수단을 개발시키고자 하는 요구

⑤ 자신의 성취에 대해 자부심을 느끼고 자기 신뢰와 독립심을 얻으며, 자신있게 문제를 해결하는 방법을 배우고 인간관계에 대응하는 법을 점차적으로 배우고자 하는 요구

⑥ 놀이, 적당한 여가 및 삶을 즐기려 하는 요구

관심사를 넓힐 수 있고 주위세계에 대한 개념을 명료화하기 위해 적절한 경험을 갖고자 하며, 영아기에 적합하고 자연스러운 천진한 웃음, 쾌활함, 유머를 즐기고자 하는 요구

이상으로 즐겁고 편안하고 안전한 가운데 다양한 물체를 조작, 탐구해 보며 여러 가지 매체를 통해 스스로를 개발하여 자기신뢰와 인간관계에 적응하는 것을 배울 수 있도록 해야 한다.

일과운영에 있어서 기본적인 원칙을 살펴보면 다음과 같다.

① 일정한 규칙의 원칙

보육기관에서의 규칙적인 일과는 유아가 하루 활동의 순서를 예견할 수 있도록 해줌으로써 유아에게 정서적 안정감을 주게 되는데, 예측 가능한 일과 운영은 시간을 엄격하게 지키는 것의 의미이기보다는 일과의 일정한 순서에 대한 것으로 이러한 일정한 순서는 유아가 스스로 자신의 활동을 계획하고 조정할 수 있게 해준다. 정적/동적 활동, 정리, 휴식, 화장실 가기, 간식 등의 활동이 유아의 신체 주기를 고려하여 일정하게 배정된다면 유아는 가장 편안한 상태에서 활동에 집중할 수 있게 된다.

② 균형의 원칙

교육 활동을 계획을 할 때 한 가지 유형의 활동에 치우치지 않고 유아가 고르게 활동 하도록 유아의 건강, 영양, 교육적 요구를 고르게 충족될 수 있도록 한다.

유아의 일과는 인지적, 정서적, 사회적, 신체적, 언어적 발달과 수유, 섭식, 배변 등의 생리적 욕구와 휴식 활동이 균형을 이루도록 짜여져야 한다. 그리고 개별·소집단·대집단활동/동적·정적 활동/실내·실외 활동/교사주도·유아

주도 활동이 균형 있게 이루도록 일과를 계획하고 운영해야 한다.

③ 융통성의 원칙

유아의 개별적인 차이, 활동 주제, 유아의 흥미와 관심, 날씨 등과 같은 변수에 따라 융통성 있게 운영하는 것으로 유아의 흥미와 관심이 높은 활동이라면 교사는 융통성 있게 시간을 조정할 수 있어야 한다. 또한, 집단의 요구뿐만아니라 개별 유아의 요구도 반영되어야 하는데, 활동에 관심을 보이지 않는 유아, 활동을 좀더 하고 싶어 하는 유아, 낮잠을 자려고 하는 유아, 그렇지 않는 유아 등 유아의 개별적인 요구 역시 교사가 일과운영에 고려되어야 할 사항이다.

④ 변화의 원칙

교사는 일과운영에 있어 내용과 유형을 다양하게 변화시켜 유아가 활동에 흥미를 잃지 않고 기대감과 흥미를 지속적으로 유지하여 보육기관에서의 생활을 좀더 즐겁게 할 수 있도록 운영해야 한다.

매일 일정한 순서로 이루어지는 일과 활동이라고 유아의 생활 경험을 풍부하게 할 수 있도록 교실 환경 구성의 변화, 교구의 배치, 새로운 활동 소개 등 일상 활동에서의 작은 변화뿐만 아니라, 견학활동, 생일 축하, 부모님 초대의 날 등 특별한 날을 일과 계획에 반영할 수 있도록 연초에 연간 행사 계획을 수립하는 것이 필요하다.

6) 환경 구성자로서의 역할

보육현장에서는 교수·학습의 주체인 교사와 유아, 그리고 유아에게 효과적인 교육의 실제를 가능하게 하기 위하여 현장의 다양한 사회문화적 조건이나 유아의 발달적 특성에 부합하는 질 높은 교재·교구가 필요하다. 보육의 목적과 목표를 이루기 위하여 사용하는 다양한 자료와 도구를 총칭하는 교재·교구는 실제에 참여하는 교사와 유아가 최적의 조건에서 상호작용하는 것을 가능하게 함으로써 최선의 교육적 여건을 마련하기 위한 중요한 조건이라 할 수 있다. 따라서 유아교육에서 교재·교구란 교육이 이루어지는 전 과정에서 그 효과를 높이기 위하여 활용되는 모든 학습자료이다.

⊙ 하루 일과에 따른 환경구성의 실제

(1) 등원

등원은 유아가 교육기관에 도착하는 순간을 의미한다. 이 순간부터 유아는 가정이나 부모와 떨어져 교육기관에서 또래와 교사들과 상호작용하여 생활을 하게 된다. 새로운 환경에서의 생활을 시작하는 등원시간에는 많은 유아들이 정서적 어려움을 경험하곤 한다. 특히 학기 초에는 부모 혹은 다른 가족들과 헤어지는 것에 대하여 분리불안을 느끼는 유아들이 있는데 이러한 경우 이들이 좋아하는 교구나 친숙한 물건들을 효율적으로 활용할 수 있다.

(2) 놀이활동

교사는 기관의 교육철학이나 교실의 물리적 구조, 유아의 연령, 흥미 등에 따라 자율성과 융통성을 가지고 교실 공간을 구성할 수 있어야 한다. 교실 내 반드시 배치되어야 할 흥미영역이 정해져 있는 것이 아니므로 유아들의 놀이를 지원할 수 있도록 공간을 구성해 나가야 한다(개정 누리과정 놀이실행자료, 2020).

① 언어영역

유아교실에서의 언어영역은 여러 가지 언어활동을 할 수 있도록 준비된 공간이다. 유아들은 이 영역에서 듣기, 말하기, 읽기, 쓰기 활동을 함으로써 의사소통 능력을 발달시키게 된다. 언어영역에는 말하기와 읽기 활동을 위한 손인형, 융판동화 자료와 융판, 이야기를 꾸며 볼 수 있는 그림 자료, 신문, 잡지 등 다양한 읽을거리 등이 준비되어 있어야 한다. 듣기 활동을 위해서는 반원탁자나 작은 책상을 콘센트가 가까이 있는 벽에 붙여 놓고, 녹음기와 동화테이프, 헤드셋 등을 준비해야 한다. 쓰기 활동을 위해서는 필기도구와 글자판, 개인 공책 등을 준비해 둔다.

② 역할놀이영역

가정과 같은 분위기로 구성된 역할놀이영역에서 유아들은 부모, 형제를 비롯한 다양한 가족 구성원들의 역할을 극화해 보기도 하고, 다양한 직업과 관련된 인물이나 사건들에 관하여 구체적인 교재·교구를 활용하여 놀이해 보기도 한다. 역할놀이영역에 준비되어 있어야 하는 가장 기본적인 교재·교구는 가족 구성원이 가정에서 사용하는 여러 가지 물품의 모형이다.

③ 쌓기놀이영역

쌓기놀이영역은 다양한 모양, 색, 크기, 그리고 재질로 만들어진 블록으로 여러 가지 구조물을 만들며 놀이하는 공간이다. 쌓기놀이영역에는 기본적인 블록(유닛 블록, 작은 블록-듀플러 블록, 큰 블록-우레탄 블록, 종이벽돌 블록 등)과 각종 소품(사람모형, 동·식물, 집, 교통표지판 등), 유아들에게 아이디어를 주는 참고 자료(그림 화보 등) 등을 제시해 준다.

④ 조형영역

조형영역은 유아들이 자유롭게 다양한 자료를 탐색하고 그 자료를 이용하여 독창적이고 창의적인 표현을 할 수 있도록 고안된 공간이다. 창의적인 활동이 풍부하게 이루어지기 위해서는 충분한 자료와 적절한 비품들이 갖춰져 있어야 한다. 이 영역에는 4~8명의 영·유아가 편안히 앉아서 작업할 수 있는 책상, 다양한 미술 재료가 마련되어 적절히 배열된 교구장, 작품 건조대, 청소 도구 등이 필요하다.

⑤ 수·조작 영역

수·조작영역은 조작하는 게임, 그림 맞추기, 그리고 일반적인 유아들이 책상 위에서 가지고 놀 수 있는 교구 및 놀잇감들이 준비되어 있는 활동 영역이다. 이 영역에는 퍼즐류, 분류하고 포함하는 놀이, 손으로 조작하는 장난감(구슬 꿰기, 단추 끼우기 등), 수 놀이 장난감(수 세기 구슬, 숫자를 이용한 게임 및 카드), 단원 학습의 개념과 관련되는 교구(자연현상, 사회 현상 및 기능에 대한 기본 개념을 알 수 있는 것 등), 그 그룹 게임을 위한 자료(도미노, 기억하기, 윷놀이 등)를 제시할 수 있다.

⑥ 과학영역

과학영역에서 유아들은 다양한 교구와 자료를 자유롭게 탐색하고 실험하는 경험을 함으로써 여러 가지 과학의 개념을 이해하게 된다. 이 영역에는 유아들이 직접 만져 보고, 들여다보고, 실험할 수 있도록 유아들이 생활에서 흔히 볼 수 있는 자료와 유아들의 호기심을 불러일으킬 수 있는 새롭고 신기한 자료들이 적절히 조화롭게 제시되어야 한다.

⑦ 음률영역

음률영역은 유아들이 음악을 듣고, 노래를 부르며, 악기를 연주하고, 율동을 해 볼 수 있는 공간이다. 이 영역에는 리듬 악기류(탬버린, 캐스터네츠, 트라이앵글 등), 멜로디 악기류(실로폰, 멜로디언 등), 전통 악기류(소고, 장구 등), 기타 음률활동을 할 때 사용할 수 있는 소품들(리본막대나 스카프 등), 유아들이 조작할 수 있는 녹음기, 음악과 관련된 사진 등이 제시된다.

⑧ 컴퓨터 영역

유아교실에서 제공되는 컴퓨터는 유아들의 창의적인 놀이를 격려해 줄 수 있는 하나의 교재라고 할 수 있다. 컴퓨터 영역에서 제시될 수 있는 교재·교구는 컴퓨터(데스크톱 혹은 노트북 컴퓨터), 다양한 색상으로 인쇄가 가능한 프린터, 스캐너 등과 유아들이 컴퓨터를 검색하여 조작한 결과물들을 수집하여 만든 책, 기본적인 컴퓨터 사용법에 관한 유아용 컴퓨터 활용 방법 책, 컴퓨터 작동 방법표 등이 있다.

⑨ 물·모래놀이 영역

유아들은 물과 모래영역에서 자유롭게 놀이하며 스트레스를 해소하고 정서적 안정감을 형성할 수 있게 된다. 또한, 물놀이와 모래놀이를 하면서 물과 모래의 특성을 알게 되고, 모래와 물을 활용한 다양한 구조물들을 구성하면서 공간지각 능력도 향상시킬 수 있다.

(3) 놀이와 연결된 활동운영

교사는 유아의 놀이를 관찰하고 놀이가 활발하게 이루어질 수 있도록 지원하는 과정에서 필요한 경우, 이야기나누기, 음률, 동화, 게임 등 적절한 유형의 활동을 연결하여 운영하여야 한다. 활동은 교사가 계획하여 제안할 수 있고, 유아가 다른 유아들과 공유하기 위해 준비할 수도 있다. 활동에 참여하는 유아는 학급 전체를 대성으로 하는 대집단이 될 수도 있고, 관심있는 몇 명의 소집단의 유아가 될 수도 있을 것이다.

① 이야기 나누기

이야기 나누기 활동은 언어를 통한 상호작용이 주를 이루지만 유아들의 흥미와 동기유발을 돕기 위해 다양한 매체를 활용할 수 있다. 예를 들면 놀이 활동에 대한 이야기를 할 때, 주말에 있었던 이야기를 나눌 때, 집단으로 특정 문제에 대하여 토의를 할 때에 유아들의 이야기를 정리하여 적을 수 있는 화이트보드나 유성 매직 등의 필요할 수 있다. 또한 새로운 놀이에 대하여 소개할 때나 새 소식을 전할 때, 적합한 실제 물건이나 그림·사진 자료, 혹은 백과사전과 같은 교재·교구 등을 제시하면 보다 효율적으로 상호작용을 할 수 있다.

② 조형활동

교사는 조형활동을 시작하기 전에 시청각 자료를 제공하여 유아들에게 조형활동에 대한 충분한 안내를 주는 것이 좋다. 또한, 조형활동을 전개하는 과정에는 유아들의 창의적인 구성력, 창의적인 자기표현이 나타난다는 것을 염두에 두고 유아들이 각자 창의적인 표현을 할 수 있도록 다양한 재료를 제공해 주어야 한다.

③ 문학활동

문학활동에는 동화, 동시, 동극 등의 활동이 포함된다. 동화를 전달하는 매체에는 그림 동화, 융판 동화, 자석 동화, 앞치마 동화, 손인형 동화, OHP 동화 등 다양한 매체가 있다.

교사는 유아의 발달 수준과 전달하려는 문학작품의 특성에 따라서 가장 적합한 매체를 선택해야 한다. 동시 활동을 진행할 때는 그림을 이용하여 동시의 느낌을 전달한 뒤, 동시를 감상하고, 동시의 일정한 부분을 유아의 생각으로 바꾸는 활동이나, 어떤 사물에 대한 영·유아의 생각을 개별적으로 적은 후 모아서 하나의 새로운 동시를 창작해 볼 수도 있다. 동극은 동화를 극으로 바꾸어서 영·유아들이 직접 실행해 보는 것으로 유아들이 동극으로 실행할 때 필요한 도구를 영·유아들과 직접 제작할 수 있도록 필요한 자료를 제시할 필요가 있다.

④ 과학활동

과학활동을 통하여 유아는 자연현상을 체험하며 과학적 탐구 방법을 학습한다. 따라서 관찰할 수 있는 사물, 자세히 살펴볼 수 있는 도구, 관찰 결과를 기록할 수 있는 필기도구 등이 필요하다. 또한, 실험을 하기 위해서는 실험에 필요한 도구를 준비해야 한다. 과학활동에는 요리활동이 포함되는데, 이때 특정 요리를 하기 위한 요리 순서도와 요리 활동을 위한 적절한 도구 및 재료 등이 제공되어야 한다.

⑤ 음률활동

음률활동에는 음악활동과 동작활동이 모두 포함된다. 보육기관에서 집단활동으로 이루어지는 음률활동의 유형으로는 여러 소리를 제시하여 소리를 듣고 분석하거나 느낌을 표현하는 듣기활동이나 감상활동, 그림이 포함된 가사판을 활용하는 노래 배우기, 여러 악기를 탐색하고 아름다운 음을 만들어 내기 위해 적절한 악기를 사용하는 악기 다루기, 유아의 느낌을 신체적으로 표현하는 동작 활동 등을 들 수 있다. 이와 같은 활동을 위하여 다양한 소리가 녹음되어 있는 테이프와 음악 감상 테이프, 악기, 그림이 있는 가사판, 동작활동을 위한 리본 테이프나 스카프 등을 준비해 비치해야 한다.

⑥ 게임

유아들은 대·소집단으로 다양한 게임을 한다. 게임을 위한 교재·교구는 게임의 종류와 특성에 따라 다양하다. 예를 들면, '강아지 방울 가져오기'의 게임을 하기 위해서는 손수건과 방울 같은 소품이 필요하고, '빈 의자에 앉기'의 경우에는 의자가 필요하며, '도형모양 찾아서 가기'의 경우 커다란 도형 모양, '빨래 널기'의 경우 빨랫줄과 옷, 출발점 표시, 점수판 등이 필요하다. 따라서 교사는 게임 활동을 할 때 적절한 교재·교구를 준비하여 유아의 수준에 알맞은 방법으로 게임을 설명하고 실시해야 한다.

(4) 간식 및 점심

보육기관에서의 간식 시간과 점심 시간은 유아의 건강을 유지하고 그들에게 에너지원을 제공해 주기 위하여 반드시 필요한 시간이다. 뿐만 아니라 간식 및 점심 시간을 통해 유아들은 긴장을 풀고 편안한 마음으로 친구를 사귈 수 있으며, 또래와 협력하면서 사회적 능력을 향상시킬 수도 있다. 간식 및 점심 시간의 원만한 운영을 위해서는 영·유아가 미리 하루의 식단과 간식의 종류를 알 수 있도록 간식과 점심의 식단표, 당번 표시판, 당번 옷, 간식에 필요한 그릇, 컵, 포크, 조용한 음악 등이 준비되어 있어야 한다.

(5) 휴식 시간

유아들은 왕성하게 활동을 하고 쉽게 피로해진다. 따라서 피로와 긴장을 풀 수 있는 휴식 시간이 반드시 필요하다. 종일제 프로그램에서는 1~2시간 정도의 낮잠 시간을 갖는다. 이때 가능하면 개인별로 요와 베개, 이불을 사용하는 것이 좋다. 유아들의 경우 휴식이나 낮잠을 잘 때 자신만의 친구(인형, 이불 등)가 반드시 있어야 하는 경우도 있다. 또한, 휴식 시간이 시작될 때 조용한 음악을 들려 주면 유아들이 편안함을 느끼며 휴식을 취할 수 있다.

(6) 화장실 사용하기

유아의 대·소변 훈련은 신체적 신진대사일 뿐 아니라 유아들에게 안도감을 갖게 하고 불쾌한 감정을 해소하는 심리적인 의미도 갖는다. 따라서 교사는 영아들의 대·소변 훈련이 성공적으로 이루어지고, 유아들의 경우 화장실 사용하는 데 잘 적응할 수 있도록 환경을 조성해 주어야 한다. 화장실이 너무 어둡지는 않은지, 밖에서 잠기면 안에서는 열기 어려운 문이 없는지도 주의해서 점검해 보아야 한다. 그 외에 차례를 지킬 수 있도록 표시해 주기, 변기 바르게 사용하기, 바른 손 씻기 방법과 이 닦기 방법에 관한 순서도를 유아들의 눈높이에 맞는 위치에 제시해 주어야 한다.

(7) 정리·정돈

정리·정돈은 대부분 각 일과 활동이 끝난 부분에 혹은 자유선택활동 시간의 마지막에 이루어진다. 정리·정돈 시간 동안 유아들은 자신이 가지고 놀이하던 교구를 제자리에 정돈하여 다른 영·유아가 교구를 편리하게 사용할 수 있도록 배려한다. 영·유아들이 스스로 정리·정돈할 수 있도록 교사는 흥미영역에 준비되어 있는 교구와 똑같은 모양의 밑그림을 교구장에 붙여 놓거나 교구를 정리하는 바구니나 선반에 해당 교구의 사진을 붙여 놓는다.

(8) 하루 일과의 평가 및 귀가지도

하루의 평가는 수시로 이루어지기도 하고 하루를 마무리하면서 이루어지기도 한다. 하루를 마무리하면서 평가가 이루어질 경우, 유아들은 하루 일과를 정리하고 그날에 있었던 문제에 대한 해결 방법을 생각하며 새로운 약속을 하기도 한다.

생각해볼 문제

1. 보육교사에게 필요한 지식 가운데 가장 중요한 것이 무엇이며 그 이유는 무엇인지 말해 보자.

2. 예비교사로서 스스로 인식하고 있는 가장 중요한 보육교사의 역할이 무엇인지 말해 보자.

3. 다양한 교사의 역할 중에서 예비교사로서 자신에게 가장 부족한 것이 무엇이며 이를 향상시킬 수 있는 방법을 찾아보자.

제 4 장

보육과정의 목적 및 구성

보육과정이란 영 · 유아의 전인적 성장과 발달을 돕기 위하여 보육목표를 설정하고, 그 목표를 달성하기위해 무엇을 어떻게 안내하고 제시 경험시켜야 하는가를 계획하는 것이다, 또한 실행에서 영 · 유아의 제반 경험과 그 결과를 어떻게 평가하여 활용 할 것인가 하는 평가의 과정을 포함하는 모든 교수–학습경험을 체계적으로 구성하고 있는 하나의 커다란 설계도라고 할 수 있다.

영 · 유아의 경험이란 교사가 계획한 상황 뿐 아니라, 우연히 일어나는 상황도 모두 포함될 수 있다. 따라서 여기서는 보육과정의 구성단계를 보육과정의 목적 및 목표의 구체적 설정, 그것을 달성하기 위한 보육과정의 구성원리 및 내용, 보육과정의 구성요소 및 절차에 대해 알아보고자 한다.

1. 보육과정의 목적 및 목표
2. 보육과정의 구성원리 및 내용
3. 보육과정의 구성요소 및 절차

1. 보육과정의 목적 및 목표

인류의 역사가 시작된 이래, 동·서양을 막론하고 다양한 교육의 내용과 방법이 있어 왔지만, 교육의 적용과 방법을 '교육과정'이라는 용어로 규정하고 학문적으로 연구하기 시작한 것은 프랭클린 보미트(Franklin Bobbit, 1918)의 저서인 『교육과정(*The Curriculum*)』에서부터이다. 교육과정(Curriculum)의 어원은 라틴어 쿠레레(currere)에서 온 것으로 '말이 달려야 할 경주로(course of race)'라는 의미를 가지고 있다. 이 어원으로 보아 커리큘럼은 달려야 할 과정을 뜻하며 교육의 현장에서는 공부해 나아가야 할 일련의 내용항목을 의미한다. 즉, 학교에서 교육과정의 의미는, 학생이 목표를 향해서 쭉 달려가는 정해진 코스, 또는 학생이 학습할 내용을 일정순서에 따라 조직하고 배열한 것으로 해석할 수 있다(변영계, 2007).

영·유아를 대상으로 하는 보육과정은 영·유아를 보육의 대상으로 하는 어린이집과 유치원에서 이루어지는 보육과 교육의 과정이다. 보육과정은 전문적 보육활동을 위한 기본 설계도로서 보육활동 전반에 대해 정교하고 체계적인 계획과 설계이다. 보육과정의 목적과 목표는 보육과정을 무엇으로 정의하는가에 따라 다소 달라질 수 있는데, 보육을 담당하는 성인의 입장과 보육의 대상인 영·유아의 입장에서 각각 정의될 수 있다. 이를 좀 더 자세히 살펴보면, 보육하는 성인 입장에서의 보육과정은 영·유아의 성장과 발달에 대한 계획으로 정의될 수 있다. 즉, 영·유아들이 보육활동을 통해 결과적으로 달성해야 할 수준을 사전에 정해 놓은 성취기준들의 집합이다. 성인의 판단과 결정에 따라 영·유아에게 무엇을 제시할 것이며 어떤 환경을 마련해 줄 것인지가 정해진다. 이 경우 보육자가 보육활동을 통해 영·유아에게 기대하는 바가 바로 보육의 목적 및 목표가 될 것이다. 한편 영·유아의 입장에서의 보육과정은 보육의 대상인 영·유아가 경험하는 모든 것으로 정의될 수 있다. 보육이 전개되는 과정에서 영·유아가 경험하는 모든 것은 성인 입장에서 계획 및 의도와 관계가 있을 수도 있고, 없을 수도 있으며 영·유아마다 제각기 경험의 과정 및 결과가 다를 수도 있다. 이때 보육과정의 목적과 목표는 보육활동을 통해 각 영·유아에게 나타난 결과로 볼 수 있다.

위와 같은 보육과정의 정의를 토대로, 영·유아 보육에서의 '목적 및 목표는 왜 필요한가?'라는 궁극적인 의문을 가져 본다. 래간(Ragan, 1963)에 의하면, 교육목적 및 목표의 기능에 대해, 바람직한 성장을 이루어 나아갈 방향을 제시해 주며 보육활동을 선정할 근거와 평가를 위한 근거를 마련해 주는 기능을 한다고 한다. 이러한 점으로 미루어 볼 때, 영·유아가 어떤 상태로 태어나며, 어떠한 성장과정을 거치며, 어떤 상태로 성장해야 하는가에 대한 명확한 인식을 바탕으로 목적과 목표가 설정되어야 함은 매우 중요하게 생각해야 할 것이다(정옥분 외, 2018).

흔히 용어의 개념이 목적과 목표가 혼용되어 사용되는 경우가 있다. 그러나, 언스타인과 훈킨스(Ornstein & Hunkins, 2007)에 의하면 목적(aim)은 미래의 성취나 행위를 위하여 구체적으로 계획된 활동의 형태와 방향을 제공하는 일종의 일반적 진술을 가리킨다. 교육의 개념 속에 내재하는 원리 혹은 원칙에 해당하는 포괄적이고 대체적인 교육의 기본적인 방향 제시로, 넓고 포괄적으로 사용되며 보다 추상적인 성격을 띤다. 즉, 교육목적은 사회적 가치, 학교교육이 추구하는 의도, 학습자의 요구 등에 의해 선택된 가치체계에 근거하여 학습자에게 기대된 삶의 결과를 기술한다. 한편, 목표(goal)는 교육의 대전제인 교육목적을 실현 또는 달성하고자 하는 구체적인 교육의 방향을 제시해 주는 행동적 지표로 구체적인 내용으로 세부적인 성격을 띤다. 즉, 교육과정을 경험한 결과로 학습자들에게 바라는 성과를 의미한다. 이는 특정 프로그램이나 활동과 관련하여 학습자가 무엇을 익혀야 하는가에 대한 답이라고 할 수 있다(곽승주 외, 2016). 다시 말하면, 교육목적은 교육이 나아가야 할 궁극적인 방향, 도달점 혹은 지향점이라면 교육목표는 도달점에 다다르기 위한 세부적인 지침이라고 할 수 있다. 그러므로 교육목적과 교육목표는 세월이 한참 지난 뒤에도 변함없이 적용될 수 있는 보편적 가치를 지니고 있는, 즉, 항상성이 있는 이념적, 철학적인 내용으로 이루어져야 한다(문미옥, 2015).

보육과정의 목적

⇡

목적설정 방향

보육의 이념이나 목적은 일반적으로 보육에 대한 국가나 사회 일반의 요구를 담고 있으며, 보육을 통해 장기간에 걸쳐 개발되는 다양한 특성으로 진술된다. 즉, 보육의 의도를 폭넓게 진술한 것이며 보육과정에서 성취하리라 기대하는 것을 진술한다. 일반적 수준이나 사회적 수준에서 설정되기 때문에 추상적이고 모호하게 진술되기도 한다.

⇩

목적설정의 예 : 표준보육과정이 추구하는 인간상 및 목적	
인간상 (궁극적 목적)	① 건강한 사람 ② 자주적인 사람 ③ 창의적인 사람 ④ 감성이 풍부한 사람 ⑤ 더불어 사는 사람
목적	영 · 유아가 놀이를 통해 심신의 건강과 조화로운 발달을 이루고 바른 인성과 민주시민의 기초를 형성하는 데 있다.

⇩

보육과정의 목표

⇡

목표 설정 방향

보육과정의 의도를 더욱 구체적으로 진술한 것이며, 목적에서 도출된다. 보육목적에 비해 덜 포괄적이고 적용기간이 짧다. 비전문적인 용어로 진술되고, 학습자의 성취 수행에 대한 내용과 기능을 강조하는 진술 형태를 띤다.

⇩

표준보육과정에 기초한 영역별 목표설정의 예 (0~1세)

- 건강하고 안전한 일상생활을 경험한다. (기본생활 영역)
- 감각 및 기본 신체운동 능력을 기른다. (신체운동 영역)
- 의사소통 능력과 상상력의 기초를 마련한다. (의사소통 영역)
- 나를 인식하고, 친숙한 사람과 관계를 맺는다. (사회관계 영역)
- 아름다움을 느끼고 경험한다. (예술경험 영역)
- 주변 환경과 자연에 관심을 가진다. (자연탐구 영역)

[그림 4-1] 보육과정의 목적 및 목표 설정 방향 및 과정의 예

출처: 곽승주 외(2016). 보육과정.

이에 비추어, 영·유아 보육의 목적은 영·유아의 전인적 발달과 복지, 영·유아 부모와 가정의 복지를 목적으로 한다. 즉, 보육의 목적은 영·유아의 심신을 보호하고 건전한 보육을 통해 영·유아를 건강한 사회구성원으로 육성하고 보호자의 경제적 사회적 활동을 원활히 하는 것이다.

보육에서 보육과정의 목적과 목표설정은 보육과정을 시행하기 위한 첫 단계로 보육 내용, 학습경험 선정 및 조직, 교수-학습방법 등을 설정하는 데 근거가 된다. 따라서, 보육활동에서 보육과정 설정의 목적을 보다 구체적으로 살펴보면 다음과 같다.

첫째, 보육과정은 영·유아의 전인적 성장과 발달을 지원하기 위한 것이다.

둘째, 보육과정은 민주시민 및 건강하고 조화로운 사회구성원으로서의 성장을 위한 것이다.

셋째, 보육과정은 부모와 가족의 복지를 지원하기 위한 것이다.

이러한 보육과정의 목적 및 목표에 기초하여 국가수준의 어린이집 및 유치원 공통 교육과정인 2019년 고시된 3~5세 누리과정 및 2020년에 고시된 제4차 어린이집 표준보육과정에는 아래와 같은 목적 및 목표가 제시되어 있다. 어린이집 표준보육과정이라 함은 0~5세 영·유아를 위한 국가수준의 보육과정이며 0~1세 보육과정, 2세 보육과정, 3~5세 보육과정(누리과정)으로 구성한다.

[표준교육과정의 목적 및 목표]

Ⅰ. 표준보육과정의 목적

표준보육과정의 목적은 영·유아가 놀이를 통해 심신의 건강과 조화로운 발달을 이루고 바른 인성과 민주시민의 기초를 형성하는 데 있다. 이를 실현하기 위한 목표는 다음과 같다.

가. 0~2세 보육과정 목표

1) 자신의 소중함을 알고 건강하고 안전한 환경에서 즐겁게 생활한다.
2) 자신의 일을 스스로 하고자 한다.
3) 호기심을 가지고 탐색하며 상상력을 기른다.
4) 일상에서 아름다움에 관심을 가지고 감성을 기른다.
5) 사람과 자연을 존중하고 소통하는 데 관심을 가진다.

나. 3~5세 보육과정 목표

1) 자신의 소중함을 알고, 건강하고 안전한 생활습관을 기른다.
2) 자신의 일을 스스로 해결하는 기초능력을 기른다.
3) 호기심과 탐구심을 가지고 상상력과 창의력을 기른다.
4) 일상에서 아름다움을 느끼고 문화적 감수성을 기른다.
5) 사람과 자연을 존중하고 배려하며 소통하는 태도를 기른다.

출처: 보건복지부(2020). 제4차 어린이집 표준보육과정 고시문.

2. 보육과정의 구성 원리 및 내용

1) 보육과정의 구성원리

영·유아 보육은 그 대상과 목적, 내용과 위상 면에서 몇 가지 특징을 가지는데, 이러한 특징을 토대로 보육과정 구성원리를 알아보고자 한다.

(1) 보육대상의 발달적 요구의 다양성

보육활동은 발달 수준과 요구가 매우 다른, 출생 후부터 만 5세까지의 영·유아를 대상으로 한다. 보육과정에서 어떠한 목적과 목표를 설정하고, 그것을 달성하기 위해 어떠한 내용과 방법으로 보육할 것인가를 결정함에 있어서, 보육의 대상인 영·유아의 연령과 발달 수준 및 발달의 특성을 면밀히 고려하여야 한다. 영아와 유아 간에 발달 수준이 크게 다를 뿐만 아니라 영아의 경우 동일 연령대라도 월령에 따라 그 격차가 매우 크다. 따라서 영·유아의 연령과 월령에 따른 발달적 차이를 고려하고 발달시기별 발달적 요구를 충족시키도록 보육과정을 구성하여야 한다.

발달 수준과 발달적 요구에 대한 초점은 영·유아의 연령 외에, 대표적으로 장애 여부나 장애 유형에 의해서도 달라진다. 그러므로 장애 영·유아와 일반 영·유아를 위한 차별화된 보육과정과 함께 통합 보육과정 또한 고려되어야 한다. 더욱이 장애를 가진 영·유아와 일반 영·유아의 통합보육은 보육적 측면이나 사회 윤리적 측면에서 많은 긍정적 효과가 인정되고 있다(전남련 외, 2006). 장애를 가진 영·유아와 일반 영·유아의 통합보육에서도 궁극적 목적은 일반 영·유아 보육과 다를 바 없지만, 목표 성취를 위한 활동의 내용이나 활동의 조직, 실제적 보육과정 운영은 장애를 가진 영·유아의 발달 수준을 고려하여 이루어져야 할 것이다.

(2) 보육수요자의 다양성

보육은 영·유아의 욕구와 특성만을 고려하는 것이 아니라 그들의 부모 및 가정의 요구와 기대를 포함한다. 보육수요자 가족 및 부모의 요구는 매우 다양하다. 그 가운데 특히 맞벌이 부모나 사회 경제적으로 취약한 부모, 전통적 가족구조와 다른 구조를 가진 가족 등에게 보육서비스는 부모 역할의 기능을 의미 있게 보완해 준다. 따라서 보육과정은 요보호 상황의 영·유아와 일반 가정의 영·유아, 다양한 가족상황에 있는 영·유아의 발달적, 교육적 요구를 고려하여야 한다. 구체적으로 요보호 상황의 영·유아와 일반 가정의 영·유아는 보육욕구의 우선순위가 다를 수 있으므로 특수성과 개별성을 고려해야 한다. 그리고 발달을 위한 자극이 결여되기 쉬운 계층이나 사회문화적 소수집단에 속한 영·유아를 위한 보상적 관점이 보육과정에 포함되어야 할 것이다.

(3) 보육시간과 보육범위의 포괄성

보육은 시간 측면에서 다른 영·유아 프로그램에 비해 장시간을 전제로 하고 기간 면에서도 장기적이다. 보육과정은 종일의 보육활동을 위한 계획, 즉 영·유아의 생활시간 중 대부분 그리고 일상생활 전반을 포함하여 보호와 교육을 계획하여야 한다. 영·유아의 일상생활과 삶의 장이 보육시설로 이동되어 있으므로 보육활동은 교육에 한정되거나 생활지도에 한정되기보다는 가정 내 부모의 역할을 대행하거나 보완하여 포괄적이고 통합적으로 이루어져야 한다.

(4) 전문적인 기관보육과 가정 간의 긴밀한 연계성

보육의 당사자는 영·유아 및 부모와 보육자다. 보육활동은 가정 및 부모의 역할을 일정기간 대리하고 보완하므로 영·유아 보육과정은 가정 및 부모와 긴밀하게 연계되어야 한다. 보육과정은 부모 및 가족의 문화와 특성을 존중하고 가정 및 부모와 공조하여 보육할 것을 염두에 두어야 한다. 나아가 부모보다 전문적이고 체계적인 보육서비스를 제공할 수 있도록 보육과정이 구성되어야 한다. 오늘날의 부모는 다양한 매체를 통해 지식과 기술과 정보를 접할 수 있지만, 자녀 양육의 경험은 매우 제한되어 있고 양육방식 및 양육태도에 대한 지도나 상담을 위한 지원체계는 다양하게 구축되어 있으나, 양육의 과정에서 실질적으로 도움을 받을 노력과 기회는 아쉬움이 있다. 양육 및 교육에 대한 기대치는 높지만 부모 스스로 그러한 기대를 충족시키는 데는 한계가 있다. 전문적 활동으로서의 보육은 부모의 양육 및 교육에 대한 기대를 고려하여야 하며, 부모에 대한 교육과 부모의 보육참여 또한 고려하여야 한다.

(5) 보육프로그램의 다양성

보육활동은 다양한 여건과 형태를 가진다. 예를 들면 보육시설의 입지나 여건이 매우 다르다. 특히 도시와 농어촌의 보육시설은 자연을 접할 기회나 실외공간의 활용여건, 문화시설이나 경험 자료의 이용기회 면에서 크게 다르다. 자연을 접할 기회나 실외공간의 활용은 영·유아 보육의 필수적 요건이므로, 영·유아의 요구와 필요에 부응하는 보육활동의 기회가 제공될 수 있도록 보육과정이 구성되어야 한다.

이처럼 운영의 여건, 형태, 주체, 대상의 특성이나 수요자의 욕구 등 영·유아 보육의 유형이 다양한 만큼 이에 적용될 수 있는 보육과정이 마련되어야 한다.

(6) 시대적, 사회적 변화의 예측과 대응

영·유아 보육이 시대적, 사회적 요구에 따라 변천해 왔듯이 영·유아 보육과정도 시대적, 사회적 요구, 가족의 요구 등을 고려하여야 하며 그러한 변화를 예측하고 그에 부응할 수 있어야 한다. 현대 가족은 그 구조와 기능이 달라졌고 향후에도 지속적으로 변화될 것이다. 변화된 가족 내에서 영·유아는 그 위치나 가치가 달라졌고 부모의 영·유아에 대한 양육 및 교육의 관점과 역할도 달라졌다.

영·유아들이 살아가는 사회 환경이나 가상공간의 환경은 영·유아의 활동 및 놀이 형태를 변화시킬 뿐 아니라 영·유아의 건강한 성장과 발달에 직·간접적 영향을 미치고 있다. 영·유아의 사회·정서적 발달을 위해 외부 체계를 필요로 하는 상황이며, 상담이나 치료를 필요로 하는 영·유아도 있다. 사회적으로는 개인주의 가치가 팽배한 가운데 개인들이 사회적으로 조화를 이루고 함께 공존하기 위해서는 이타적 태도를 육성하는 일이 시급하다는 인식도 확대되고 있다. 보육과정은 영·유아들이 살아가는 사회적, 가족적 상황을 탐구하여 현재의 욕구를 파악하고 향후의 변화를 예측하며 그것을 반영하여야 한다.

이상과 같이 보육과정은 보육대상인 영·유아 본인과 관련된 요인의 탐구 및 분석을 바탕으로 영·유아를 둘러싼 다양한 체계의 특성과 요구를 고려하여 구성하여야 한다. 이에 보육과정은 영·유아의 연령 및 발달에 적합하고, 포괄적이며 통합적인 보육과정이 되어야 할 것이다.

2) 보육과정의 구성내용

보육과정의 구성내용은 보육의 목적을 달성하기 위한 내용으로 구성되어야 한다. 보육의 목적은 보육대상 영·유아와 그 가정 및 부모의 복지이다. 이는 보육활동을 통하여 영양, 건강, 안전, 부모 및 지역사회 교류와 협력을 통해 영·유아의 건강한 발달, 전인적 발달을 도모하는 것이다. 단, 영아기는 어린이집에서의 초기적응과 기본생활습관, 놀이 활동, 영양, 건강, 안전 및 부모교육에 더 중점을 두어야 할 것이고, 유아기에는 영양, 건강, 안전에 대한 일차적이고 기본적인 관심을 바탕으로 폭넓고 균형 잡힌 보육활동에 중점을 두고 부모교육과 지역사회 교류도 고려하여야 한다.

(1) 보육활동의 구성

보육활동은 영·유아의 신체적, 사회적, 정서적, 지적 및 언어적 발달 등에 기여할 수 있는 경험을 하고 유능하고 존중받는 사람으로서 자아 존중감을 발달시킬 수 있도록 구성되어야 한다. 영·유아의 전인적 발달이라는 장기목적에 따르는 목표를 구체화하고 그 목표를 달성하기 위해 활동을 계획하고 실행하여야 한다. 실제적 보육활동은 장기적 목적과 목표에 따라 구조화 및 비구조화된 활동, 집단 및 개별 활동, 동적 및 정적 활동, 휴식 및 배변 등의 생리적 욕구 충족을 위한 활동을 통해 진행된다. 0~5세 영·유아를 위한 국가수준의 보육과정인 어린이집 표준보육과정은 2019년 개정된 3~5세 보육과정(누리과정)과 2020년 고시된 0~1세 보육과정, 2세 보육과정으로 그 구성의 중점은 다음과 같다.

[표준보육과정 구성의 중점]

가. 영 · 유아는 개별적인 특성을 지닌 고유한 존재임을 전제로 구성한다.
나. 0~5세 모든 영 · 유아에게 적용할 수 있도록 구성한다.
다. 추구하는 인간상 구현을 위한 지식, 기능, 태도 및 가치를 반영하여 구성한다.
라. 표준보육과정은 다음의 영역을 중심으로 구성한다.
 ① 0~1세 보육과정과 2세 보육과정은 기본생활, 신체운동, 의사소통, 사회관계, 예술경험, 자연탐구의 6개 영역을 중심으로 구성한다.
 ② 3~5세 누리과정은 신체운동 건강, 의사소통, 사회관계 , 예술경험, 자연탐구의 5개영역을 중심으로 구성한다.
마. 0~5세 영 · 유아가 경험해야 할 내용으로 구성한다.
바. 초등학교 교육과정과의 연계성을 고려하여 구성한다.

출처: 보건복지부(2020). 제4차 어린이집 표준보육과정 고시문.

(2) 영양 및 건강

영·유아의 영양관리는 영·유아아에게 제공되는 식단을 통해서 이루어진다. 규칙적인 식사와 간식의 제공으로 충분하고 균형 있는 영양을 공급해 주며 바른 식습관을 가질 수 있도록 돕는다. 또한 영·유아의 신체적, 정신적 건강을 위해 예방적 서비스를 제공하고 현재 가지고 있는 건강문제를 발견하여 치료하게 해 줌으로써 영·유아와 그 가족 및 지역사회의 건강을 증진시킨다.

(3) 안전 및 위생

안전 및 위생과 관련해 보육인력은 안전관리의 중요성을 인식하고 실천하며, 영·유아 스스로가 자신의 안전을 보호할 수 있는 능력과 기술을 가지도록 돕는다. 안전관리의 내용으로는 시설 및 설비의 안전관리, 소방안전, 교통안전 및 안전교육, 생활안전 등을 포함한다. 안전관리에 대해서는 영·유아뿐 아니라 보육교직원과 부모 또한 주체로서 포함된다.

위생은 영·유아의 건강을 위한 기본 요건으로, 영·유아를 대상으로 한 건강 교육에 포함시키고 동시에 시설 및 급식위생을 고려한다. 시설의 정기적 소독과 정기점검은 필수이며 어린이집의 음용수 요건, 영·유아의 질병과 관련한 위생 점검을 실시한다.

(4) 부모 교육 및 참여

부모참여는 어린이집의 사회서비스 프로그램의 일환으로 간주될 수 있으며 부모들에게 적절한 지식, 정보, 기술 등을 알려주는 역할을 한다. 부모들이 보조자 혹은 의사결정자로서 보육에 참여하도록 하고 보육과정의 관찰 등을 통하여 어린이집의 조직과 목표, 철학 등을 이해하도록 도움으로써 보육의 효과를 높일 수 있다.

부모교육을 통해 부모는 영·유아기의 발달에 대한 이해를 높이고, 자녀 지도방법에 대한 지식과 정보를 얻으며, 부모 역할의 중요성을 인식하고, 가족관계를 개선시키며, 자녀의 어린이집 적응을 돕고, 지역사회 환경을 개선하는 데 일조할 수 있다.

(5) 지역사회 교류와 협력

지역사회 인사의 보육활동 참여, 지역사회의 어린이집 연계활동, 어린이집의 지역사회 시설활용 및 연계, 대중매체를 통한 지역사회와의 의사소통 등을 통하여 효율적인 보육프로그램을 운영하도록 한다. 어린이집, 가정, 지역사회 간의 공조체제와 책임분담을 도모함으로써 영·유아, 가정, 지역사회 모두의 복지에 공헌하도록 한다.

지역사회 시설에 대한 견학, 지역사회 내의 전문가 초빙, 의료검진 및 상담, 자원봉사, 물품기증 등 지역사회의 인적, 물적 자원 활용뿐만 아니라 지역주민을 위한 어린이 발표회, 부모강연, 바자회, 지역 어린이를 위한 프로그램 운영 등으로 지역사회와 교류할 수 있다. 지역사회와의 교류는 어린이집에 대한 지역사회의 협조와 지원의 기초가 된다.

3. 보육과정의 구성요소 및 절차

일반적으로 교수-학습이 이루어지는 전 과정의 절차를 보면 교수-학습목표의 설정, 교육내용의 선정, 교육내용의 조직, 교수-학습지도, 교수-학습의 평가 등의 순서를 따르고 있다. 그러나 여기서는 보육과정의 구성절차로 수정·보완하여 보육과정의 목적 및 목표 수립, 보육과정의 내용 선정, 보육과정의 내용 조직, 보육과정의 평가로 구성되며, 이 4개의 구성요소는 각각 순환적이고 상호작용적 관계에 있다(그림 4-2).

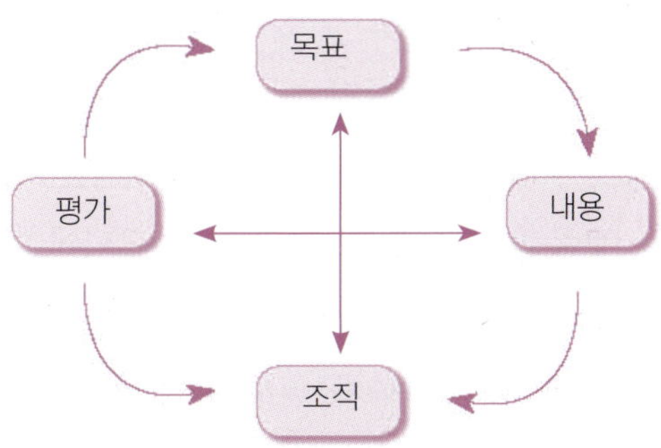

[그림 4-2] 보육과정 구성 체계

출처: 백혜리 외(2013). 보육과정.

1) 보육과정의 목적 및 목표

보육과정의 첫 단계는 목적과 목표를 수립하는 것으로부터 시작된다. 목적과 목표의 구체적 설정이 있어야 그것을 위한 활동의 선정과 세부적인 계획의 수립이 가능하기 때문이다. 일반적으로 보육과정의 목적 및 목표 수립을 위해서는 보육대상과 그 부모들의 요구, 보육에 대한 사회문화적 인식, 국가적 보육이념, 지역사회나 국가의 보육에 대한 정책 방향 등을 맥락적으로 살펴보아야 한다. 이를 바탕으로 보육과정의 세부적인 내용에 대한 전문적 지식에 대한 자료수집, 전문가의 자문 및 지원 등을 토대로 현재 상황에 요구되는 보육과정에 가장 적합한 목적과 목표를 수립해야 한다. 그리고 보육활동은 가장 일반적이고 포괄적이며 장기적으로 계획될 수 있는 목적과 목표를 갖는 것이므로 교육 및 보육철학이 포함되어져 있어야 한다.

또한 국가수준의 보육과정이 존재하더라도 실제 영·유아를 보호하고 교육하는 보육활동이 일어나는 어린이집을 중심으로 보다 실제적인 보육과정의 목적 및 목표가 설정되어야 한다. 즉 해당 기관의 영·유아 특성 및 교사 배경, 부모관계, 지역특성, 전문가 조언, 철학적 기초 등 어린이집 구성원과 환경적 학문적 맥락에 적합한 보육과정 목적과 목표가 설정되어야 한다. 이처럼 보육활동은 영·유아의 성장과 발달에 장기적이고 포괄적인 영향을 미치는 활동이다. 이러한 보육활동의 목적을 실현하기 위하여 보육과정의 목표설정을 할 때는 다음과 같은 점을 고려하여야 한다.

첫째, 보육과정의 목표는 보육활동에 대한 사회 문화적 요구를 반영해야 한다. 사회의 이념과 사회구성원의 공통적 가치관, 사회구성원의 보육에 대한 기대를 고려해야 한다. 사회나 가정, 문화가 변하므로 영·유아 보육에 대한 기대도 변한다.

둘째, 보육과정의 목표는 대상 영·유아들의 특성과 수준을 고려하여 설정하여야 한다. 보육대상 영·유아는 0~5세까지 그 연령이나 월령이 다양하다.

그리고 일반 영·유아뿐만 아니라 장애 영·유아도 포함된다. 이들 영·유아의 특성에 따라 영·유아가 성취할 수 있는 수준이나 반드시 알아야 하는 지식 등은 다르다.

셋째, 보육과정의 목표는 전인적인 발달이 이루어지도록 발달의 각 영역을 고르게 다루어야 한다. 언어, 인지, 사회, 정서, 신체 등 각 발달영역의 특성과 기능에 적합하도록 구체적 목표를 설정해야 한다. 그리고 어린이집의 현재 제반 여건을 고려하여 달성이 가능한 목표인지에 대하여도 심사숙고 하여야 한다(정옥분 외, 2018).

그리고, 보육활동의 목적 및 목표를 성취하기 위하여 목표를 기술하는 데 있어 일반적으로 구체적이고 명확한 행동용어로 기술하여야 한다. 그러나, 영·유아는 발달 특성상 잠재된 능력을 계발하는 데 일차적인 목표를 두고 있으므로, 지나치게 구체화된 행동적 목표 진술이 보육목표를 단순화시키거나, 측정이 어려운 심리적 특성이 무시될 수 있다는 우려도 있다. 하지만 영·유아를 위한 보육목표는 보육 상황에서 달성이 가능한 구체적인 목표로 진술되어야 하고, 교사–영·유아 간의 행위로 드러나 내면화될 수 있어야 하기 때문에(이기숙 외, 2008) 목표설정의 명확성과 구체성이 요구된다. 따라서 보육목표 진술을 위한 문장표현이나 어법 등은 영·유아의 행동을 중심으로 명확하고 일관성 있게 진술될 필요가 있다. 그리고 영·유아가 계획된 활동을 통해 무엇을 활동하고 경험할 것인지가 구체적인 목표로서 그 내용이 제시되어야 할 것이다.

다음은 보육과정 목표 진술시 고려해야 할 사항이다(박찬옥 외, 2017).

① 주어

목표 진술을 위한 문장에서 생략된 주어는 '영·유아'이다. 목표는 영·유아가 활동을 통해 달성할 수 있는 이해 및 가치, 태도, 기능을 중심으로 진술하는 것이므로 교사가 중심이 되는 문장으로 기술하지 않는다.

- 교사중심 진술: 훌라후프를 이용하여 다양한 신체운동을 하게 한다. (부적절)
- 유아중심 진술: 훌라후프를 이용하여 다양한 신체운동을 해 본다. (적절)

② 종결어미

목표 진술은 활동의 기초가 되는 공식적인 진술이므로 종결어미를 '~해요', 혹은 '~하자'와 같은 형태로 기술하지 않고, '~한다', '할 수 있다' 등으로 기술한다.

③ 평서문 형태

목표의 내용을 임의로 간단히 축약하거나 목록화하지 않는다.

- 목록화 및 축약의 예: 1~3까지의 숫자 세기. (부적절)
- 평서문 형태의 내용 진술: 1~3까지의 순서대로 셀 수 있다. (적절)

④ 내용진술의 독립성

각각의 일반적 목표 안에 두 개 이상 활동결과가 포함되는 내용으로 진술하지 않는다.

- 물에 뜨는 것과 뜨지 않는 물건의 차이를 알고, 이러한 물건들을 사용하여 배를 만들어 본다. (부적절)
- 물에 뜨는 것과 뜨지 않는 물건의 차이를 안다. (적절)
- 물에 뜨는 것과 뜨지 않는 물건을 사용해 배를 만들 수 있다. (적절)

이처럼 보육과정의 목적 및 목표의 설정과 진술에는 기초개념 및 고려해야 할 사항들이 있다.

2) 보육과정의 내용 선정

보육과정의 목적과 목표가 수립되면 그것을 달성하기 위해 무엇을 가르칠 것인가에 대한 내용이 선정되어야 한다. 보육과정의 목적과 목표 달성을 위해 교사는 영·유아의 흥미와 연령, 발달에 적합한 내용을 선정하여야 하며, 이때 내용은 매우 구체적이어야 한다. 따라서 보육과정의 내용선정에는 교사나 성인 중심의 관점이 아니라 영·유아의 입장에서 경험을 제공하고 인식하는 데 초점을 두어야 한다. 이러한 측면에서 보육과정 내용 선정 시 기본적으로 고려해야 할 사항은 다음과 같다.

첫째, 보육내용은 보육과정의 목적과 목표에 부합되어야 한다. 보육내용이 목표와 맞지 않으면 보육과정의 목표달성은 불가능하다.

둘째, 보육내용은 영·유아의 현재 수준에 타당해야 한다. 보육내용은 영·유아의 사전 지식과 능력을 고려하고 현재의 발달 수준, 학습형태, 흥미, 욕구를 기초로 하여 다양한 형태의 활동으로 구성되어야 한다.

셋째, 보육내용은 영·유아에게 직접 참여하는 기회를 제공해야 한다. 보육내용은 영·유아가 직접 경험하고 실생활과 밀접하게 연관된 내용을 선정하여 충분히 참여하고 탐색해 볼 수 있는 기회가 제공되어야 한다.

넷째, 보육내용은 균형 있게 제공되어야 한다. 보육내용은 영·유아의 생리적 욕구에 대한 충분한 배려와 신체, 정서, 인지, 언어, 사회적 발달이 영·유아의 건전한 성장과 발달에 도움을 주도록 구성되어야 한다.

다섯째, 보육내용은 사회적 가치에 적합해야 한다. 보육 내용은 인간의 도덕적 가치와 이상, 공공예절, 시민의식 등의 함양 증진에 적합한 내용으로 구성되어야 한다.

3) 보육과정의 내용 조직

보육과정의 내용이 선정되면 이것을 어떻게 가르칠 것인가에 대한 구체적인 계획의 수립이 필요하다. 선정된 활동에 적합한 내용과 교수방법의 체계적인 과정과 질은 보육과정의 목적과 목표 달성 가능성을 결정하게 된다. 그러므로 보육과정의 내용 조직의 질적 함양을 위해서는 다음과 같은 원리가 적용되어야 한다.

(1) 계속성의 원리

계속성의 원리는 보육과정의 내용을 시간적으로 계속 반복하여 경험의 지속성이 유지되도록 조직하는 것을 의미한다. 영·유아기의 발달적 특성을 고려할 때 일회적인 내용의 실행으로 계획된 보육과정의 목표 달성은 불가능하므로 목표에 적합한 지식이나 기술을 습득하기 위해 그것을 계발하고 연습할 수 있는 기회를 반복적으로 자주 제시할 필요가 있다. 따라서 목표 달성을 위한 활동이 반복적으로 제시되어 새롭게 익혀야 하는 지식이나 기술에 익숙할 수 있게 된다는 원리다.

(2) 계열성의 원리

계열성의 원리는 시간적인 순서의 개념과 달리 기본적인 원칙의 상황에 따라 더 깊고 넓은 질적 심화를 추구하는 것을 의미한다. 동일한 보육활동이라도 연령이 낮고, 높음에 따라 다르게 접근되어야 하는데, 동심원적 원리나 나선형 학습 원리가 여기에 해당된다. 동심원적 원리에서는 영·유아가 가장 직접적이고 구체적인 내용에서 점차 추상적인 내용으로 확장하면서 질적 심화활동이 이루어질 수 있다. 또한, 나선형 학습 원리는 계열화시키기 쉬운 내용에서 점차 어려운 내용으로 반복적으로 확장하여 보육내용의 질적 심화과정이 이루어질 수 있다. 따라서 계열성의 원리는 다음과 같은 내용을 참조하면 좋다.

- 단순한 내용에서 복잡한 내용으로
- 친숙한 내용에서 친숙하지 않은 내용으로
- 부분에서 전체적 내용으로 또는 전체에서 부분적인 내용으로
- 구체적인 사실에서 추상적인 개념으로
- 선수학습에 기초해서 그 다음 학습으로
- 현재에서 과거로 또는 과거에서 현재로

(3) 통합성 원리

통합성 원리는 영·유아가 경험하는 여러 가지 활동들이 하나의 공통적인 의미를 지니고 있음이 느껴질 수 있는 것을 의미한다. 영·유아는 지식을 세분화하여 분절된 교과 형식으로 습득하는 것이 어렵기 때문에 활동주제나 발달영역, 흥미영역과 하루 일과 등을 통합적으로 균형 있게 조직하는 것이 바람직하다. 따라서 동일한 주제를 정확하게 이해시키기 위해 영역별로 주제와 연관된 활동을 계획하여 제공하는 것이 필요하고 이러한 통합 활동은 다양한 영역과 영역 간 연결을 통해 영·유아가 통일적인 개념 이해를 할 수 있도록 돕기 때문에 매우 필요하다.

(4) 균형성의 원리

균형성의 원리는 영·유아가 인지, 사회, 정서, 언어, 신체의 전인적 발달을 위해 균형 있게 활동을 구성하여야 함을 의미한다. 영·유아에게 지나치게 지적 기능을 강조하는 일부 어린이집과 학부모의 특기활동 위주의 교육적 요구는 영·유아의 전인적이고 총체적인 발달을 저해하는 요인으로써 이처럼 단편적인 보육활동에 대한 의식의 전환이 필요하다. 따라서 영·유아의 통합적 성장과 전인적인 발달을 위해 실내활동과 실외활동, 대집단활동과 소집단활동, 정적인 활동과 동적인 활동, 일상관련 활동과 교육관련 활동의 균형 있는 조직이 매우 필요하다.

4) 보육과정의 평가

보육과정의 평가는 보육과정 운영의 실태를 평가하고 그 결과를 효율적인 보육과정 운영의 기초자료로 활용함으로써 보육과정의 질을 개선하고 효율성을 높이는 것이 목적이다. 또한 보육과정의 실행이 영·유아에게 흥미유발 및 반복적인 경험으로 놀이가 실행될 수 있도록 하며, 영·유아의 요구 및 발달에 적합한 보육과정을 계획하고, 영·유아의 발달 증진을 위해 교수-학습과정을 개선하며, 나아가 학부모와의 효과적인 상담과 영·유아의 발달증진을 위하여 의사결정을 내리는 과정이다(백혜리 외, 2013). 보육과정의 평가결과는 어린이집 보육교직원의 역할과 교수방법을 점검하게 하여 보육교사의 전문성을 높이고, 자질을 향상시키는 데 사용된다. 또한, 다음 연도의 보육과정 수립에 반영될 수 있어야 한다. 보육과정의 평가는 보육과정 구성의 마지막 단계로, 보육과정을 실행해 보고 그 실행의 결과를 목적과 목표에 비추어 달성여부에 따른 적절성을 확인해 보는 것이다. 보육시설에서는 보육활동을 통해 달성하고자 하는 목표가 있다. 즉, 적절한 환경과 프로그램의 제시, 영·유아의 발달과정, 창의력 개발과 잠재력 신장 등의 실현과정을 살펴보고 그 목표가 어느 정도 성취되었는가를 알아보기 위해서는 평가라는 과정이 필요하다(이순형 외, 2013).

이에, 보육과정 평가의 필요성을 구체적으로 살펴보면 다음과 같다.

첫째, 평가를 통하여 영·유아들의 현 발달상황을 제대로 이해하고 바람직한 지식, 성격, 태도 등을 형성하는 데 필요한 정보를 얻는 과정으로서 필요하다.

둘째, 보육의 목표가 제대로 성취되었는지를 검증하고 보육프로그램 전반적인 과정을 발전시키기 위해 필요하다. 보육목표의 성취 정도를 측정하기 위해서는 그 목표에 의해 선정된 보육내용, 보육계획과 방법, 환경구성, 교사와 영·유아의 상호작용 형태 등 보육 프로그램의 전반적인 영역이 평가되어야 한다.

셋째, 보육교사뿐 아니라 부모도 영·유아의 발달상황에 대해 인지하고 있어야 하는데 이는 어린이집과 가정을 연계해 보육의 질을 높이는 데 기여한다. 따라서 영·유아들의 발달상황에 대한 체계적, 객관적 자료의 수집을 위해 보육과정의 평가는 필요하다.

이러한 보육과정의 평가는 구성체계인 목표, 내용, 조직, 평가를 평가하는 것으로 다음 [그림 4-3]과 같은 구조를 가진다. 그리고 평가의 결과는 모든 과정에 적용되며 보육과정 수정과 보완의 준거가 된다.

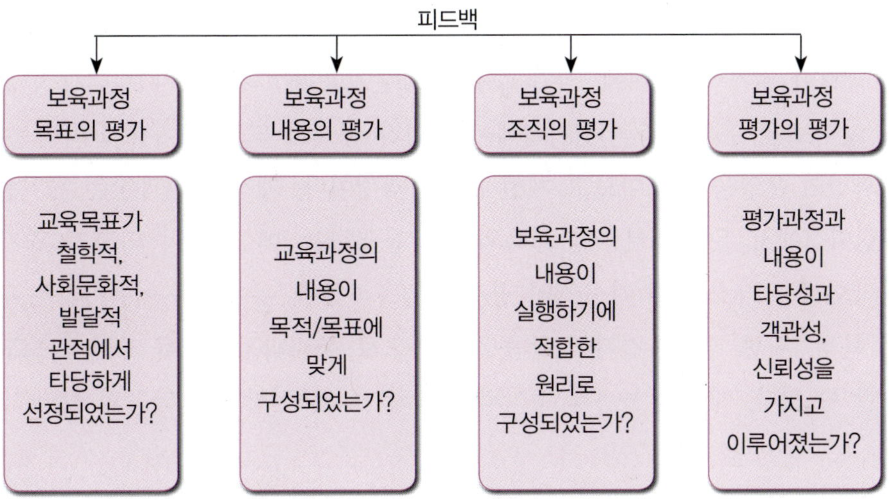

[그림 4-3] 보육과정 구성 체계의 평가

보육과정이란 영·유아의 성장과 발달이 최적의 상태가 될 수 있도록 돕는 보육의 방향과 방법을 제시하는 것이며, 보육과정을 계획할 때는 영·유아 발달특성 및 보육 대상인 영·유아의 특성, 사회적 요구, 보육현장의 요구 등이 반영되어야 한다. 따라서 보육과정 평가에는 보육과정 내에서 이루어지는 모든 보육내용에 대한 활동과 환경 및 상호작용에 대한 평가가 포함되어야 하며, 이러한 평가는 보육에 참여하는 대상의 연령과 발달상의 특성이 고려되어 이루어져야 한다.

한편, 보육과정의 평가는 보육과정이 추구하고 있는 목적에 부합하여야 하므로, 그 대상과 내용에 따라 달라질 수 있다. 일반적으로 보육기관에서의 평가의 영역은 보육활동 평가, 보육프로그램 평가, 보육환경 평가로 나누어 볼 수 있다. 평가의 방법으로는 부모와의 면담, 관찰, 작품분석 및 포트폴리오, 표준화된 검사 등이 있다. 보육활동의 결과를 대상으로 하는, 보육과정의 평가는 영·유아의 발달 영역에 나타나는 모든 변화를 파악해야 하므로 객관성과 타당성, 신뢰성이 요구된다(전남련 외, 2006).

이처럼 보육과정 평가는 보육활동의 목적달성 및 질적 개선을 위하여 반드시 필요한 절차이다. 이에, 국가 수준의 표준보육과정의 3~5세 누리과정 평가를 살펴보면, 유치원과 어린이집에서 유아가 중심이 되고 놀이가 살아나는 누리과정의 운영을 되돌아보고 개선해가는 과정이다. 개정 누리과정은 유치원과 어린이집에서 유아놀이중심 교육과정을 운영하는 데 도움이 되고자 평가를 간략화하고 각 기관의 자율적인 평가를 강조하였다. 유치원과 어린이집은 평가의 목적, 대상, 방법, 결과의 활용을 바탕으로 누리과정평가를 자율적으로 실시할 수 있다. 개정된 3~5세 누리과정의 평가의 중점상항은 다음과 같다.

[3~5세 누리과정의 평가]

평가는 다음 사항에 중점을 두고 실시한다.

가. 누리과정운영의 질을 진단하고 개선하기 위해 평가를 계획하고 실시한다.
나. 유아의 특성 및 변화 정도와 누리과정의 운영을 평가한다.
다. 평가의 목적에 따라 적합한 방법을 사용하여 평가한다.
라. 평가의 결과는 유아에 대한 이해와 누리과정 운영 개선을 위한 자료로 활용할 수 있다.

출처: 교육부, 보건복지부(2019), 2019 개정누리과정 해설서.

한편, 보육과정 운영을 포함한 어린이집 평가제도는 국가적 차원에서 실행하는 어린이집 기관평가이다. 어린이집 평가제도는 보육 및 양육에 대한 사회적 책임 강화 실현 및 안심보육환경 조성을 위해 국가 차원에서 모든 어린이집을 주기적으로 평가하고 결과 등급에 따라 관리하여 보육서비스 질을 확보하고자 하는 제도이다. 이는 영·유아에게 안전한 보호와 질 높은 보육서비스를 제공하기 위하여 「영유아보육법」에 명시하고 있다. 이러한 어린이집 평가제 시행의 구체적 목적은 다음과 같다.

[어린이집 평가제 시행목적]

첫째. 상시적인 보육서비스 질 관리를 위해 주요 핵심지표를 중심으로 질 관리표준을 제시하고 어린이집 스스로 질적 수준을 제고하도록 한다.

둘째. 전체 어린이집에 대한 주기적 평가를 통해 보육서비스 품질 관리의 사각지대를 해소하고 전반적인 보육서비스 수준을 지속적으로 관리하여 국가의 책무성을 강화하고자 한다.

셋째. 궁극적으로 평가제를 통해 보육서비스의 질 향상을 제고함으로써 영 · 유아의 안정과 건강, 조화로운 성장과 발들을 도모하고자 한다. 이를 위해 영 · 유아의 인권과 놀 권리를 보장하고 영 · 유아가 건강하고 행복하게 성장할 수 있는 안심 보육환경을 조성하며, 보육교직원이 영 · 유아 보육에 집중할 수 있는 여건을 조성한다.

출처: 한국보육진흥원(2020), 어린이집 평가 매뉴얼(어린이집용).

생각해볼 문제

1. 연령별, 영 · 유아의 발달적 요구에 적합하게 보육과정을 운영할 수 있는 활동 사례를 들어 보자.

2. 보육과정 평가의 중요성에 대해 토의해 보자.

제 2 부

어린이집 표준보육과정

제 5 장

표준보육과정의 개요

어린이집 표준보육과정(이하, '표준보육과정'이라 함)은 어린이집의 만 0~5세 영 · 유아들에게 국가 수준에서 제공하는 보편적이고 공통적인 보육의 목표와 내용을 제시한 것이다. 본 장에서는 어린이집 표준보육과정의 목표와 각 영역별 목표를 구체적으로 살펴보고, 이를 보육현장에 적용함으로써 궁극적으로 사회에서 추구하는 인간상을 구현하고 어린이집의 질적 수준을 높이는 데 기여하고자 한다.

1. 표준보육과정의 개요
2. 0~2세 표준보육과정의 영역별 목표
3. 3~5세 표준보육과정(누리과정)의 영역별 목표

1. 표준보육과정의 개요

1) 표준보육과정의 이해

어린이집 표준보육과정(이하, '표준보육과정'이라 함)은 어린이집의 만 0~5세 영·유아들에게 국가 수준에서 제공하는 보편적이고 공통적인 보육의 목표와 내용을 제시한 것이다. 어린이집 표준보육과정은 0~1세 보육과정, 2세 보육과정, 3~5세 보육과정(누리과정 포함)으로 구성된다.

가. 국가 수준의 공통성과 지역, 기관 및 개인 수준의 다양성을 동시에 추구한다.
나. 영유아의 전인적 발달과 행복을 추구한다.
다. 영유아 중심과 놀이 중심을 추구한다.
라. 영유아의 자율성과 창의성 신장을 추구한다.
마. 영유아, 교사, 원장, 부모 및 지역사회가 함께 실현해 가는 것을 추구한다.

2) 표준보육과정의 구성방향

(1) 추구하는 인간상

가. 건강한 사람
나. 자주적인 사람
다. 창의적인 사람
라. 감성이 풍부한 사람
마. 더불어 사는 사람

(2) 목적과 목표

표준보육과정의 목적은 영유아가 놀이를 통해 심신의 건강과 조화로운 발달을 이루고, 바른 인성과 민주 시민의 기초를 형성하는 데에 있다. 이를 실현하기 위한 목표는 〈표 5-1〉과 같다.

표 5-1 표준보육교육의 목표

구 분	목 표
0~2세 보육과정	가. 자신의 소중함을 알고, 건강하고 안전한 환경에서 즐겁게 생활한다. 나. 자신의 일을 스스로 하고자 한다. 다. 호기심을 가지고 탐색하며 상상력을 기른다. 라. 일상에서 아름다움에 관심을 가지고 감성을 기른다. 마. 사람과 자연을 존중하고 소통하는 데 관심을 가진다.
3~5세 보육과정	가. 자신의 소중함을 알고, 건강하고 안전한 생활 습관을 기른다. 나. 자신의 일을 스스로 해결하는 기초능력을 기른다. 다. 호기심과 탐구심을 가지고 상상력과 창의력을 기른다. 라. 일상에서 아름다움을 느끼고 문화적 감수성을 기른다. 마. 사람과 자연을 존중하고 배려하며 소통하는 태도를 기른다.

(3) 구성의 중점

가. 영유아는 개별적인 특성을 지닌 고유한 존재임을 전제로 구성한다.

나. 0~5세 모든 영유아에게 적용할 수 있도록 구성한다.

다. 추구하는 인간상 구현을 위한 지식, 기능, 태도 및 가치를 반영하여 구성한다.

라. 표준보육과정은 다음의 영역을 중심으로 구성한다.

- 0~1세 보육과정과 2세 보육과정은 기본생활, 신체운동, 의사소통, 사회관계, 예술경험, 자연탐구의 6개 영역을 중심으로 구성한다.
- 3~5세 누리과정은 신체운동·건강, 의사소통, 사회관계, 예술경험, 자

연탐구의 5개 영역을 중심으로 구성한다.

마. 0~5세 영유아가 경험해야 할 내용으로 구성한다.

바. 초등학교 교육과정과의 연계성을 고려하여 구성한다.

3) 표준보육과정의 운영

(1) 편성·운영

다음의 사항에 따라 표준보육과정을 편성·운영한다.

가. 어린이집의 운영 시간에 맞추어 편성한다.

나. 표준보육과정을 바탕으로 각 기관의 실정에 적합한 계획을 수립하여 운영한다.

다. 하루 일과에서 바깥 놀이를 포함하여 영유아의 놀이가 충분히 이루어지도록 편성하여 운영한다.

라. 성, 신체적 특성, 장애, 종교, 가족 및 문화적 배경 등에 따른 차별이 없도록 편성하여 운영한다.

마. 영유아의 발달과 장애 정도에 따라 조정하여 운영한다.

바. 가정과 지역사회와의 협력과 참여에 기반하여 운영한다.

사. 교사 연수를 통해 표준보육과정의 운영을 개선할 수 있도록 한다.

(2) 교수·학습방법

교사는 다음 사항에 따라 영유아를 지원한다.

가. 영유아의 의사 표현을 존중하고 민감하게 반응한다.

나. 영유아가 흥미와 관심에 따라, 놀이에 자유롭게 참여하고 즐기도록 한다.

다. 영유아가 놀이를 통해 배우도록 한다.

라. 영유아가 다양한 놀이와 활동을 경험할 수 있도록 실내외 환경을 구성한다.

마. 영유아와 영유아, 영유아와 교사, 영유아와 환경 사이에 능동적인 상호작용이 이루어지도록 한다.

바. 각 영역의 내용이 통합적으로 영유아의 경험과 연계되도록 한다.

사. 개별 영유아의 요구에 따라, 휴식과 일상생활이 원활히 이루어지도록 한다.

아. 영유아의 연령, 발달, 장애, 배경 등을 고려하여 개별 특성에 적합한 방식으로 배우도록 한다.

(3) 평가

평가는 다음 사항에 중점을 두고 실시한다.

가. 표준보육과정 운영의 질을 진단하고 개선하기 위해, 평가를 계획하고 실시한다.

나. 영유아의 특성 및 변화 정도와 표준보육과정의 운영을 평가한다.

다. 평가의 목적에 따라 적합한 방법을 사용하여 평가한다.

라. 평가의 결과는 영유아에 대한 이해와 표준보육과정 운영 개선을 위한 자료로 활용할 수 있다.

2. 0~2세 표준보육과정의 영역별 목표

0~2세 영아들은 어릴수록 쉽게 피로해하고, 영아의 몸 상태를 스스로 알고 조절하는 것이 미숙하므로 생리적, 신체적 요구를 조절할 수 있도록 먹기, 자기, 기저귀 갈기, 씻기 등과 같이 기본적인 욕구충족을 위한 일상생활이 중심이 되고 휴식과 놀이, 실내·외활동, 대·소근육 활동 등의 다양한 활동이 일과에 포함되도록 고려한다.

0~2세 보육과정의 영역은 기본생활, 신체운동, 의사소통, 사회관계, 예술경험, 자연탐구로 분류하며 영역별 목표는 〈표 5-2〉와 같다.

표 5-2 0~2세 보육과정의 영역별 목표

구 분	영 역	영역별 목표
0~1세	기본생활	건강하고 안전한 일상생활을 경험한다. 가. 건강한 일상생활을 경험한다. 나. 안전한 일상생활을 경험한다.
	신체운동	감각으로 탐색하고 신체활동을 즐긴다. 가. 감각 탐색을 즐긴다. 나. 신체활동을 즐겁게 경험한다.
	의사소통	의사소통 능력의 기초를 형성한다. 가. 일상생활에서 듣고 말하기를 즐긴다. 나. 읽기와 쓰기에 관련된 관심을 가진다. 다. 책과 이야기에 관심을 가진다.
	사회관계	나를 인식하고, 친숙한 사람과 관계를 맺는다. 가. 나를 고유한 존재로 안다. 나. 안정적인 애착을 형성하고, 또래, 교사와 함께 지낸다.
	예술경험	아름다움을 느끼고 경험한다. 가. 자연과 생활에서 아름다움에 관심을 가진다. 나. 예술적 경험을 표현한다.

구 분	영 역	영역별 목표
2세	기본생활	건강하고 안전한 생활습관의 기초를 형성한다. 가. 건강한 생활습관의 기초를 형성한다. 나. 안전한 생활습관의 기초를 형성한다.
	신체운동	감각을 활용하고, 신체활동을 즐긴다. 가. 감각을 활용하고, 신체를 인식한다. 나. 신체활동을 즐긴다.
	의사소통	의사소통 능력과 상상력의 기초를 형성한다. 가. 일상생활에서 듣기와 말하기를 즐긴다. 나. 읽기와 쓰기에 관심을 가진다. 다. 책과 이야기에 재미를 느낀다.
	사회관계	나를 알고, 다른 사람과 더불어 생활하는 경험을 한다. 가. 나를 알고 긍정적으로 여긴다. 나. 다른 사람과 즐겁게 지내기 위한 태도를 기른다.
	예술경험	아름다움을 느끼고 즐긴다. 가. 자연과 생활에서 아름다움을 느끼고 관심을 가진다. 나. 예술을 통해 자유롭게 표현한다.

3. 3~5세 누리과정의 영역별 목표

3~5세 유아는 신체적 발달이 왕성하고 활동적이며 대인관계에 있어서도 가족과의 관계를 토대로 또래 관계를 형성하기 시작한다. 또한, 독립적이며 자기주장이 강한 성향이 두드러지게 되므로 여러 가지 일상적인 활동을 스스로 해결하도록 하여 독립성과 자율성을 기르고 성취감을 느끼게 함으로써 긍정적인 자아개념을 형성할 수 있다(고문숙 외, 2008). 3~5세 누리과정의 영역별 목표는 〈표 5-3〉과 같다.

표 5-3 3~5세 보육과정의 영역별 목표

구 분	영 역	영역별 목표
3~5세	신체운동·건강	실내외에서 신체활동을 즐기고, 건강하고 안전한 생활을 한다. 가. 신체활동에 즐겁게 참여한다. 나. 건강한 생활습관을 기른다. 다. 안전한 생활습관을 기른다.
	의사소통	일상생활에 필요한 의사소통 능력과 상상력을 기른다. 가. 일상생활에서 듣고 말하기를 즐긴다. 나. 읽기와 쓰기에 관심을 가진다. 다. 책이나 이야기를 통해 상상하기를 즐긴다.
	사회관계	자신을 존중하고 더불어 생활하는 태도를 가진다. 가. 자신을 이해하고 존중한다. 나. 다른 사람과 사이좋게 지낸다. 다. 우리가 사는 사회와 다양한 문화에 관심을 가진다.
	예술경험	아름다움과 예술에 관심을 가지고 창의적 표현을 즐긴다. 가. 자연과 생활 및 예술에서 아름다움을 느낀다. 나. 예술을 통해 창의적으로 표현하는 과정을 즐긴다. 다. 다양한 예술 표현을 존중한다.
	자연탐구	탐구하는 과정을 즐기고, 자연과 더불어 살아가는 태도를 가진다. 가. 일상에서 호기심을 가지고 탐구하는 과정을 즐긴다. 나. 생활 속의 문제를 수학적, 과학적으로 탐구한다. 다. 생명과 자연을 존중한다.

제 6 장

기본생활영역

'기본생활'영역은 일생의 기초이자 사회생활의 기본이 되는 건강과 안전에 관한 지식, 기술, 태도를 배우고 익히며 올바른 습관을 형성하도록 하는 생활지도영역이다. 이 영역의 내용범주는 '건강하게 생활하기', '안전하게 생활하기'로 구성되며, 본 장에서는 '기본생활'영역의 개념, 성격, 목표, 연령별 목표 및 내용, 연령별 활동의 예 등을 소개한다.

1. 개 념

'기본생활'영역은 건강, 안전에 관한 지식, 기술, 태도를 배우고 익혀서, 건강하고 안전한 행동을 알고 실천하며 바른 습관을 갖게 하는 영역이다.

영아가 '기본생활'영역에서 습득해야 할 내용으로 '건강하게 생활하기', '안전하게 생활하기'라는 2가지 내용범주를 정했다. 이들은 영아의 기본생활습관 형성과 관련된 중요한 요인이다. 각각의 내용범주는 상호 독립적이며, 이들 요인이 모이면, 영아기에 반드시 습득해야 하는 기본생활 습관의 전체 내용이 된다. 2가지 내용범주는 연령이 증가함에 따라 하위내용의 수가 많아지고, 내용의 난이도 또한 높아진다.

>> '기본생활'영역 보육내용

내용범주	0~1세	2세
건강하게 생활하기	• 도움을 받아 몸을 깨끗이 한다. • 음식을 즐겁게 먹는다. • 하루 일과를 편안하게 경험한다. • 배변 의사를 표현한다.	• 자신의 몸을 깨끗이 해 본다. • 음식에 관심을 가지고 즐겁게 먹는다. • 하루 일과를 즐겁게 경험한다. • 건강한 배변 습관을 갖는다.
안전하게 생활하기	• 안전한 상황에서 놀이하고 생활한다. • 안전한 상황에서 교통수단을 이용해 본다. • 위험하다는 말에 주의한다.	• 일상에서 안전하게 놀이하고 생활한다. • 교통수단을 안전하게 이용해 본다. • 위험한 상황에 대처하는 방법을 경험한다.

출처: 보건복지부(2020). 제4차 어린이집 표준보육과정 고시, 재구성.

2. 성 격

'기본생활'영역의 성격을 0~1세 보육과정과 2세 보육과정으로 구분하여 살펴보면 다음과 같다.

1) 0~1세 보육과정

0~1세 보육과정의 '기본생활'영역은 영아가 신체의 청결과 영양, 수면과 휴식을 통해 건강한 일상생활을 경험하며, 안전한 상황과 장소에서 놀이하며 위험하다고 알려주면 주의하는 것 등의 안전한 생활을 경험시키기 위한 영역이다.

0~1세 영아는 가정에서와같이 편안한 신체적, 심리적 안정감을 토대로 기본적인 신뢰감을 형성하게 된다. 그러므로 이 시기의 영아들에게 보육교사는 청결, 영양, 배설, 수면, 휴식 등의 기본적인 신체적 욕구를 충족시켜 주면서, 심리적 안정감을 증진시킬 수 있는 상호작용을 통해 영아의 건강한 심신의 발달을 지원해야 한다.

한편, 이 시기의 영아는 안전한 상황과 위험한 상황에 대한 인식이 아직 발달하지 않았기 때문에 보육교사는 일상생활, 놀이상황 등에서 안전사고를 예방하기 위해 지속적으로 영아를 관찰하고 영아가 위험한 상황에 놓이지 않도록 유의해야 한다. 또한, 영아는 위험하다는 말에 반응할 수 있으므로 위험하다고 알려줌으로써 위험상황에 주의할 수 있도록 지도한다.

이에 0~1세 보육과정의 '기본생활'영역은 '건강하게 생활하기', '안전하게 생활하기'의 2가지 내용범주로 구성되어 있으며, '기본생활'영역의 목표를 달성하기 위해서는 2세 보육과정의 '기본생활'영역 및 3~5세 보육과정의 신체운동·건강영역의 해당 보육목표와 내용을 계열성 있게 경험하도록 해야 한다.

2) 2세 보육과정

2세 보육과정의 '기본생활'영역은 영아가 신체의 청결과 영양, 수면과 휴식을 통하여 건강한 일상생활을 위한 올바른 습관의 기초를 형성하며, 안전하게 놀이하고 교통안전과 위험한 상황을 알고 반응하는 등 안전한 생활의 기초를 마련하기 위한 영역이다.

2세 영아기는 자율성이 발달하는 시기이므로 일상생활에서 스스로 자기 일을 해 보는 데 관심이 많고 자조적인 행동을 많이 보인다. 따라서 보육교사는 이 시기의 영아들이 스스로 주변을 정돈하고 손 씻기, 이 닦기, 바르게 먹기, 규칙적인 수면과 휴식 등을 수행했을 때 격려하고 기본생활습관을 형성하도록 도와야 한다. 또한, 영아에게 예방접종의 중요성을 설명해 주고 건강에 관심을 갖도록 지도한다.

한편, 이 시기가 되면 안전에 대한 인식이 보다 발달하고 위험상황에 대한 인식과 주의력이 더욱 증진된다, 그러므로 보육교사는 2세 영아들이 안전한 장소에서 놀잇감을 안전하게 사용할 수 있도록 하고 교통수단의 위험에 조심할 수 있도록 지도한다. 또한, 위험한 상황에 조심하도록 하고 나아가 위험한 상황에서 어른의 지시를 따를 수 있도록 지도할 필요가 있다.

이에 2세 보육과정의 '기본생활'영역은 '건강하게 생활하기', '안전하게 생활하기'의 2 가지 내용범주로 구성되어 있으며, '기본생활'영역의 목표를 달성하기 위해서는 0~1세 보육과정의 '기본생활'영역 및 3~5세 보육과정의 신체운동·건강영역의 해당 보육목표와 내용을 계열성 있게 경험하도록 하여야 한다.

3. 목표

'기본생활'영역은 영아가 건강하고 안전한 일상생활을 경험하도록 하고 건강하고 안전한 생활습관의 기초를 마련하는 데 목표를 둔다. 영아의 주변 환경을 청결하고 안전하게 조성해 주고 영아에게 건강 및 안전과 관련한 활동을 일상생활 속에서 경험하게 하여 기본생활습관을 익히도록 한다.

4. 연령별 목표 및 내용

'기본생활'영역의 목표 및 내용은 0~1세 보육과정과 2세 보육과정을 중심으로 제시되어 있으며, 이를 달성하기 위해서는 연령집단별로 보육목표와 내용을 계열성 있게 경험하도록 하여야 한다.

1) 0~1세 보육과정의 영역별 내용

(1) 목표

0~1세 보육과정에서 수립한 '기본생활'영역의 연령별 집단목표와 내용범주에 따른 하위목표를 살펴보면 다음과 같다.

연령별 집단목표	건강하고 안전한 일상생활을 경험한다.
내용범주에 따른 목표	• 건강한 일상생활을 경험한다. • 안전한 일상생활을 경험한다.

0~1세 영아기의 건강하고 편안하면서도 안전한 일상생활의 경험은 다양한 여러 영역의 발달과 성장에 기본이 된다. 이와 같이 건강하고 안전한 기본생활은 일생의 기본이 되며, 건강, 영양, 안전에 관한 지식과 기술 습득과 관련되므로 이후 사회생활의 토대를 제공한다. 이에 '기본생활'영역에서는 건강한 생활과 안전한 생활을 경험하는 것에 중점을 두어 목표를 구성하고 있다.

'기본생활'영역의 0~1세 연령집단을 위한 목표는 '건강하고 안전한 일상생활을 경험하는 것'이며, 이를 위해 2가지의 하위목표를 설정하여 제시하고 있다. 2가지의 하위목표에는 건강한 일상생활을 경험하는 것과 안전한 일상생활을 경험하는 것이 포함되어 있으며, 이는 다음에 살펴볼 2가지의 내용범주와 연관되어 있다.

(2) 내용체계

내용범주	내 용
건강하게 생활하기	도움을 받아 몸을 깨끗이 한다.
	음식을 즐겁게 먹는다.
	하루 일과를 편안하게 경험한다.
	배변 의사를 표현한다.
안전하게 생활하기	안전한 상황에서 놀이하고 생활한다.
	안전한 상황에서 교통수단을 이용해 본다.
	위험하다는 말에 주의한다.

출처: 보건복지부(2020). 제4차 어린이집 표준보육과정 고시, 재구성.

2) 2세 보육과정의 영역별 내용

(1) 목표

2세 보육과정에서 수립한 '기본생활'영역의 연령별 집단목표와 내용범주에 따른 하위목표를 살펴보면 다음과 같다.

연령별 집단목표	건강하고 안전한 생활습관의 기초를 마련한다.
내용범주에 따른 목표	• 건강한 생활습관의 기초를 형성한다. • 안전한 생활습관의 기초를 형성한다.

2세 영아기는 건강하고 안전한 생활에 대한 지식, 기술, 태도를 배우고 익히며, 자신의 건강과 안전을 자기 스스로 보호할 수 있는 생활습관의 기초를 마련하는 시기이다. 이 시기의 건강하고 안전한 생활습관은 이후 타인을 존중하며 함께 즐거운 사회생활을 영위하는 토대가 된다.

2세 보육과정을 위한 '기본생활'영역의 목표는 '건강하고 안전한 생활습관의 기초를 마련하는 것'이며, 이를 위해 2가지의 하위목표를 설정하여 제시하고 있다. 2가지의 하위목표에는 건강한 생활습관의 기초를 형성하는 것과 안전한 생활습관의 기초를 형성하는 것이 포함되어 있으며, 이는 다음에 살펴볼 2가지의 내용범주와 연관되어 있다.

(2) 내용체계

내용범주	내 용
건강하게 생활하기	자신의 몸을 깨끗이 해 본다.
	음식에 관심을 가지고 즐겁게 먹는다.
	하루 일과를 즐겁게 경험한다.
	건강한 배변 습관을 갖는다.

내용범주	내 용
안전하게 생활하기	일상에서 안전하게 놀이하고 생활한다.
	교통수단을 안전하게 이용해 본다.
	위험한 상황에 대처하는 방법을 경험한다.

출처: 보건복지부(2020). 제4차 어린이집 표준보육과정 고시, 재구성.

5. 연령별 활동의 예

1) 0~1세

활 동 명	선생님과 인사해요	활동영역	기본생활습관
활동목표	• 우리반 선생님에 대해 관심을 갖고 인사해 본다. (사회관계〉더불어 생활하기〉사회적 가치를 알기) • 교사와 신뢰감을 형성한다. (사회관계〉더불어 생활하기〉안정적인 애착 형성하기)		
활동자료			
활동방법	1. 어린이집에 등원한 영아에게 다가가 인사를 나누며 편안하게 맞이한다. – 안녕~ ㅇㅇ 왔구나~ 반가워요~ – 선생님이 ㅇㅇ 기다리고 있었어~ 2. 교사는 영아의 기분이나 날씨 등에 대해 이야기를 하며 맞이해 준다. – 오늘 ㅇㅇ 이가 엄마와 함께 왔구나~ – 방긋 웃는 걸 보니 오늘 우리 ㅇㅇ 기분이 좋은가 보네~ – 날씨가 따뜻해서 어린이집 오는 길이 좋았지?		

활 동 명	선생님과 인사해요	활동영역	기본생활습관
	3. 함께 교실에 들어와 영아가 관심을 보이는 놀잇감을 가지고 활동을 한다. – 거울이 마음에 드는구나~ 무엇이 보이는지 볼까? – 어어~? ㅇㅇ 이 얼굴이 보이네~ 4. 영아가 귀가하는 시간에도 교사와 인사를 나누어 본다. – 우리 ㅇㅇ 엄마가 오셨구나~ 내일 또 만나서 재미있게 놀자~ – ㅇㅇ 안녕~ 손 흔들면서 선생님과 인사해 볼까?		
참고사항	• 영아와 상호작용 시 일대일로 얼굴을 마주보며 친숙하게 애정을 표현해 준다. • 영아의 옹알이, 몸짓 반응에 교사는 반응을 보여준다.		

출처: 보건복지부(2013), 어린이집 표준보육과정에 기초한 영아보육프로그램 1세.

2) 2세

활 동 명	누구일까요? 무엇을 할까요?	활동영역	기본생활습관
활동목표	• 놀이기구별로 사용 규칙이 다름을 안다. • 실외놀이터에서 필요한 간단한 규칙을 말해 본다.		
활동자료	바깥 놀이터에서 영아들이 놀고 있는 장면이 출력된 사진(A4 또는 A3 크기)		
활동방법	1. 사진 속에 누가 있는지 알아본다. – 여기는 어디일까? – 우리 어린이집 놀이터 사진이구나. – 사진 속에 누가 있니? – ㅇㅇ이, ㅁㅁ이…. 우리반 친구들이 있구나. 2. 실외놀이터의 놀이기구와 놀이 상황에 대해 이야기를 나눈다. – 미끄럼틀을 내려올 때에는 어떤 약속을 지켜야 할까요? – 시소는 어떻게 타야 할까요? – 그네를 타고 싶은 친구들은 어떻게 해야 할까요? – 모래를 던지면 어떻게 될까요? – 자전거 길 반대 방향으로 자전거를 타면 어떻게 될까요?		
참고사항	• 가급적 영아 스스로 규칙을 이야기해 보도록 격려하며, 어려워하는 경우 교사가 진술한 규칙을 따라해 보도록 한다. • 이전 활동에서 계획된 '어디일까요?' 활동에 사용되었던 사진 자료를 활용할 수 있다.		

출처: 보건복지부(2013), 어린이집 표준보육과정에 기초한 영아보육프로그램 2세.

생각해볼 문제

1. 0~1세 영아를 관찰하고, '기본생활'영역의 보육내용을 토대로 현 발달 수준에 맞는 지원 활동이 무엇인지 계획해 보자.

2. 2세 영아의 '기본생활'영역에 포함된 보육내용을 토대로 안전한 놀이를 위한 활동을 계획해 보자.

제 7 장

신체운동 · 건강영역

'신체운동'영역은 다양한 신체 활동을 통하여 자신의 신체에 대한 긍정적 인식 및 일상생활에 필요한 기본 운동 능력을 습득하게 함으로써, 영 · 유아 자신의 행복한 삶을 위한 영역으로 '신체 인식하기', '신체조절과 기본 운동하기', '신체 활동에 참여하기' 등으로 구성되어 있다. 본 장에서는 0~1세, 2세의'신체운동' 영역 및 3~5세의 '신체운동 · 건강' 영역의 개념, 성격, 목표, 연령별 목표 및 내용, 연령별 활동의 예 등을 소개한다.

1. 개념
2. 성격
3. 목표
4. 연령별 목표 및 내용
5. 연령별 활동의 예

1. 개 념

0~1세, 2세의 '신체운동'영역은 자신의 신체를 긍정적으로 인식하고 즐겁게 신체활동에 참여함으로써 영아기에 필요한 기본 운동능력을 기르는 영역이다.

'신체운동'영역은 '감각과 신체 인식하기', '신체활동 즐기기'의 2가지 내용범주로 구성된다.

'감각과 신체 인식하기'에서는 영·유아가 감각능력을 기르고 감각기관을 활용하며, 자신의 신체를 긍정적으로 인식하도록 한다.

'신체활동 즐기기'에서는 대·소근육 조절하기, 기본운동 시도하기, 실내외 신체활동 즐기기 등의 기본 운동능력을 습득하도록 한다.

3~5세의 '신체운동·건강 영역에서는 '신체활동 즐기기', '건강하게 생활하기', '안전하게 생활하기'의 3가지 내용범주로 구성된다.

이를 통해 신체활동으로 기초체력을 형성하고 일상생활 속에서 규칙적으로 운동하고 안전하게 놀이하고 생활할 수 있도록 한다.

>> '신체운동'영역 보육내용

내 용	0~1세	2세
감각과 신체 인식하기	• 감각적 자극에 반응한다. • 감각으로 주변을 탐색한다. • 신체를 탐색한다.	• 감각 능력을 활용한다. • 신체를 인식하고 움직인다.
신체활동 즐기기	• 대소근육을 조절한다. • 기본 운동을 시도한다. • 실내외 신체활동을 즐긴다.	• 대소근육을 조절한다. • 기본 운동을 즐긴다. • 실내외 신체활동을 즐긴다.

2. 성 격

'신체운동'영역의 성격을 0~1세 보육과정, 2세 보육과정, 3~5세 보육과정으로 구분하여 살펴보면 다음과 같다(교육과학기술부, 보건복지부, 2013a, 2013b; 보건복지부, 육아정책연구소, 2010, 2012; 보건복지부, 중앙보육정보센터, 2013).

1) 0~1세 보육과정

0~1세 보육과정의 '신체운동'영역은 영아가 자신의 신체를 탐색하며 감각기능을 발달시키고, 대·소근육을 조절하며 규칙적으로 신체활동에 참여함으로써 감각 및 기본 신체운동 능력을 기르기 위한 영역이다.

0~1세는 감각이 발달하는 시기로 여러 가지 감각적 경험을 통해 주변 환경과 자신의 신체를 탐색하게 된다. 따라서 보육교사는 이 시기의 영아를 위해 시각, 청각, 촉각, 후각, 미각의 감각적 자극을 경험할 수 있게 배려해 주어야 한다. 특히, 영아기 초기에는 자신의 몸에 관심을 보이며 자신의 몸이 좋은 놀잇감이 되므로, 영아가 신체를 움직일 때 신체 부분이나 움직임에 대해 언어로 표현해 줌으로써 자연스럽게 자신의 신체를 탐색할 수 있도록 하는 것이 좋다.

또한, 0~1세는 머리를 가누고, 앉고 서고 걷는 등의 신체 운동 발달이 빠르게 이루어지는 시기이며, 이러한 기본 운동의 발달은 대·소근육의 신체조절력과 균형감의 습득을 토대로 이루어진다. 영아는 가능한 자신의 능력 범위 내에서 다양하게 신체를 움직이고, 이를 통하여 기본적인 운동능력을 충분히 습득함으로써 성취감과 만족감을 가지게 되며, 이를 통한 기초 체력의 형성은 다른 영역의 발달에도 토대가 된다. 따라서 간단한 신체놀이를 반복함으로써 운동능력과 협응력의 발달을 지원하여야 한다.

이와 함께 0~1세 영아들은 활발하게 몸을 움직이고 다양한 몸 움직임을 시도하며, 규칙적으로 바깥놀이의 신체활동을 경험하는 것이 필요하다. 따라서 규칙적인 바깥놀이 활동과 간단한 기구를 이용한 신체활동을 시도하는 등 다양한 신체활동에 참여하는 기회를 제공하여야 하며, 자유롭게 몸을 움직일 수 있는 개방된 공간을 제공하는 것이 요구된다.

이에 0~1세 보육과정의 '신체운동'영역은 '감각과 신체 인식하기', '신체 활동에 즐기기'의 2가지 내용범주로 구성되어 있으며, '신체운동'영역의 목표를 달성하기 위해서는 2세 보육과정 및 3~5세 보육과정의 보육목표와 내용을 계열성 있게 경험하도록 하여야 한다.

2) 2세 보육과정

2세 보육과정의 '신체운동'영역은 영아가 자신의 신체 움직임을 탐색하며 감각기능을 기르고, 안정된 자세로 대·소근육을 조절하여 기본 운동능력을 발달시키며, 규칙적으로 신체활동에 참여함으로써 감각, 신체조절 및 기본 운동능력을 기르기 위한 영역이다.

2세 영아들은 보다 발달된 감각기관으로 물체의 특성과 차이를 탐색할 수 있으므로 보육교사는 이전 시기에 비해 보다 다양한 자료와 놀잇감을 통한 감각적 자극을 제공할 수 있다. 또한, 2세 영아들은 신체 각 부분의 기본적인 명칭을 알고 신체 각 부분을 움직이는 활동을 통하여 신체 각 부분이 어떻게 움직일 수 있는지를 인식하게 된다. 따라서 보육교사는 신체에 대한 여러 가지 자료와 다양한 활동을 통해 신체 탐색이 이루어질 수 있도록 지원하여야 한다.

또한, 2세 영아들은 안정된 걷기는 가능하나, 대·소근육 운동 능력에 있어서 동작기술이나 조절능력이 여전히 미숙하고 개인차도 크다. 그러므로 보육교사는 영아용 정글짐이나 탈것 등 대근육 발달과 신체조절력 및 균형감각을 증진시킬 수 있는 놀이 기구를 제공하는 것이 좋으며, 구슬 꿰기 등의 조작교구를 제공하여 소근육 발달과 눈과 손의 협응력을 기르도록 지원하는 것이 좋다.

0~1세와 마찬가지로 2세 영아들도 자유롭게 신체를 움직일 수 있는 적절한 공간과 기본적인 신체운동을 할 수 있는 규칙적인 시간을 제공하여야 한다. 보육교사는 영아의 움직임에 적절히 반응함으로써 신체활동을 격려하고, 신체활동 후에는 간단한 휴식시간을 마련하여 신체 리듬의 조절을 돕는 것이 바람직하다.

이에 2세 보육과정의 '신체운동'영역은 0~1세와 마찬가지로 '감각과 신체인식하기', '신체 활동에 즐기기'의 2가지 내용범주로 구성되어 있으며, 이러한 '신체운동'영역의 목표를 달성하기 위해서는 0~1세 및 3~5세 보육과정의 목표와 내용을 계열성 있게 경험하도록 하여야 한다.

3) 3~5세 보육과정(누리과정)

3~5세 보육과정의 신체운동·건강영역은 유아가 자신의 신체를 긍정적으로 인식하고 신체 활동에 즐겁게 참여함으로써 유아기에 필요한 기본 운동 능력과 기초체력을 기르고, 건강하고 안전한 생활을 실천하는 능력과 태도를 기르기 위한 영역이다.

유아가 신체운동 능력을 가지고 건강한 신체 및 정신을 유지하는 것은 자신에 대한 긍정적인 인식을 형성하는 것을 물론 대인관계에서도 자신감을 가질 수 있게 한다. 이 시기 유아는 신체운동을 성공적으로 수행하면서 성취감을 느낄 수 있으며, 이와 같은 경험이 유아가 또래 친구들과 우호적인 관계를 형성하는 기초가 되기 때문이다. 따라서 보육교사는 유아가 긍정적인 신체 인식 능력을 형성하도록 발달 수준이나 흥미에 적절한 신체운동 활동을 제공해 주어야 한다.

유아기 기초 체력은 신체 조절 능력과 이동운동, 비이동운동을 통해 형성하는 근력, 근지구력, 민첩성, 유연성, 협응성 등을 포함하는 개념으로 이후 아동기나 청소년기 체력과 운동능력에 영향을 미친다.

이에 '신체운동'영역은 '신체활동 즐기기', '건강하게 생활하기', '안전하게 생활하기'의 내용범주로 구성되어 있다. 앞의 내용범주는 주로 기본 운동능력과 신체 활동과 관련된 내용으로 0~1세 및 2세 보육과정의 '신체운동'영역과 연관되며, 나머지 내용범주는 건강하고 안전한 일상생활 습관에 관한 내용으로 0~1세 및 2세 보육과정의 '기본생활'영역과 연관되며, 3~5세 보육과정에서는 신체운동 및 건강이라는 영역에서 통합하여 제시하고 있다.

이와 같이 '신체운동·건강'영역에서는 영·유아의 발달 수준과 흥미에 맞는 다양한 신체활동과 규칙적인 운동을 통해 기본 운동 능력과 기초 체력을 형성할 수 있는 방법과 태도를 자연스럽게 습득하도록 한다. 이를 위하여 3~5세 보육과정 내의 연령별 보육내용은 물론 0~1세 및 2세 보육과정의 보육목표 및 내용과 연계하여 제시하는 것이 중요하다.

3. 목 표

0~1세 '신체운동'영역의 목표는 감각능력과 신체운동 능력을 기르는 데 있다. 특히, 영아기는 시각, 청각, 미각, 후각, 촉각의 오감으로 자신의 신체와 주변 환경을 탐색하면서 환경 및 주변사람들과 관계를 형성하는 시기이므로 '신체운동'영역에서는 다음과 같은 목표를 가진다.

- 감각기능을 발달시키고 자신의 신체를 탐색한다.

영아가 감각기관을 활용하여 사물과 주변 세계를 인식하며, 신체 각 부분의 특성을 이해하고 활용하여 움직여 보는 활동을 함으로써 자신의 신체적 특성을 즐겁게 경험해 보도록 하는 데 중점을 둔다.

- **대·소근육을 조절하고 걷기 등의 능력을 기른다.**

영아의 건강한 신체발달을 위해 기본 운동 능력과 기초체력을 기르는 것은 매우 중요하므로 다양한 신체활동을 통해 신체의 균형감과 대소근육의 조절능력을 기르고 이동운동 및 제자리 운동을 시도해 보도록 하는 데 중점을 둔다.

- **규칙적으로 신체활동에 참여한다.**

영아가 다양한 신체활동을 경험하고, 신체활동에 규칙적이고 지속적으로 참여하는 것이 신체운동 능력 증진에 중요하므로 단순한 몸 움직임이나 발달수준에 맞는 간단한 기구를 이용한 신체활동을 시도해 보도록 하고 규칙적으로 바깥에서 신체를 움직이는 경험을 해보도록 하는 데 중점을 둔다.

4. 연령별 목표 및 내용

'신체운동'영역의 목표 및 내용은 0~1세 보육과정, 2세 보육과정, 3~5세 보육과정을 중심으로 제시되어 있으며, 이를 달성하기 위해서는 연령 집단별로 보육목표와 내용을 계열성 있게 경험하도록 하여야 한다.

1) 0~1세 보육과정의 영역별 내용

(1) 목표

0~1세 보육과정에서 수립한 '신체운동'영역의 연령별 집단목표와 내용범주에 따른 하위목표를 살펴보면 다음과 같다.

연령별 집단목표	감각으로 탐색하고 신체활동을 즐긴다.
내용범주에 따른 목표	• 감각 탐색을 즐긴다. • 신체활동을 즐겁게 경험한다.

0~1세 보육과정에서는 '신체운동'영역의 목표로 '감각으로 탐색하고 신체활동을 즐기는 것'으로 설정하였으며, 이를 위한 2가지의 하위목표를 제시하고 있다. 2가지의 하위목표에는 감각적 자극에 반응하고, 주변을 탐색하고 자신의 신체를 탐색하는 것, 대·소근육을 조절하고 기본운동을 시도하고 신체활동에 참여하는 것이 포함되어 있으며, 이는 다음에 살펴볼 2가지의 내용범주와 연관되어 있다.

(2) 내용체계

내용범주	내 용
감각과 신체 인식하기	감각적 자극에 반응한다.
	감각으로 주변을 탐색한다.
	신체를 탐색한다.
신체활동 즐기기	대소근육을 조절한다.
	기본 운동을 시도한다.
	실내외 신체활동을 즐긴다.

출처: 보건복지부(2020). 제4차 어린이집 표준보육과정 고시, 재구성.

2) 2세 보육과정의 영역별 내용

(1) 목표

2세 보육과정에서 수립한 '신체운동'영역의 연령별 집단목표와 내용범주에 따른 하위목표를 살펴보면 다음과 같다.

연령별 집단목표	감각을 활용하고 신체활동을 즐긴다.
내용범주에 따른 목표	• 감각을 활용하고 신체를 인식한다. • 신체활동을 즐긴다.

2세 보육과정에서는 '신체운동'영역의 목표로 '감각을 활용하고 신체활동을 즐기는 것'으로 설정하였으며, 이를 위한 2가지의 하위목표를 제시하고 있다. 2가지의 하위목표는 '감각을 활용하고 신체를 인식한다', '신체활동을 즐긴다' 이고 다음에 살펴볼 2가지의 내용범주와 연관되어 있다.

(2) 내용체계

내용범주	내 용
감각과 신체 인식하기	감각 능력을 활용한다.
	신체를 인식하고 움직인다.
신체활동 즐기기	대소근육을 조절한다.
	기본 운동을 즐긴다.
	실내외 신체활동을 즐긴다.

출처: 보건복지부(2020). 제4차 어린이집 표준보육과정 고시, 재구성.

3) 3~5세 보육과정(누리과정)

(1) 목표

3~5세 보육과정에서 수립한 신체운동·건강영역의 연령별 집단목표와 내용범주에 따른 하위 목표를 살펴보면 다음과 같다.

연령별 집단목표	실내외에서 신체활동을 즐기고, 건강하고 안전한 생활을 한다.
내용범주에 따른 목표	• 신체활동에 즐겁게 참여한다. • 건강한 생활습관을 기른다. • 안전한 생활습관을 기른다.

3~5세 보육과정에서는 신체운동·건강영역의 목표로 '실내외에서 신체활동을 즐기고, 건강하고 안전한 생활을 한다'로 설정하였으며, 이를 위한 3가지의 하위목표를 제시하고 있다. 3가지의 하위목표에는 '신체활동 즐겁게 참여한다, 건강한 생활습관을 기른다, 안전한 생활습관을 기른다'가 포함되어 있으며, 이는 다음에 살펴볼 3가지의 내용범주와 연관되어 있다. 3가지 하위목표 중에는 앞의 1가지 목표는 0~1세 및 2세 보육과정의 '신체운동'영역과 연계되며, 뒤의 2가지 목표는 0~1세 및 2세 보육과정의 '기본생활'영역과 연계되는 것이다.

유아기는 활발한 신체의 움직임과 다양한 활동을 통해 신체와 정신의 조화로운 발달이 이루어지며, 평생 동안 지속될 기본생활습관이 형성되는 중요한 시기이다. 이에 따라 신체운동·건강영역에서는 유아의 기본 운동 능력과 함께 건강하고 안전한 생활습관을 기르는 데 유의하여 보육과정의 목표를 구성하고 있다.

(2) 내용체계

내용범주	내용
신체활동 즐기기	신체를 인식하고 움직인다.
	신체 움직임을 조절한다.
	기초적인 이동운동, 제자리 운동, 도구를 이용한 운동을 한다.
	실내외 신체활동에 자발적으로 참여한다.
건강하게 생활하기	자신의 몸과 주변을 깨끗이 한다.
	몸에 좋은 음식에 관심을 가지고 바른 태도로 즐겁게 먹는다.
	하루 일과에서 적당한 휴식을 취한다.
	질병을 예방하는 방법을 알고 실천한다.
안전하게 생활하기	일상에서 안전하게 놀이하고 생활한다.
	TV, 컴퓨터, 스마트폰 등을 바르게 사용한다.
	교통안전 규칙을 지킨다.
	안전사고, 화재, 재난, 학대, 유괴 등에 대처하는 방법을 경험한다.

출처: 보건복지부(2020). 제4차 어린이집 표준보육과정 고시, 재구성.

5. 연령별 활동의 예

1) 0~1세

활 동 명	촉감길 따라 걷기	활동영역	신체영역
활동목표	• 발을 통한 감각을 느껴 본다. (신체운동〉감각과 신체 인식하기〉감각기관으로 탐색하기) • 속도를 조절하여 걸어 본다. (신체운동〉신체조절과 기본 운동하기〉기본 운동하기)		
활동자료	촉감길		
활동방법	1. 촉감이 다른 판을 길게 보육실 바닥에 놓는다. –ㅇㅇ야, 기다란 길이 있네. 2. 각각의 촉감이 어떤지 만져보고 이야기를 해본다. 양말을 벗고 발로 느낌을 느껴 본다. – 노랗고 파란 길이네. – 우리 양말을 벗고 발로 만져 보면 어떨까? 같은 느낌이 날까? 3. 촉감 기차판 위를 걸어 본다. – 이번에는 기차처럼 길 위로 걸어 보자.– – 칙칙폭폭 칙칙폭폭.–		
참고사항	• 영아가 촉감을 충분히 느끼도록 기다려 주고 느낌에 대해 언어로 표현해 주도록 한다. • 영아가 뛰어다니거나 친구를 밀지 않도록 말해준다.		

출처: 보건복지부(2013), 어린이집 표준보육과정에 기초한 영아보육프로그램 1세.

2) 2세

활 동 명	국자로 옮겨 봐요	활동영역	신체영역
활동목표	• 소근육을 조절하여 안정감 있게 물체를 옮겨 본다. • 다양한 감정과 표정에 관심을 갖는다.		
활동자료	다양한 표정이 그려진 탁구공, 국자, 바구니		
활동방법	1. 다양한 표정이 그려진 탁구공을 탐색해 보며, 감정에 따른 표정에 대해 간단히 이야기 나눈다. – 이게 뭘까요? – 하얀 공에 얼굴이 그려져 있구나. – 어떤 표정인지 한 번 살펴볼까? – 웃는 표정도 있고, 우는 표정도 있구나 – ㅇㅇ이는 기분 좋을 때 어떤 표정을 짓니? – 아~ 그렇게 웃는구나. 2. 자유로운 방법으로 탁구공을 바구니 안에 담아 본다. –ㅇㅇ가 손으로 탁구공을 바구니에 담아 주고 있다. –한 번에 두 개씩 옮길 수도 있구나. 3. 국자를 이용하여 탁구공을 바구니 안에 담아 본다. – 국자도 있구나. 국자로도 탁구공을 옮겨 볼 수 있을까? – ㅇㅇ이가 우는 표정 공을 국자에 담았네. ㅇㅇ이도 속상할 때 이렇게 우는 표정을 짓니? –ㅇㅇ가 공에 그려진 표정처럼 웃고 있구나.		
참고사항	• 공이 잘 떨어지지 않고 안정감 있게 옮겨질 수 있도록 국자의 깊이가 깊은 것으로 준비하는 것이 좋다. • 공을 옮기는 과정에서 공이 떨어질 경우, "괜찮아, 다시 옮기면 되지." 라고 말해주면서 영아가 포기하지 않고 다시 시도해 볼 수 있도록 격려해 준다.		

출처: 보건복지부(2013), 어린이집 표준보육과정에 기초한 영아보육프로그램 2세.

3) 3~5세

활 동 명	음식을 골고루 먹어요	활동영역	기본생활
활동목표	음식을 골고루 먹는 습관을 갖는다. (신체운동 건강〉건강하게 생활하기〉바른 식생활하기)		
활동자료	점심메뉴, 숟가락, 젓가락		
활동방법	1. 좋아하는 음식과 싫어하는 음식에 대해 이야기 나눈다. – 너희들이 좋아하는 음식은 무엇이니? 또 싫어하는 음식은 무엇이니? – 좋아하는 음식(싫어하는 음식)을 먹으면 기분이 어때? – 좋아하는 음식만 먹으면 몸이 어떻게 될까? 2. 점심을 먹으며 음식을 먹을 때 바른 태도와 식습관에 대해 알아본다. – 음식을 골고루 먹을 수 있는 방법은 없을까? 어떻게 하면 골고루 먹을 수 있을까? – 음식을 천천히 꼭꼭 씹어 먹을 수 있는 방법은 없을까? 3. 음식을 골고루 먹어야 하는 이유에 대해 이야기 하며 점심을 맛있게 먹는다. – 키 는 쑥쑥 자라고, 뼈는 튼튼해진다. – 병을 이기게 해준다. – 추울 때나 더울 때 견딜 수 있게 해 준다. – 불끈불끈 힘이 나게 해 준다.		
참고사항	◆확장활동 • 몸에 좋은 음식, 나쁜 음식에 대해 알아본다.		

출처: 보건복지부, 교육과학기술부(2013). 3~4세 누리과정에 기초한 어린이집 프로그램.

생각해볼 문제

1. 2세 영아를 관찰하고, '신체운동'영역의 보육내용을 토대로 현 발달 수준에 맞는 지원 활동이 무엇인지 계획해 보자.

2. 3~5세 유아의 '신체운동 · 건강'영역의 '안전하게 생활하기' 범주 중에서 '교통안전 규칙' 내용의 연령별 활동안을 계획해 보자.

제 8 장

사회관계영역

'사회관계'영역에서는 영 · 유아가 자신에 대해 알고 존중감을 가지며, 자신과 다른 사람의 감정을 인식하고 자신의 감정을 적절히 조절하는 능력을 획득할 수 있도록 한다. 또한, 영 · 유아가 가족을 소중히 여기고 다른 사람과 더불어 생활할 수 있도록 하며, 지역사회를 비롯하여 우리나라와 세계 여러 나라의 문화에 관심을 가지고 이해하도록 한다.
본 장에서는 0~1세, 2세의 '나를 알고 존중하기', '더불어 생활하기'와 '3~5세 '의 '나를 알고 존중하기', '더불어 생활하기', '사회에 관심가지기' 내용을 바탕으로 '사회관계'영역의 개념, 성격, 목표, 연령별 목표 및 내용, 연령별 활동의 예 등을 소개한다.

1. 개 념

'사회관계'영역은 자신에 대한 긍정적인 존중감을 형성하고, 자신과 타인의 다양한 정서를 인식하여 이를 다양한 사회적 관계에서 적절히 조절하여 활용할 수 있도록 하는 영역이다.

0~1세, 2세의 '사회관계'영역에서 다루는 내용범주는 '나를 알고 존중하기', '더불어 생활하기'로 이들 내용범주로 구성된다. 자신을 인식하고 소중하게 여기는 '나를 알고 존중하기'에서 시작하여, 영아는 가족, 또래, 공동체와의 '더불어 생활하기', 즉 사회적 관계를 형성한다. 이러한 2가지 내용범주는 타인 및 양육자와 지속적인 상호작용을 통해 긍정적인 애착관계를 형성하고, 주로 일과 내에서 영아는 자신을 타인과 구별되는 독립된 존재로서 인식하고, 분화된 자신의 기본 정서를 인식하여 이를 표현한다. 또한, 영아는 또래와의 다양한 놀이상황에 참여함으로써 다른 사람의 기본 정서를 인식하고 더불어 살아가는 능력을 발전시킬 수 있다.

3~5세 '사회관계' 영역에서는 '나를 알고 존중하기', '더불어 생활하기', '사회에 관심 가지기'의 내용범주로 구성된다. 유아기 '사회관계'영역은 유아가 성장함에 따라 새로이 경험하고 습득해야 할 내용이 많아지므로 내용과 수준별 내용이 보다 다양하게 구성된다.

>> '사회관계'영역 보육내용

내용범주	0~1세	2세
나를 알고 존중하기	• 나를 인식한다. • 나의 욕구와 감정을 나타낸다. • 나와 친숙한 것을 안다.	• 나와 다른 사람을 구별한다. • 나의 감정을 표현한다. • 내가 좋아하는 것을 한다.

내용범주	0~1세	2세
더불어 생활하기	• 안정적인 애착을 형성한다. • 또래에게 관심을 가진다. • 다른 사람의 감정과 행동에 관심을 가진다. • 반에서 편안하게 지낸다.	• 가족에게 관심을 가진다. • 또래와 함께 놀이한다. • 다른 사람의 감정과 행동에 반응한다. • 반에서의 규칙과 약속을 알고 지킨다.

2. 성 격

'사회관계'영역의 내용범주는 0~1세, 2세는 '나를 알고 존중하기', '더불어 생활하기'로 구성되며, 3~5세는 '나를 알고 존중하기', '더불어 생활하기', '사회에 관심 가지기'로 구성된다.

'사회관계'영역의 성격을 0~1세, 2세, 3~5세를 위한 보육과정으로 구분하여 살펴보고자 한다(보건복지부, 육아정책연구소, 2012; 교육과학기술부, 보건복지부, 2013a, 2013b).

1) 0~1세 보육과정

'사회관계'영역은 영아가 자신을 다른 사람과 분리된 존재로 인식하고 스스로 긍정적인 느낌을 가지며, 자신의 감정을 표현하고 다른 사람의 감정을 알며, 주 양육자와 안정된 애착관계를 형성하고, 또래에 관심을 갖고 자기가 소속된 집단이 있다는 것을 알게 됨으로써 다른 사람들과 더불어 생활하는 기초를 익히도록 하는 영역이다.

영아기에는 자신이 다른 사람과 분리된 개별적인 존재임을 인식하고, 자신의 이름이나 친숙한 물건을 구별하며 자신이 좋아하는 것을 시도해 보면서 자신에 대해 긍정적인 자아존중감의 기초를 갖추는 것이 중요하다. 또한, 영아는 정서가 다양하게 분화되면서 여러 가지 감정을 느끼고 이를 말과 행동으로 나타내기 시작한다. 뿐만 아니라 영아는 다른 사람의 행동이나 표정을 보거나 말을 듣고 그 사람에게 주의를 기울이거나 반응을 보이게 된다. 이처럼 영아가 자신과 다른 사람의 감정을 인식하는 과정은 사회적 상호작용의 기초가 된다.

영아기 사회관계는 자기를 돌봐주는 주 양육자를 알고 여러 명의 양육자에게 안정된 애착을 형성하게 되며, 자기와 함께 생활하는 친숙한 사람을 인식하게 되는 과정으로 확대된다. 영아기 주변 사람들과 긍정적인 관계를 경험하고 어린이집에서의 규칙적인 생활을 통해 기본적인 사회적 가치를 익힐 수 있도록 지원하여 영아의 자아존중감과 함께 다른 사람과 더불어 생활하는 데 필요한 기초능력을 기르는 것에 중점을 둔다.

0~1세 '사회관계'영역에서 '나를 알고 존중하기'는 영아가 자신을 알고 소중하게 여기는 데 필요한 내용이며, '더불어 생활하기'는 영아가 자신의 주변 사람과 함께 생활하는 데 필요한 내용으로 전개된다.

2) 2세 보육과정

'사회관계'영역은 2세 영아가 자신을 알고 소중히 여기며 자신을 존중하고, 자신과 다른 사람의 감정을 보다 명확히 인식할 수 있으며, 가족, 또래, 자신이 속한 집단의 다른 사람들과 생활해 보는 경험을 통해 기본적인 사회적 가치를 자연스럽게 익히도록 하는 영역이다.

이 시기 영아는 자신과 다른 사람을 구분할 수 있게 되고, 자신이 좋아하는 것이 생기고, 선호에 따라 자신이 좋아하는 것을 선택하여 스스로 놀이를 하면서 자신의 고유성과 독특성을 소중하게 인식하게 된다. 자아존중감은 영아기부터 토대를 갖추어 유아기 이후 평생 동안 사회관계의 기본요소가 되기 때문에 영아기에 긍정적인 경험을 통하여 스스로를 소중히 생각해야 할 필요가 있다. 또한, 영아는 자신이 상호작용하는 또래에 대해서도 관심을 보이고, 또래가 있는 곳에서 놀이하는 것을 즐거워하게 된다. 영아는 점차 사회적 관계에서 다른 사람과 더불어 생활하는 경험에 익숙해지며, 이를 통해 사회적으로 필요한 여러 가지 지식과 기술을 자연스럽게 익힐 수 있다. 영아는 정리정돈, 차례 지키기, 인사하기, 약속 지키기 등의 기본적인 사회적 가치를 알고 이를 지키기 위해 무엇을 해야 하는지 등의 기본적인 내용을 알게 된다.

2세의 '사회관계'영역에서 '나를 알고 존중하기'는 영아가 자신을 보다 깊이 인식하고 존중하게 되는 데 필요한 내용으로 구성되어 있으며, '더불어 생활하기'는 영아가 가족, 또래, 자신이 소속된 반 등 자신의 주변 사람과 함께 생활하는 데 필요한 내용및 질서, 예절, 약속 지키기 등 기본적인 사회적 가치를 알고 지키는 내용으로 전개된다.

'사회관계'영역에서는 영아의 선호에 따라 좋아하는 것을 선택해 봄으로써 자신의 고유성과 소중함을 느끼고, 자신의 감정을 말과 행동으로 적절하게 나타내도록 지원해주며, 영아가 가족, 또래, 자신이 속한 집단의 구성원과 즐겁고 유쾌하게 상호작용할 수 있도록 격려해 준다.

3) 3~5세 보육과정(누리과정)

'사회관계'영역은 유아가 자신이 알고 소중하게 여기며 가족, 또래와 함께 원만하게 지내는 방법뿐 아니라 공동체에서 함께 생활하는 방법을 익히고 사회에 관심을 가지며 적응해 나갈 수 있는 기초능력과 인성을 기르기 위한 영역이다.

유아가 나를 알고 존중하는 태도를 기르는 것은 긍정적인 자아존중감을 형성하는 데 기초를 마련해 주는 중요한 부분이다. 또한, 자신과 타인의 감정을 알고 조절하는 능력을 갖추는 것은 유아가 타인과 원활한 관계를 형성하기 위한 바탕이 된다. 가족을 소중히 여기는 마음은 자신의 가족 배경과 구성원에 대하여 협력하며, 갈등을 조절하고 문제를 해결할 줄 아는 능력을 배워나가는 것도 중요하다. 한편, 우리나라의 전통문화에 자부심을 갖고 나아가 세계의 다양한 문화에 관심을 갖는 것은 유아가 사회구성원으로서의 정체감을 갖고 성장해 가는 데 필요한 부분이다.

이에 3~5세 '사회관계'영역은 '나를 알고 존중하기', '더불어 생활하기', '사회에 관심 갖기'의 3가지 내용범주로 구성된다. 처음 내용범주는 유아가 스스로를 존중하는 것과 관련된 내용이고 두 번째 내용범주는 유아가 주변 사람들과의 신뢰를 바탕으로 사회를 편견 없이 바라보도록 하는 내용을 다룬다. 이러한 내용을 유아가 가족, 친구와 교사, 지역사회, 우리나라 그리고 세계 여러 나라로 점차 관계를 확장해 나갈 수 있도록 동심원적 접근 방식으로 전개해 나간다.

이를 위해 '사회관계'영역에서는 자신과 타인에 대한 존중과 배려, 협력, 질서 등 타인과 더불어 살아가기 위해 필요한 기초 예절과 소양을 기르기 위해 힘쓴다. 유아가 원만한 대인관계 속에서 건강한 자아를 지닌 유아로 성장할 수 있도록 인성교육에 강조점을 둔다.

3. 목표

'사회관계'영역의 목표는 자신을 존중하고, 자신과 타인의 감정을 알고 적절하게 표현하며 다른 사람과 더불어 지내기 위해 필요한 능력과 기본적인 태도를 기르는 데 있다. 특히, 유아기는 자아에 대한 인식과 더불어 자율적인 능력을 기르고 타인과의 상호작용을 통해 사회관계의 기초를 형성하는 시기로 '사회관계'영역은 다음과 같은 목표를 가진다.

- 자신을 소중히 여기며 자율성을 기른다.

유아가 자신에 대하여 알아보고 스스로를 소중하게 여기며, 자신이 스스로 해야 할 일을 알아보고 계획하여 실천해 보는 데 중점을 둔다.

- 자신과 타인의 감정을 알고, 자신의 감정을 적절하게 표현하고 조절한다.

유아가 자신의 감정을 알고 표현하며, 타인의 감정에 대하여도 관심을 갖고 공감할 수 있도록 하고, 자신의 감정을 상황에 적합하게 조절할 수 있도록 하는 데 중점을 둔다.

- 가족과 화목하게 지내며 서로 협력한다.

유아가 가족에 대한 이해를 바탕으로 가족 구성원과 화목하게 지내며 가족을 기쁘게 하는 일을 찾아보고, 가족이 어려움에 처했을 때 서로 위로하며 협력할 수 있도록 하는 데 중점을 둔다.

- 친구 · 공동체 구성원들과 서로 돕고, 예의 · 규칙 등 사회적 가치를 알고 지킨다.

유아가 친구와 협력하며, 갈등이 발생할 경우 이를 긍정적으로 해결하는 방법을 습득하도록 하고, 교사나 이웃과도 협력하며 화목하게 지내도록 한다. 또한, 정직, 배려, 예의, 공공규칙 등 사회적으로 중요하게 공유하는 가치를 실천하며 공동체 의식을 갖춘 민주시민으로 성장하는 데 중점을 둔다.

- 우리 동네, 우리나라, 다른 나라에 관심을 가진다.

유아가 자신이 속한 동네와 직업의 종류에 대하여 알아보도록 하고, 우리나라의 전통에 대한 이해와 자부심을 토대로 편견 없이 다양한 나라, 인종, 문화에 관심을 갖고 존중할 수 있도록 하는 데 중점을 둔다.

4. 연령별 목표 및 내용

1) 0~1세 보육과정의 영역별 내용

(1) 목표

나를 인식하고 친숙한 사람과 관계를 맺는다.

- 나를 고유한 존재로 인식한다.
- 안정적인 애착을 형성하고 또래, 교사와 함께 지낸다.

(2) 내용체계

내용범주	내 용
나를 알고 존중하기	나를 인식한다.
	나의 욕구와 감정을 나타낸다.
	나와 친숙한 것을 안다.
더불어 생활하기	안정적인 애착을 형성한다.
	또래에게 관심을 가진다.
	다른 사람의 감정과 행동에 관심을 가진다.
	반에서 편안하게 지낸다.

출처: 보건복지부(2020). 제4차 어린이집 표준보육과정 고시, 재구성.

수준별 세부내용은 이와 같이 수준별 제시 혹은 통합수준 제시 등으로 구성되어 있다. 어린이집에서 교사는 0~1세 영아와 일상생활에서 수준별 세부내용의 의미를 이해하고 관련 내용이 자연스럽게 내면화되도록 명심해서 지원해야 한다.

2) 2세 보육과정의 영역별 내용

(1) 목표

나를 알고 다른 사람과 더불어 생활하는 경험을 한다.

- 나를 알고 긍정적으로 여긴다.
- 다른 사람과 즐겁게 지내기 위한 태도를 기른다.

(2) 내용체계

내용범주	내 용
나를 알고 존중하기	나와 다른 사람을 구별한다.
	나의 감정을 표현한다.
	내가 좋아하는 것을 한다.
더불어 생활하기	가족에게 관심을 가진다.
	또래와 함께 놀이한다.
	다른 사람의 감정과 행동에 반응한다.
	반에서의 규칙과 약속을 알고 지킨다.

출처: 보건복지부(2020). 제4차 어린이집 표준보육과정 고시, 재구성.

3) 3~5세 보육과정(누리과정)

(1) 목표

자신을 존중하고 다른 사람과 더불어 생활하는 능력과 태도를 기른다.

- 자신을 이해하고 존중한다.
- 다른 사람과 사이좋게 지낸다.
- 우리가 사는 사회와 다양한 문화에 관심을 가진다.

(2) 내용체계

내용범주	내용
나를 알고 존중하기	나를 알고 소중히 여긴다.
	나의 감정을 알고 상황에 맞게 표현한다.
	내가 할 수 있는 것을 스스로 한다.
더불어 생활하기	가족의 의미를 알고 화목하게 지낸다.
	친구와 서로 도우며 사이좋게 지낸다.
	친구와의 갈등을 긍정적인 방법으로 해결한다.
	서로 다른 감정, 생각, 행동을 존중한다.
	친구와 어른께 예의바르게 행동한다.
	약속과 규칙의 필요성을 알고 지킨다.
사회에 관심 가지기	내가 살고 있는 곳에 대해 궁금한 것을 알아본다.
	우리나라에 대해 자부심을 가진다.
	다양한 문화에 관심을 가진다.

출처: 보건복지부(2020). 제4차 어린이집 표준보육과정 고시, 재구성.

5. 연령별 활동의 예

1) 0~1세

활 동 명	꼭 안아 주세요	활동영역	역할
활동목표	교사와의 스킨십을 통해 신뢰감을 형성하고 안정적인 일상생활을 할 수 있다. (사회관계〉더불어 생활하기〉안정적인 애착 형성하기)		
활동자료			
활동방법	1. 가슴에 영아를 기대어 안아주거나 영아와 눈을 맞추며 옆으로 안아준다. – 우리 ㅇㅇ에게 좋은 향기가 나는구나~ 2. 교사는 영아에게 가벼운 스킨십을 하며 이야기를 한다. – 등을 토닥토닥, 우리 ㅇㅇ를 안아주니까 포근한 느낌이네. – 사랑하는ㅇㅇ를 꼬옥(감싸 안아주며) 안아줘야지. 3. 몸을 조금씩 흔들어 주며 영아가 안정감을 갖도록 한다. – 흔들흔들~ ㅇㅇ 몸도 흔들~ – 선생님이 안아주니까 ㅇㅇ도 기분이 좋구나~		
참고사항	영아가 놀이 중 쉬고 싶을 때, 잠을 자고 싶을 때 등 영아의 욕구에 따라 수시로 놀이하며 영아가 안정감을 갖도록 돕는다.		

출처: 보건복지부(2013), 어린이집 표준보육과정에 기초한 영아보육프로그램 1세.

2) 2세

활 동 명	내 얼굴 따라 그려 보아요	활동영역	사회관계
활동목표	• 내 얼굴 모습에 관심을 갖는다. • 내 얼굴 모습을 따라서 그려 본다. (사회관계>나를 알고 존중하기>나를 구별하기)		
활동자료	A4 사이즈로 뽑은 영아 얼굴 사진 위에 같은 사이즈의 OHP 용지를 붙인 자료, 보드마카, 마카 지우개, 거울		
활동방법	1. 활동자료를 자유롭게 탐색해 본다. – 여기 신기한 종이가 있네. – 종이에 ㅇㅇ 얼굴이 비치네. – 우리 ㅇㅇ이 눈도 보이고, 코도 보이는구나. 2. OHP 용지 아래에 비치는 영아 얼굴을 보며 함께 이야기 나눈다. – ㅇㅇ이 눈은 어떻게 생겼어요? – 작은 동그라미처럼 생겼구나. – ㅇㅇ 코는 길쭉하게 생겼네. – 머리는 긴가요? 3. 보드마카를 이용하여 사진이 비치는 OHP 용지 위에 끼적여 본다. – ㅇㅇ 얼굴을 따라서 한 번 그려 볼까? – ㅇㅇ가 천천히 눈썹을 따라서 그리고 있구나. – ㅇㅇ 머리카락은 뾰족뾰족하게 생겼네.		
참고사항	• 영아의 수준에 따라 얼굴 따라 그리기가 어려운 경우 강요하지 않고, 끼적거리기 단계를 충분히 경험할 수 있도록 기다려 준다. • 수성 매직은 그리면서 지워질 수 있으므로 보드 마카 등의 유성펜을 준비해 준다.		

출처: 보건복지부(2013), 어린이집 표준보육과정에 기초한 영아보육프로그램 2세.

3) 3~5세

활 동 명	꽃집에 갔어요	활동영역	견학
활동목표	• 지역사회에 관심을 갖는다. (사회관계>사회에 관심갖기>지역사회에 관심 갖고 이해하기) • 유아들이 사고 싶은 씨앗을 스스로 선택하여 사 볼 수 있다. (사회관계>사회에 관심갖기>지역사회에 관심 갖고 이해하기)		
활동자료	여러 가지 꽃과 씨앗의 사진		
활동방법	1. 사전활동 • 어린이집 주변의 꽃집과 화원을 답사한다. • 화원에 가기 위해 필요한 것들에 대해 이야기 나눈다. – 꽃집에는 어떤 것들이 있을까? – 우리가 사야 할 것은 무엇일까? – 너희가 사고 싶은 꽃과 씨앗은 어떤 것들이 있니? 어린이집 근처 화원으로 견학을 간다. 2. 화원에 있는 꽃들과 씨앗 등 화원에 있는 물건들을 관찰해 본다. – 어떤 물건들이 있니? – 우리에게 필요한 물건은 어떤 것들일까? 3. 필요한 물건들을 선택하고 돈을 지불해 본다. – 우리가 사야 할 것들을 선택하여 보자. – 물건을 사고 아저씨에게 돈을 직접 내보도록 하자.		
참고사항	◆ 확장활동 • 활동을 마치고 어린이집으로 돌아와 화원 놀이를 해 본다. • 씨앗과 꽃을 심어 본다.		

출처: 보건복지부, 교육과학기술부(2013). 3-4세 누리과정에 기초한 어린이집 프로그램.

생각해볼 문제

1. '더불어 생활하기' 내용범주의 연령별 세부내용을 바탕으로 연령별 활동안을 계획해 보자.

2. '사회관계'영역에서 2세 영아, 3~5세 유아의 지도 시 차이점에 대해 논의해 보자.

제9장

의사소통영역

'의사소통'영역은 영 · 유아의 언어 발달을 도와 다양한 언어로 소통할 수 있도록 하며 언어생활을 즐길 수 있도록 하는 영역이다. 즉, 영 · 유아가 다양한 언어 활동과 의사소통을 경험하며, 듣고 말하는 것을 즐거워하고, 상황에 맞는 적절한 언어를 익혀 일상생활에 필요한 의사소통능력과 기초적인 문해능력을 기르고, 바르고 즐거운 언어생활 태도와 습관을 형성하도록 돕는 영역이다. 이 영역의 내용범주는 '듣기', '말하기', '읽기', '쓰기' 네 부분으로 구성되어 있으며, 본 장에서는 '의사소통'영역의 개념, 성격, 목표, 연령별 목표 및 내용, 연령별 실제 활동의 예 등을 소개한다.

1. 개 념

'의사소통'영역은 영·유아가 다양한 언어활동과 의사소통을 경험하며, 듣고 말하는 것을 즐거워하고, 상황에 맞는 적절한 언어를 익혀 일상생활에 필요한 의사소통능력과 기초적인 문해능력을 기르고, 바르고 즐거운 언어생활 태도와 습관을 형성하도록 돕는 영역이다. 즉, 타인의 이야기를 주의 깊게 듣는 태도와 이해력을 기르고, 정확한 발음으로 자신의 생각, 느낌, 경험을 말로 표현하는 능력을 향상시키도록 도움을 주는 영역이다.

>> '의사소통'영역 보육내용

내용범주	0~1세	2세
듣기와 말하기	• 표정, 몸짓, 말과 주변의 소리에 관심을 갖고 듣는다. • 상대방의 이야기를 들으면서 말소리를 낸다. • 표정, 몸짓, 말소리로 의사를 표현한다.	• 표정, 몸짓, 말에 관심을 갖고 듣는다. • 상대방의 이야기를 듣고 말한다. • 표정, 몸짓, 단어로 의사를 표현한다. • 자신의 요구와 느낌을 말한다.
읽기와 쓰기에 관심 가지기	• 주변의 그림과 상징에 관심을 가진다. • 끼적이기에 관심을 가진다.	• 주변의 그림과 상징, 글자에 관심을 가진다. • 끼적이며 표현하기를 즐긴다.
책과 이야기 즐기기	• 책에 관심을 가진다. • 이야기에 관심을 가진다.	• 책에 관심을 가지고 상상한다. • 말놀이와 이야기에 재미를 느낀다.

출처: 보건복지부(2020). 제4차 어린이집 표준보육과정 고시문.

2. 성격

'의사소통'영역의 성격을 0~1세 보육과정과 2세 보육과정으로 구분하여 살펴보면 다음과 같다.

1) 0~1세 보육과정

'의사소통'영역은 '듣기', '말하기', '읽기', '쓰기'의 4가지 내용범주로 구성된다. 즉, '듣기'에서는 영·유아가 주변의 소리에 관심을 가지고 구분하여 들을 수 있는 기회와 환경을 제공하고, 일상 대화나 동요·동시·동화 등을 잘 듣고 이해할 수 있도록 하고 있으며, '말하기'에서는 영·유아가 언어적·비언어적 의사소통을 할 수 있는 기회와 환경을 제공하고, 바른 태도와 정확한 발음으로 자신의 생각이나 경험을 대상과 상황에 맞게 표현할 수 있도록 한다. '읽기'에서는 영·유아가 주변의 글자나 그림책에 흥미를 가지고 이해하는 능력을 길러 읽기에 흥미를 느낄 수 있도록 하고 있으며, '쓰기'에서는 영·유아가 소근육을 사용하여 끼적거리기를 해 보며 글자의 느낌을 경험하고, 쓰기 도구와 매체를 사용하여 자신의 느낌, 생각, 경험을 쓰기로 표현하기에 흥미를 갖고 참여할 수 있도록 한다.

2) 2세 보육과정

'의사소통'영역은 2세 영아가 기초적인 어휘와 의사소통 체제를 습득한 후에 듣고 말하기의 구어 능력이 향상되고 읽고, 쓰기에 관심이 증진되어 자신의 느낌, 생각, 경험을 구어와 문어로 표현하는 능력을 기르고 다른 사람과 소통할 수 있는 기초를 이루는 영역이다.

만 2세 영아는 발음을 하는 조음능력, 어휘력, 문장구성이 놀랍게 향상되는 중요한 시기이다. 사용하는 문장도 '빠방 가'처럼 명사와 동사로 이루어진 단순한 구조의 짧은 문장 길이를 유지하다가 점차 세 단어, 네 단어를 조합하여 이전에 비해 복잡한 문장을 말할 수 있게 된다. 말하는 양도 급격히 증가한다. 만 2세 영아는 자신에게 일어난 일을 다른 사람에게 그 사건의 처음과 중간, 끝을 어느 정도 맞추어서 말을 하는 것이 가능해지기도 한다. 성인과 대화를 할 때, 말하고 있는 내용에 대해서 두서너 번 정도는 같은 내용에 대한 대화를 교환할 수 있다. 예를 들면, '엄마 가'라고 영아가 교사에게 묻는다. 교사가 "응 엄마 가셨네, 이따 ○○이 데리러 다시 오실 거야."라고 답하면 "엄마 빠방 가('엄마가 자동차를 타고 다시 가느냐'라는 뜻)"라고 같은 주제에 대해 다른 내용으로 질문을 할 수 있다.

'의사소통'영역은 듣기, 말하기, 읽기, 쓰기의 4가지 내용범주로 구성되어 있다. 2세 보육과정에서는 다른 사람의 말이나 짧은 이야기를 듣고 자신의 생각과 느낌을 말로 전달하는 것을 즐기는 내용이 포함되어 있다. 그림책이나 환경인쇄물에 대한 흥미를 나타내고 글자 형태를 끼적거리는 것에 관심을 보인다. '의사소통'영역에서는 일상생활에서 반복적으로 일어나는 경험에 기초하여 영아의 말하기, 듣기 능력이 향상되도록 한다. 이 시기에는 성인과의 의사 교환이 주로 이루어지며, 이때 성인은 영아의 의도를 민감하게 해석하고 시기적절하게 반응해 주는 것이 중요하다. 정서적으로 안정되고 신뢰할 수 있는 분위기에서 영아의 의사 표현의 시도가 많이 이루어진다. 또한, 교사는 영아에게 질적으로 우수한 그림책과 친숙한 환경 인쇄물을 제공하고 끼적이기를 마음껏 시도할 수 있도록 환경을 구성한다.

3) 3~5세 보육과정(누리과정)

의사소통 영역은 나와 다른 사람의 느낌이나, 생각, 경험을 상황과 상대방에 알맞게 소통할 수 있는 능력을 기르기 위하여 언어의 기본 형태인 구어와 문어를 활용하는 능력을 기르는 것으로, 말과 글의 관계를 알고 듣기, 읽기와 쓰기에 흥미를 가져 언어 사용을 즐기도록 하는 영역이다. 즉, 유아기는 구어 사용 능력이 급격히 확장되고, 문어 사용에 대한 흥미와 이에 대한 기초 능력이 발달하는 시기로서, 영아기에 주로 많이 사용되었던 비언어적 표현이 줄어들고 유아기에는 주변 생활에서 보다 다양한 경험이나 사건들에 대한 이야기를 이해하고 또 이를 적합한 어휘로 표현하는 것이 중요하다. 그러므로 유아는 문장 속에 숨겨진 의미를 해석할 수 있어야 하고, 자신의 생각이나 느낌 등의 의도를 상대방에게 적절하게 전달할 수 있어야 한다. 또한, 그림책이나 인쇄물처럼 철자로 이루어진 다양한 내용에 관심을 가지고 그 속에 담겨진 의미를 파악할 수 있어야 한다.

의사소통 영역은 '듣기', '말하기', '읽기', '쓰기'의 4가지 내용 범주로 구성되어 있으며, 이는 곧 말과 글의 사용에 중점을 두고 서로 연관 지어서 경험하도록 하는 데 의미가 있다. 아울러 일상생활에서 자연스럽게 접하게 되는 내용을 말하고 듣는 기회로 활용하고, 생활 속에서 인쇄물을 자주 접하도록 하여, 다소 부정확한 의미를 전달하더라도 유아들이 사용하는 어휘와 소통의 의미를 존중해 주어 즐거운 언어 사용이 되도록 격려해 주어야 한다. 또한, 유아가 그림책의 이야기 내용에 집중하도록 하여 저자가 전달하고자 하는 의도를 유아가 즐겁게 발견할 수 있도록 격려한다.

3. 목 표

듣고 말하는 것을 즐기며 상황에 맞는 언어를 익혀 바른 언어생활을 하도록 하고 일상생활에 필요한 의사소통능력과 기초적인 문해능력을 기른다.

- 다른 사람의 이야기를 주의 깊게 듣는 태도와 이해력을 기른다.
- 바르게 말하는 태도와 정확한 발음으로 자신의 느낌, 생각, 경험을 말로 표현하는 능력을 기른다.
- 주위의 사람들과 대화하고 여럿이 함께 토론하며 서로의 의견을 나누는 경험을 하게 한다.
- 글과 글자에 친숙해지는 경험을 쌓아 읽기와 쓰기에 흥미를 갖게 한다.

4. 연령별 목표 및 내용

1) 0~1세 보육과정의 영역별 내용

(1) 목표

0~1세 보육과정에서 수립한 '의사소통'영역의 연령별 집단목표와 내용범주에 따른 하위목표를 살펴보면 다음과 같다.

연령별 집단목표	• 의사소통 능력의 기초를 형성한다.
내용범주에 따른 목표	• 일상생활에서 듣고 말하기를 즐긴다. • 읽기와 쓰기에 관련된 관심을 가진다. • 책과 이야기에 관심을 가진다.

0~1세 영아기의 '의사소통'영역은 '듣기와 말하기', '읽기와 쓰기에 관심 가지기, '이야기 즐기기'의 3가지 내용범주로 구성된다. 일상생활 속에서 말소리를 구분하고 의사소통의 기초를 마련하고 이러한 경험은 다양한 여러 영역의 발달과 성장에 기본이 된다. 즉, 주변의 소리와 말소리 듣기에 관심을 보이고, 표정, 소리, 몸짓으로 자신의 생각과 느낌을 표현하도록 한다. 또한, 짧은 그림책이나 친숙한 환경 인쇄물에 관심을 가지도록 하며 끼적이기에 관심을 가지도록 한다.

(2) 내용체계

내용범주	내 용
듣기와 말하기	표정, 몸짓, 말과 주변의 소리에 관심을 갖고 듣는다.
	상대방의 이야기를 들으면서 말소리를 낸다.
	표정, 몸짓, 말소리로 의사를 표현한다.
읽기와 쓰기에 관심 가지기	주변의 그림과 상징에 관심을 가진다.
	끼적이기에 관심을 가진다.
책과 이야기 즐기기	책에 관심을 가진다.
	이야기에 관심을 가진다.

출처: 보건복지부 개정(2020). 제4차 어린이집 표준보육과정 고시.

2) 2세 보육과정의 영역별 내용

(1) 목표

2세 보육과정에서 수립한 '의사소통'영역의 연령별 집단목표와 내용범주에 따른 하위목표를 살펴보면 다음과 같다.

연령별 집단목표	의사소통 능력과 상상력의 기초를 형성한다.
내용범주에 따른 목표	• 일상생활에서 듣기와 말하기를 즐긴다. • 읽기와 쓰기에 관심을 가진다. • 책과 이야기에 재미를 느낀다.

2세 영아기는 의사소통 능력의 기초적인 능력을 배우고 익히며, 언어 생활 습관의 기초를 마련하는 시기이다. 즉, 이 시기의 기초적인 의사소통 능력이 곧 아동기뿐만 아니라 성인이 되어서도 원활한 의사소통의 토대가 된다.

3가지의 하위목표에는 의사소통의 기초를 경험하는 것이 포함되어 있다.

(2) 내용체계

내용범주	내 용
듣기와 말하기	표정, 몸짓, 말에 관심을 갖고 듣는다.
	상대방의 이야기를 듣고 말한다.
	표정, 몸짓, 단어로 의사를 표현한다.
	자신의 요구와 느낌을 말한다.
읽기와 쓰기에 관심 가지기	주변의 그림과 상징, 글자에 관심을 가진다.
	끼적이며 표현하기를 즐긴다.
책과 이야기 즐기기	책에 관심을 가지고 상상한다.
	말놀이와 이야기에 재미를 느낀다.

출처: 보건복지부 개정(2020). 제4차 어린이집 표준보육과정 고시

3) 3~5세 보육과정(누리과정)

(1) 목표

3~5세 보육과정에서 수립한 '의사소통'영역의 연령별 집단목표와 내용범주

에 따른 하위목표를 살펴보면 다음과 같다.

연령별 집단목표	일상생활에 필요한 의사소통 능력과 상상력을 기른다.
내용범주에 따른 목표	• 일상생활에서 듣고 말하기를 즐긴다. • 읽기와 쓰기에 관심을 가진다. • 책이나 이야기를 통해 상상하기를 즐긴다.

출처: 보건복지부 개정(2013). 표준보육과정 고시, 재구성.

3~5세 보육과정에서는 '의사소통'영역의 목표로 일상생활에 필요한 의사소통 능력과 바른 언어 사용 습관을 기르는 것'으로 설정하였으며, 이를 위한 3가지의 하위목표를 제시하고 있다.

(2) 내용체계

내용범주	3세 내용
듣기와 말하기	말이나 이야기를 관심 있게 듣는다.
	자신의 경험, 느낌, 생각을 말한다.
	상황에 적절한 단어를 사용하여 말한다.
	상대방이 하는 이야기를 듣고 관련해서 말한다.
	바른 태도로 듣고 말한다.
	고운 말을 사용한다.
읽기와 쓰기에 관심 가지기	말과 글의 관계에 관심을 가진다.
	주변의 상징, 글자 등의 읽기에 관심을 가진다.
	자신의 생각을 글자와 비슷한 형태로 표현한다.
책과 이야기 즐기기	책에 관심을 가지고 상상하기를 즐긴다.
	동화, 동시에서 말의 재미를 느낀다.
	말놀이와 이야기 짓기를 즐긴다.

출처: 교육부, 보건복지부(2019), 「2019 개정 누리과정」 해설서.

5. 연령별 활동의 예

1) 0~1세

활 동 명	흔들리는 딸랑이 소리를 들어요	활동영역	의사소통
활동목표	딸랑이 소리에 호기심을 가지고 들으며 반응한다.		
활동자료	카펫 또는 돗자리, 딸랑이, 녹음기. 물티슈		
활동방법	1. 실내나 실외에서 편안히 쉬며 주변을 탐색할 수 있도록 한다. 2. 교사는 눈을 마주치고 영아와 웃으며 상호작용을 나눈 후 딸랑이를 들어 보여 준다. – ㅇㅇ야 선생님이 지금 들고 있는 것이 무엇일까? – 이것을 흔들면 어떤 소리가 날까? 3. 교사는 딸랑이를 흔들면서 언어로 표현해 준다. – 딸랑이에서 어떤 소리가 나지. – 딸랑딸랑 소리가 나는구나. 4. 딸랑이 소리가 들릴 때 호기심을 갖도록 눈을 마주치며 상호작용을 한다. – 딸랑이가 "ㅇㅇ야 나 하고 같이 놀자. 딸랑딸랑~ 하고 말하는 것 같아.		
활동사진			
참고사항	모빌이나 손수건, 또는 리본막대에 방울을 달아 흔들어 주면서 움직임과 소리를 관찰해 볼 수 있도록 확장한다. ☞ 주의점: 사물을 흔들 때 영아의 얼굴이나 몸에 떨어지지 않도록 주의하며 활동을 전개한다.		

2) 2세

활 동 명	동물 소리 그림책	활동영역	의사소통
활동목표	그림책에서 나오는 동물 소리에 관심을 가진다.		
활동자료	동물 소리, 새 소리 그림책		
활동방법	1. 소리 나는 그림책을 보며 영아와 함께 탐색한다. – 이것은 무슨 책일까? 선생님과 함께 보도록 할까요? – (그림책 앞표지를 보며) 그림책 속에 어떤 그림이 그려져 있니? – 그래요, ㅇㅇ 그림이 그려져 있구나. – 다음 장을 넘겨 그림책을 볼까요? 2. 그림책을 보며 소리가 나는 부분을 눌러 소리를 들어 본다. – 어? 그런데 여기를 누르니 소리가 나는구나. – 어떤 소리가 나요? – ㅇㅇ가 누르니 소리가 나네~. – 이건 무슨 소리일까? – 누구의 소리일까? – 그래, 바로 병아리(동물을 가르치며) 소리였구나. – 다양한 동물을 보여주며 소리를 들려준다. 3. 좋아하는 장면을 다시 보며 들리는 소리를 흉내 낼 수 있도록 한다. – 다시 한 번 그림책을 볼까요? – ㅇㅇ야! 이번에는 우리 소리를 따라해 볼까요? – 이번에는 어떤 소리를 듣고 싶니? (영아가 짚어 보도록 한다.)		
활동사진			
참고사항	• 소리 나는 그림책을 제공해 줄 때에는 영아의 흥미와 수준을 고려하여 준비하며 교사와 함께 상호작용을 통해서 가지고 놀 수 있도록 배려한다. • 영아들에게 활동자료를 여러 권 제공해 주면 한꺼번에 여러 소리가 들려 시끄러운 소리가 될 수 있다. • 건전지를 삽입한 경우가 대부분이므로 활동자료를 제공해 주기 전에 충전지 상태나 고장 유무를 점검한 후 사용하며 건전지가 노출되지 않도록 안전장치를 한 후 사용하도록 한다.		

3) 3~5세

활 동 명	손가락 인형 가족	활동영역	의사소통
활동목표	엄마, 아빠, 언니 오빠와 즐겁게 인사를 나누며 다양한 표현을 할 수 있다.		
활동자료	비닐장갑(유아용), 컬러 네임펜		
활동방법	① 비닐장갑 손가락에 유아들이 직접 얼굴을 그린다. ② 가족 그림(아빠, 엄마, 할아버지, 할머니, 아이 등)을 그림으로 그린 후 색칠한다. ③ 완성한 비닐장갑을 양손에 끼워 본다. 1. 가족 장갑을 양손에 끼고 서로 인사 나누고 탐색하며 자유롭게 놀이한다. – 안녕하세요? 저는 ㅇㅇ예요! – 엄마, 아빠, 아이가 있네요. – 안녕? 넌 이름이 뭐니?/나랑 친구하자~ 2. 두세 사람이 함께 모여 몸짓이나 말로 표현해 본다. – 어머나, ㅇㅇ엄마 아니세요? 저는 ㅇㅇ엄마예요! – 선생님 등 다양한 사람과 이야기를 해 볼 수 있도록 상호작용을 유도한다. – 평소 말수가 적은 유아일수록 교사와, 적극적인 유아와 짝을 지어 상호작용 해 볼 수 있도록 한다.		
활동사진			
참고사항	표현이 서툰 영아의 경우 교사가 영아의 몸짓이나 눈빛을 잘 관찰하여 영아의 반응을 정교한 언어로 다시 또박또박 천천히 표현해 준다.		

생각해볼 문제

1. 0~1세 영아를 관찰하고, '의사소통'영역의 보육내용을 토대로 현 발달 수준에 맞는 지원 활동이 무엇인지 계획해 보자.

2. 2세 영아의 '의사소통'영역에 포함된 보육내용을 토대로 말하기 놀이를 위한 활동을 계획해 보자.

제10장

예술경험영역

'예술경험'은 출생 후부터 영 · 유아가 주변 환경 및 생활 속에서 다양한 예술적 요소들을 흥미롭게 경험하고 즐기도록 하는 영역으로서 사물이나 소리, 자연, 예술 작품들을 관찰하며 탐색하고, 자신의 생각과 느낌을 극, 동작, 음악, 미술로 표현하며 이렇게 표현된 것들을 보고 즐김으로써 심미감과 풍부한 감성 및 창의성을 기르고 일생 동안 예술에 관심을 가질 수 있도록 돕는 영역이다. 이 영역의 내용범주는 '심미적 탐색', '예술적 표현', '예술 감상' 세 부분으로 구성되어 있으며, 본 장에서는 '예술경험'영역의 개념, 성격, 목표, 연령별 목표 및 내용, 연령별 실제 활동의 예 등을 소개한다.

1. 개념
2. 성격
3. 목표
4. 연령별 목표 및 내용
5. 연령별 활동의 예

1. 개 념

'예술경험'은 출생 후부터 영·유아가 주변 환경 및 생활 속에서 다양한 예술적 요소들을 흥미롭게 경험하고 즐기도록 하는 영역이다. 사물이나 소리, 자연, 예술 작품들을 관찰하며 탐색하고, 자신의 생각과 느낌을 극, 동작, 음악, 미술로 표현하며 이렇게 표현된 것들을 보고 즐김으로써 심미감과 풍부한 감성 및 창의성을 기르고 일생동안 예술에 관심을 가지는 기초가 된다.

>> '예술경험'영역 보육내용

내용범주	0~1세	2세
아름다움 찾아보기	• 자연과 생활에서 아름다움을 느낀다. • 아름다움에 관심을 가진다.	• 자연과 생활에서 아름다움을 느끼고 즐긴다. • 아름다움에 관심을 갖고 찾아본다.
창의적으로 표현하기	• 소리와 리듬, 노래로 표현한다. • 감각을 통해 미술을 경험한다. • 모방 행동을 즐긴다.	• 익숙한 노래와 리듬을 표현한다. • 움직임과 춤으로 자유롭게 표현한다. • 미술 재료와 도구로 표현해 본다. • 일상생활 경험을 상상놀이로 표현한다.

2. 성 격

'예술경험'영역은 성격을 0~1세 보육과정과 2세 보육과정으로 구분하여 살펴보고자 한다.

1) 0~1세 보육과정

'예술경험'영역은 자신의 신체와 영아가 주변의 감각 자극에 호기심을 가지고 반응하는 것으로 다양한 방법으로 표현하기를 즐기며 사물, 자연물, 환경의 아름다움에 관심을 기울임으로써 아름다움을 즐기고 아울러 풍부한 정서를 경험하기 위한 영역이다. 즉, 영아 자신의 주변과 생활 속에서 호기심과 관심을 가짐으로써 심미감과 감성 발달을 키우며, 인식능력을 증진시킴으로써 탐구하는 태도 형성에 도움이 된다. 또한, 소리로 반응하며 리듬감각을 가지고 움직임을 통해 기본동작능력을 기르며 모방행동을 통해 사회성을 발달시킬 수 있다. 영아가 즐기는 태도를 갖는 것은 일상에 대한 즐거움과 긍정적인 태도를 기르며, 고운 심성을 갖추는 데 중요하다. 그러므로 자신을 둘러싼 대상에 대하여 상생하고 즐거움을 주는 대상이라는 인식을 갖도록 하여 이는 장차 타인에 대한 다양성을 인정하고 존중하는 태도와도 관련이 있다고 하겠다.

2) 2세 보육과정

영아기는 주변 생활 속에서 예술적 요소들을 탐색해 가면서 예술적 요소에 대한 인식과 지각능력을 발달하고 심미적 태도를 증진시켜 나가는 시기이므로 영아가 간단한 소리를 만들다가 점차 리듬 있는 소리를 만들며 음악에 맞추어서 리듬을 탐색해 보는 경험이 중요하다. 또한, 몸 움직임이나 미술, 모방이나 상상놀이를 통해서도 단순한 심미적 요소에서부터 관심을 가지고 탐색해 보는 경험이 필요하며, 영아는 다양한 의사표현 방법으로 자신의 느낌과 생각을 자발적으로 표현하는 능력을 길러나간다. 이를 통해 영아는 표상능력을 발달시키고 언어능력을 향상시키며, 사회적 관계에 대한 이해를 넓히고 영아가 사회적 지식과 기술을 익히는 데 도움이 된다.

3) 3~5세 보육과정(누리과정)

예술경험 영역은 유아가 생활과 친근한 주변 환경에서 발생하는 다양한 소리와 음악, 움직임과 춤, 모양과 색 등의 미술 요소 등에서 아름다움을 느끼며, 또래, 교사, 부모 그리고 지역사회의 주민이나 작가가 표현한 예술작품을 가까이 접하고 탐색하면서 다양한 생각과 창의적으로 표현하는 것을 즐기고 감상하기 위한 영역이다. 즉, 아름다운 것을 보고 듣고 느끼며 경험하는 과정을 통해 아름다움과 기쁨을 알게 한다. 즉, 인간의 본능적인 아름다움을 표현하고, 다른 사람과 공유하며 소통하고자 하는 예술적 존재로서의 다양한 예술경험은, 주변의 아름다움을 매개로 타인과 소통도 가능하게 한다. 따라서 예술경험 영역에서는 만 3, 4, 5세 유아들에게 아름다움을 표현하며 찾아보게 함으로써 자신의 창의적 표현을 즐기고 감상하도록 한다.

이 영역은 '아름다움 찾아보기', '창의적으로 표현하기', '예술 감상하기'의 3가지 내용범주로 구성되어 있으며 이 3가지 내용이 서로 밀접하게 연관되어 있다. 다시 말해 '아름다움 찾아보기', '창의적으로 표현하기', '예술 감상하기'는 서로 연계되고 순환되면서 유아의 예술경험을 새롭게 재구성한다는 특징이 있다. 따라서 예술경험 영역은 다른 영역에 비해 유아들의 자유로운 감성과 표현이 존중되어야 하며 집단 활동으로 이루어지는 경우에도 각 유아 개인이 가진 느낌을 자유롭고 편안한 마음으로 표현하고 즐길 수 있도록 하며 허용적인 분위기 조성이 필요하다.

3. 목표

아름다움과 예술에 관심을 가지고 창의적 표현을 즐긴다.

- 자연과 생활 및 예술에서 아름다움을 느낀다.
- 예술을 통해 창의적으로 표현하는 과정을 즐긴다.
- 다양한 예술 표현을 존중한다.

4. 연령별 목표 및 내용

'예술경험'영역의 목표 및 내용은 0~1세 보육과정과 2세 보육과정을 중심으로 제시되어 있으며, 이를 달성하기 위해서는 연령집단별로 보육목표와 내용을 계열성 있게 경험하도록 하여야 한다.

1) 0~1세 보육과정의 영역별 내용

(1) 목표

0~1세 보육과정에서 수립한 '예술경험'영역의 연령별 집단목표와 내용범주에 따른 하위목표를 살펴보면 다음과 같다.

연령별 집단목표	아름다움을 느끼고 경험한다.
내용범주에 따른 목표	• 자연과 생활에서 아름다움에 관심을 가진다. • 예술적 경험을 표현한다.

0~1세 보육과정에서는 '예술경'영역의 목표로 '아름다움을 느끼고 경험한다'로 설정하였으며, 이를 위한 2가지 하위목표는 다음에 살펴볼 내용범주와 연관되어 있다.

(2) 내용체계

내용범주	내 용
아름다움 찾아보기	자연과 생활에서 아름다움을 느낀다.
	아름다움에 관심을 가진다.
예술적 표현하기	소리와 리듬, 노래로 표현한다.
	감각을 통해 미술을 경험한다.
	모방 행동을 즐긴다.

2) 2세 보육과정의 영역별 내용

(1) 목표

2세 보육과정에서 수립한 예술경험 영역의 연령별 집단목표와 내용범주에 따른 하위목표를 살펴보면 다음과 같다.

연령별 집단목표	아름다움을 느끼고 즐긴다.
내용범주에 따른 목표	• 자연과 생활에서 아름다움을 느끼고 관심을 가진다. • 예술을 통해 자유롭게 표현한다.

2세 영아의 예술경험은 영아가 자신의 신체와 주변의 환경에서 예술적 요소를 탐색하고 간단한 리듬, 노래, 움직임, 미술활동, 모방 및 상상놀이로 표현하고, 주변의 환경과 자연 및 다양한 표현에서 예술적 요소를 감상하고 즐기는 태도를 기르기 위한 영역이다.

2세 보육과정을 위한 예술경험 영역의 목표는 아름다움에 관심을 가지고 예술경험을 즐길 수 있도록 하는 것으로, 주변 생활에서 예술적 요소를 발견하고 흥미롭게 탐색하고, 간단한 리듬이나 노래, 움직임, 자발적인 미술활동을 자유롭게 시도하고 모방이나 상상놀이로 표현하도록 하며, 주변의 환경과 자연 및 다양한 표현에서 예술적 요소를 관심 있게 보고 즐기도록 한다. 즉, 3가지의 하위목표에는 예술경험의 기초를 경험하는 것이 포함되어 있으며, 이는 다음에 살펴볼 3가지의 내용범주와 연관되어 있다.

(2) 내용체계

내용범주	내용
아름다움 찾아보기	자연과 생활에서 아름다움을 느끼고 즐긴다.
	아름다움에 관심을 갖고 찾아본다.
예술적 표현하기	익숙한 노래와 리듬을 표현한다.
	움직임과 춤으로 자유롭게 표현한다.
	미술 재료와 도구로 표현해 본다.
	일상생활 경험을 상상놀이로 표현한다.

3) 3~5세 보육과정(누리과정)

(1) 목표

3~5세 보육과정에서 수립한 '예술경험'영역의 연령별 집단목표와 내용범주에 따른 하위목표를 살펴보면 다음과 같다.

연령별 집단목표	아름다움과 예술에 관심을 가지고 창의적 표현을 즐긴다.
내용범주에 따른 목표	• 자연과 생활 및 예술에서 아름다움을 느낀다. • 예술을 통해 창의적으로 표현하는 과정을 즐긴다. • 다양한 예술 표현을 존중한다.

출처: 보건복지부 개정(2020). 제4차 어린이집 표준보육과정 고시, 재구성.

3~5세 누리리과정에서는 '예술경험'영역의 목표로 유아가 자연과 사물을 접하면서 느낄 수 있는 다양한 예술적 요소를 찾아보고 이를 창의적으로 표현하며, 아름다움에 관심을 가지고 예술 활동을 즐기고 추구할 수 있는 소양과 더불어 아름다움의 다양성을 이해하고 존중하는 역량을 기르는 데 있다. 즉, 자신의 생각과 느낌을 음악, 움직임과 춤, 미술, 극놀이를 통해 창의적으로 표현하는 것을 즐기며, 자연과 다양한 예술 작품을 감상하고 존중하며 풍부한 감성을 기른다. 이는 다음에 살펴볼 3가지의 내용범주와 연관되어 있다.

(2) 내용체계

내용범주	3세 내용
아름다움 찾아보기	자연과 생활에서 아름다움을 느끼고 즐긴다.
	예술적 요소에 관심을 갖고 찾아본다.
창의적 표현하기	노래를 즐겨 부른다.
	신체, 사물, 악기로 간단한 소리와 리듬을 만들어 본다.
	신체나 도구를 활용하여 움직임과 춤으로 자유롭게 표현한다.
	다양한 미술 재료와 도구로 자신의 생각과 느낌을 표현한다.
예술 감상하기	다양한 예술을 감상하며 상상하기를 즐긴다.
	서로 다른 예술 표현을 존중한다.
	우리나라 전통 예술에 관심을 갖고 친숙해진다.

출처: 보건복지부 개정(2020). 제4차 어린이집 표준보육과정 고시, 재구성.

5. 연령별 활동의 예

1) 0~1세

<table>
<tr><td>활 동 명</td><td>선생님이 들려 주는 노래를 들으며 잠들어요</td><td>활동영역</td><td>예술경험</td></tr>
<tr><td>활동목표</td><td colspan="3">교사가 불러 주는 친숙한 자장가를 들으며 편안해진다.</td></tr>
<tr><td>활동자료</td><td colspan="3">조용한 전래동요나 클래식 음원, CD 플레이어</td></tr>
<tr><td>활동방법</td><td colspan="3">1. 전래동요나 클랙식 음악을 틀어준다.
– (음원을 틀어 주며) ㅇㅇ야, 노래가 나오네 우리 노래를 들어 보자.
– (선생님도 같이 콧노래를 부르며) 자장 자장 우리 아가~♪ 잘도 잔다 우리 아가~♪
– 선생님이 이부자리를 펴줄게.
– 우리도 음악을 들으면서 자리에 누워 보자.
2. 영아가 잠들 때까지 머리를 쓰다듬어 주거나 등, 손등의 신체 부분을 부드럽게 토닥여 준다.
3. 영아가 편안하게 잠들 때까지 옆에서 부드럽게 손과 팔등을 만져 편안하게 해 준다.
– 우리 ㅇㅇ가 잠이 들었네.
– 좋은 꿈 꾸고 무럭무럭 건강하게 자라렴!</td></tr>
<tr><td>활동사진</td><td colspan="3">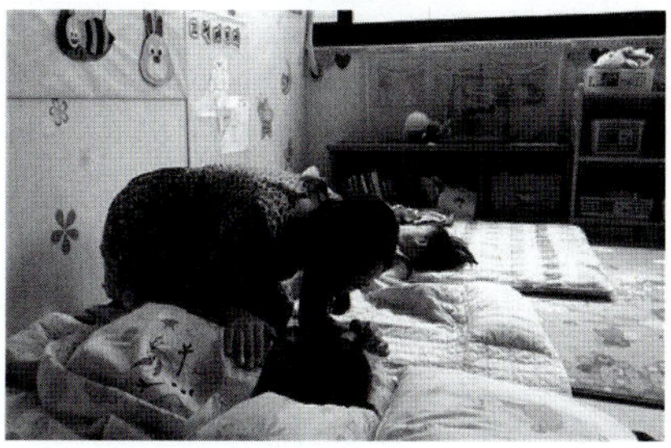</td></tr>
<tr><td>참고사항</td><td colspan="3">• 우유(모유)를 하면서 잠이 든 경우에는 잠이 들었다 하더라도 바로 눕히지 말고 영아의 등을 토닥여 주고 트림을 시킨 후, 세워 안아서 우유(모유)가 역류되지 않도록 충분히 등을 쓸어 준 후에 눕혀 재우도록 한다.
• 절대 엎드려 재우지 말고 구석진 곳이나 푹신한 곳에는 눕히지 않는다.
• 잠을 재우기 전에 충분히 환기를 시키고 너무 습하거나 건조하지 않도록 한다. 숨쉬기가 곤란할 정도로 코막힘이 심한 영아는 코 흡입기를 사용하여 코를 뚫어 주어 숨쉬기 용이하도록 한다.</td></tr>
</table>

2) 2세

활 동 명	생일 축하놀이	활동영역	예술경험
활동목표	생일잔치를 하는 흉내를 낼 수 있다.		
활동자료	생일 케이크 모형, 소꿉놀이용품(그릇, 숟가락, 음식 모형), 생일잔치하는 화보, 책이나 사진		
활동방법	1. 생일잔치 놀이를 할 수 있는 놀잇감과 사진, 책 등을 역할영역에 준비해 주고 영아가 관심을 보일 때 놀잇감에 대한 이야기를 나눈다. – 우와 여기 생일케이크가 있네~ 생일 케이크를 본 적이 있니? – ㅇㅇ이 생일잔치할 때 생일 케이크를 먹어 봤구나. 2. 생일 케이크와 여러 가지 음식모형으로 생일축하 상을 차리고 생일잔치 놀이를 한다. – 누구 생일이라고 하면 좋을까요? – ㅇㅇ이, △△이, ㅁㅁ이가 생일 주인공이 되고 싶구나. 그럼, ㅇㅇ이, △△이, ㅁㅁ이 생일이라고 하자. – 생일잔치를 위해 어떤 음식을 준비하면 좋을까요? – 그럼, 다같이 생일잔치 음식을 차려 보아요. – 생일 축하합니다. 생일 축하합니다. 사랑하는 ~~~♬		
활동사진	 		
참고사항	• 영아들이 흥미를 가질 수 있도록 교사가 영아의 흥미를 자극하는 언어적인 상호작용을 할 수 있다. "와~ 여기 있는 사람들은 뭘 하고 있을까?"라고 말하거나 '생일 축하합니다' 노래를 부른다. 영아들은 순서를 기다리는 것이 어려우므로 생일축하 주인공을 하고 싶은 영아가 많을 때에는 한꺼번에 다같이 생일주인공 역할을 하도록 한다. • 영아들의 상상을 돕기 위해 생일잔치하는 장면이 담긴 사진이나 그림을 역할 및 쌓기영역 바닥이나 벽에 게시하고 영아들이 관심을 보일 경우 영아들의 관련 경험에 대해 이야기를 나누어 본다. ◆ 확장활동 • 카메라를 제공하고 생일축하 기념사진 찍기놀이 등을 할 수 있다. • 쌓기영역놀이와 연계하여 우레탄블록으로 생일잔치 음식상 만들기 놀이를 할 수 있다.		

출처: 강인숙(2014). 연령별 보육활동.

3) 3~5세

<table>
<tr><th>활 동 명</th><td>꽃잎 물들이기 (탁본)</td><th>활동영역</th><td>예술경험</td></tr>
<tr><th>활동목표</th><td colspan="3">• 꽃잎의 특징에 관심을 가지고 모양을 감상한다.
• 자연물을 이용하여 미술적 표현을 한다.</td></tr>
<tr><th>활동자료</th><td colspan="3">여러 가지 색깔의 꽃, 꽃잎, 창호지 또는 흰색 손수건</td></tr>
<tr><th>활동방법</th><td colspan="3">1. 사전활동으로 산책을 다녀와서 여러가지 색깔의 꽃과 꽃잎, 동그란 돌 등을 수집 해 보며 탐색한다.
(교사는 적절한 바구니에 다양한 색과 모양의 꽃과 꽃잎을 수집하도록 돕는다.)
2. 산책을 다녀와서 여러가지 색깔의 꽃과 꽃잎을 나눠주고 꽃의 색깔, 질감 등에 대해 이야기 나누며 탐색한다.
– 이 꽃들의 색깔이 어떤가요?
– 원래 꽃의 색과 어떻게 다를까요?
– 아직도 꽃 냄새가 나나요?
3. 준비된 창호지 가장자리 위에 꽃이나 꽃잎을 놓고 위에 다시 한번 창호지를 놓는다.
4. 주워온 동그란 돌이나 나무 블럭 등으로 살살 두드린다.
5. 종이를 들어 꽃이나 잎을 제거한 후 종이에 새겨진 꽃모양이나 꽃잎을 감상해 본다.
6. 집게로 집어 전시해 준다.</td></tr>
<tr><th>활동사진</th><td colspan="3"> </td></tr>
<tr><th>참고사항</th><td colspan="3">☞ 활동의 유의점: 너무 세게 두드릴 경우 종이가 찢어질 수 있으므로 시범을 통해 주의를 기울이도록 한다.

◆ 확장 활동
• 손수건에 탁본을 한 후 다리미로 눌러 주어 천연염색을 경험해 볼 수 있다.
• 영아가 촉감을 충분히 느끼도록 기다려 주고 느낌에 대해 언어로 표현해 주도록 한다.
• 영아가 뛰어다니거나 친구를 밀지 않도록 말해 준다.</td></tr>
</table>

생각해볼 문제

1. 0~1세 영아를 관찰하고, '예술경험'영역의 보육내용을 토대로 현 발달 수준에 맞는 지원 활동이 무엇인지 계획해 보자.

2.. 3~5세 '예술경험'을 촉진할 수 있는 적합한 보육활동계획안을 작성해 보자..

제11장

자연탐구영역

'자연탐구'영역에서는 궁극적으로 인간이 자연과 더불어 조화롭게 살아가도록 하기 위하여 영 · 유아기 때부터 주변의 사물과 자연환경에 대해 관심을 가지고 논리적으로 사고하고 탐구하며 문제를 해결해 가도록 한다. 따라서 수학적 개념 및 과학적 개념의 습득과 이해 그 자체만을 중요시하기보다는 개념을 습득하게 되기까지의 토대가 되는 사고발달과 탐구과정, 탐구기술을 동시에 중요시한다. 이 영역의 내용범주는 '탐구하는 태도 기르기', '수학적 탐구하기', '과학적 탐구하기' 세 부분으로 구성되어 있으며, 본 장에서는 '자연탐구'영역의 개념, 성격, 목표, 연령별 목표 및 내용, 연령별 실제 활동의 예 등을 소개한다.

1. 개 념

'자연탐구'영역은 영·유아들이 다양한 감각과 호기심으로 주변 사물과 자연환경의 특징을 지각하고, 탐색하며, 이러한 과정에서 발생하는 의문점을 탐구하고 해결하는 데 필요한 기초능력과 태도를 기르기 위한 영역이다.

'Ï자연탐구'영역 보육내용

내용범주	0~1세	2세
탐구 과정 즐기기	• 주변 세계와 자연에 대해 호기심을 가진다. • 사물과 자연 탐색하기를 즐긴다.	• 주변 세계와 자연에 대해 호기심을 가진다. • 사물과 자연을 반복하여 탐색하기를 즐긴다.
생활 속에서 탐구하기	• 친숙한 물체를 감각으로 탐색한다. • 물체의 수량에 관심을 가진다. • 주변 공간과 모양을 탐색한다. • 규칙성을 경험한다.	• 친숙한 물체의 특성과 변화를 감각으로 탐색한다. • 물체의 수량에 관심을 가진다. • 주변 공간과 모양을 탐색한다. • 규칙성에 관심을 가진다. • 주변 사물을 같고 다름에 따라 구분한다. • 생활 도구에 관심을 가진다.
자연과 더불어 살기	• 주변의 동식물에 관심을 가진다. • 날씨의 변화를 감각으로 느낀다.	• 주변의 동식물에 관심을 가진다. • 날씨와 계절의 변화를 감각으로 느낀다.

2. 성 격

'자연탐구'영역의 성격을 0~1세 보육과정, 2세 보육과정, 3~5세 보육과정으로 구분하여 살펴보면 다음과 같다(보건복지부, 2020, 제4차 어린이집 표준보육과정 고시).

1) 0~1세 보육과정

'자연탐구'영역은 영아가 보고, 듣고, 만지면서 주변 환경에 관심을 가지고, 주변세계에 대한 탐색을 시도하며, 주변에서 일어나는 수학적 상황을 지각하고, 감각과 조작을 통하여 주변 사물과 자연환경에 대해 알아가며 일상생활 속에서 기초수학적, 과학적 탐구 능력과 탐구 태도를 기르기 위한 영역이다.

탐구하는 태도 기르기는 일상생활 속에서 호기심을 가지고 환경과 상호작용을 통해 탐색하면서 상황을 이해하고 문제를 해결해 나가는 기초가 된다. 만 1세 영아는 호기심을 가지고 끊임없이 궁금해 하고 알아보고자 하므로 발달 수준이나 흥미에 맞는 탐색활동을 성공적으로 경험하는 것이 필요하다. 특히, 이 시기에 영아자신이 궁금해하는 것을 직접 해 보고 감각을 통해 확인하여 봄으로써 주변사물에 대한 지속적인 탐색 행동에 대해 긍정적인 태도를 갖게 된다. 이는 영아가 미래 지식산업의 기반사회에서 필수 요소인 논리·수학적 사고와 과학적으로 탐구하는 능력과 태도를 기르기 위한 기초가 되므로 중요하다.

2) 2세 보육과정

'자연탐구'영역은 영아가 호기심을 가지고 다양하게 탐색하기를 즐기며 탐구하는 태도를 가지게 하고, 주변에서 경험하는 수학적 상황과 다양한 탐색을 통하여 주변 사물과 자연환경을 인식하는 능력을 기르기 위한 영역이다. 2세 영아는 호기심을 가지고 주변 세계에 대해 다양하고 반복적인 탐색하기를 즐기며 주변의 사물과 자연세계에 대해 알고자 한다. 영아들은 일상생활에서 일어나는 수학적 상황에 대해 궁금해하고 경험하면서 인식하게 된다. 또한, 다양한 탐색을 통하여 주변사물과 자연환경을 인식하게 된다. 2세 영아들이 호기심을 가지고 끊임없이 궁금해하고 알아보고자 하는 태도를 가지도록 발달 수준에 맞는 탐색활동을 성공적으로 경험하도록 지원하는 것이 중요하다. 특히, 이 시기 영아들은 자신이 궁금해하는 것을 직접 조작해 보고 감각을 통해 확인하는 것이 중요하다. 호기심을 가지고 궁금한 것을 탐색하기를 즐기는 적극적인 태도는 유아기로 잘 이행되어, 미래의 지식산업 기반사회에 필요한 논리·수학적 사고와 과학적 태도를 갖도록 하는 기초가 된다는 점에서 중요하다.

3) 3~5세 보육과정(누리과정)

'자연탐구'영역은 유아가 자신을 둘러싸고 있는 주변 세계에 대해 호기심을 가지고 궁금한 것을 해소하기 위해 탐구하며, 일상생활에서 부딪치는 현상이나 문제해결을 통해 수학적·과학적으로 생각하는 기초 능력과 태도를 기르기 위한 영역이다.

유아기는 무엇이든 알고 싶어하는 지적 호기심과 탐구심이 왕성한 시기이다. 의문을 가지고 관찰하고 실험하면서 새로운 것을 알아가는 탐구활동은 유아가 세상을 이해하는 방법이 된다. 궁금한 것을 적극적으로 탐구하는 태도는 유아기부터 시작하여 평생 동안 지속되어야 할 중요한 삶의 태도이다. 유아는 일상 속의 의문과 경험에서 많은 수학적·과학적 탐구의 기회를 갖게 되며, 이를 통해 수학적·과학적 기초 지식과 탐구과정을 익히게 된다. 수학적·과학적으로 탐구하는 과정은 유아의 논리적·합리적 사고력을 육성하는 데 중요하며, 이는 궁극적으로 일상의 문제를 논리적이며 합리적으로 해결하는 능력의 토대가 된다.

'자연탐구'영역은 '탐구하는 태도 기르기', '수학적 탐구하기', '과학적 탐구하기'의 3가지 내용범주로 구성된다. 수학적·과학적 탐구하기는 '무엇을 탐구하는가' 즉, 탐구의 내용을 제시하고 있다면, 탐구하는 태도는 '어떻게 탐구하는가' 즉, 탐구과정에 중점을 두고 있다. 따라서 탐구의 내용과 탐구의 과정은 서로 분리되는 것이 아니라 연결된다는 점에 유념하여 지도해야 한다.

3. 목 표

탐구하는 과정을 즐기고, 자연과 더불어 살아가는 태도를 가진다.

- 일상에서 호기심을 가지고 탐구하는 과정을 즐긴다.
- 일상에서 호기심을 가지고 탐구하는 과정을 즐긴다.
- 생명과 자연을 존중한다.

4. 연령별 목표 및 내용

'자연탐구'영역의 목표 및 내용은 0~1세 보육과정과 2세 보육과정을 중심으로 제시되어 있으며, 이를 달성하기 위해서는 연령집단별로 보육목표와 내용을 계열성 있게 경험하도록 하여야 한다.

1) 0~1세 보육과정의 영역별 내용

(1) 목표

0~1세 보육과정에서 수립한 '자연탐구'영역의 연령별 집단목표와 내용범주에 따른 하위목표를 살펴보면 다음과 같다.

연령별 집단목표	주변 환경과 자연에 관심을 가진다.
내용범주에 따른 목표	• 일상에서 탐색을 즐긴다. • 주변 환경을 탐색한다. • 생명과 자연에 관심을 가진다.

0~1세 영아기는 주변세계에 대해 지각하는 수준에서 점차적으로 감각 경험을 통해 인식하고 개인적 의미를 구성하여 탐색 수준으로 발달해가는 특성이 있는 시기이다. 이에 따라 0~1세 영아는 보고, 듣고, 만지면서 주변 환경에 대해 관심을 갖는다는 목표를 가진다. 또한, 자신을 둘러싸고 있는 주변 사물을 눈으로 응시하고 들려오는 소리에 관심을 보이며 나와 주변사물을 감각으로 탐색하며, 관심 있는 주변의 사물에 대해 의도적으로 탐색을 시도하며, 일상생활 속에서 있고, 없는 상황을 자연스럽게 지각하고 구별하며, 일상과 놀이에서 주변 공간을 탐색하고, 도움을 받아 주변 공간을 탐색하고 일상생활에서 접하는 상황 속에서 주변 사물의 차이를 경험하게 된다. 아울러 영아기는 일상생활 주변의 친숙한 사물이나 자연물, 주변 동식물의 모양, 소리, 움직임에 관심을 가지고, 생활주변의 자연물과 자연 현상을 감각으로 느끼고, 일상에서 사용되는 생활도구를 탐색하는 것을 좋아하는 시기이다.

탐구생활영역의 0~1세 연령집단을 위한 목표는 '보고, 듣고, 만지면서 주변 환경에 관심을 가지는 것'이며, 이를 위해 3가지의 하위목표를 설정하여 제시하고 있다. 하위목표는 다음에 살펴볼 3가지의 내용범주와 연관되어 있다.

(2) 내용체계

내용범주	내 용
탐구 과정 즐기기	주변 세계와 자연에 대해 호기심을 가진다.
	사물과 자연 탐색하기를 즐긴다.
생활 속에서 탐구하기	친숙한 물체를 감각으로 탐색한다.
	물체의 수량에 관심을 가진다.
	주변 공간과 모양을 탐색한다.
	규칙성을 경험한다.
자연과 더불어 살기	주변의 동식물에 관심을 가진다.
	날씨의 변화를 감각으로 느낀다.

2) 2세 보육과정의 영역별 내용

(1) 목표

2세 보육과정에서 수립한 탐구생활영역의 연령별 집단목표와 내용범주에 따른 하위목표를 살펴보면 다음과 같다.

연령별 집단목표	주변 환경과 자연을 탐색하는 과정을 즐긴다.
내용범주에 따른 목표	• 호기심을 가지고 주변 세계에 대해 다양하게 탐색한다. • 주변에서 경험하는 수학적 상황을 인식한다. • 다양한 탐색을 통하여 주변 사물과 자연환경을 인식한다.

2세 영아기는 주변 환경에 호기심을 갖고 탐색하기를 즐기며, 호기심을 가지고 주변 세계에 대해 다양하게 탐색한다. 또한, 주변에서 경험하는 수학적 상황과 다양한 탐색을 통하여 주변사물과 자연환경을 인식한다.

2세 보육과정을 위한 '자연탐구'영역의 목표는 '주변 환경에 호기심을 갖고 탐색하기를 즐기는 것'이며, 이를 위해 3가지의 하위목표를 설정하여 제시하고 있다. 하위목표는 다음에 살펴볼 3가지의 내용범주와 연관되어 있다.

(2) 내용체계

내용범주	내 용
탐구 과정 즐기기	주변 세계와 자연에 대해 호기심을 가진다.
	사물과 자연을 반복하여 탐색하기를 즐긴다.
생활 속에서 탐구하기	친숙한 물체의 특성과 변화를 감각으로 탐색한다.
	물체의 수량에 관심을 가진다.
	주변 공간과 모양을 탐색한다.
	규칙성에 관심을 가진다.
	주변 사물을 같고 다름에 따라 구분한다
	생활 도구에 관심을 가진다.
자연과 더불어 살기	주변의 동식물에 관심을 가진다.
	날씨와 계절의 변화를 감각으로 느낀다.

3) 3~5세 보육과정(누리과정)

(1) 목표

3~5세 보육과정에서 수립한 '자연탐구'영역의 연령별 집단목표와 내용범주에 따른 하위목표를 살펴보면 다음과 같다.

연령별 집단목표	탐구하는 과정을 즐기고, 자연과 더불어 살아가는 태도를 가진다.
내용범주에 따른 목표	• 일상에서 호기심을 가지고 탐구하는 과정을 즐긴다. • 생활 속의 문제를 수학적, 과학적으로 탐구한다. • 생명과 자연을 존중한다.

3~5세 보육과정(누리과정)의 영역별 목표는 '호기심을 가지고 주변세계를 탐구하며, 일상생활에서 수학적·과학적으로 생각하는 능력과 태도를 기르는 것'으로, 주변의 사물과 자연 세계에 대해 알고자 하는 호기심을 가지고 탐구하는 태도를 기르고, 생활 속의 여러 상황과 문제를 논리·수학적으로 이해하고 해결하기 위한 기초 능력을 기르며, 또한, 주변의 관심 있는 사물과 생명체 및 자연현상을 탐구하기 위한 기초능력을 기른다.

(2) 내용체계

내용범주	내 용
탐구 과정 즐기기	주변 세계와 자연에 대해 지속적으로 호기심을 가진다.
	궁금한 것을 탐구하는 과정에 즐겁게 참여한다.
	탐구과정에서 서로 다른 생각에 관심을 가진다.
생활 속에서 탐구하기	물체의 특성과 변화를 여러 가지 방법으로 탐색한다.
	물체를 세어 수량을 알아본다.
	물체의 위치와 방향, 모양을 알고 구별한다.
	일상에서 길이, 무게 등의 속성을 비교한다.
	주변에서 반복되는 규칙을 찾는다.
	일상에서 모은 자료를 기준에 따라 분류한다.
	도구와 기계에 대해 관심을 가진다.
자연과 더불어 살기	주변의 동식물에 관심을 가진다.
	생명과 자연환경을 소중히 여긴다.
	날씨와 계절의 변화를 생활과 관련 짓는다.

출처: 교육부, 보건복지부(2019), 「2019 개정 누리과정」 해설서.

5. 연령별 활동의 예

1) 0~1세

활 동 명	구름을 관찰해요	활동영역	자연탐구
활동목표	바깥에서 햇볕을 쪼이며 구름 관찰을 해 본다.		
활동자료	야외 돗자리나 카펫		
활동방법	1. 날씨가 좋은 날 하늘이 보이는 넓은 테라스나 실외의 야외 공간에 넓은 돗자리를 펴고 영아들과 함께 앉아 햇빛을 쬐며 구름을 탐색해 본다. – 돗자리 위에 앉아 보자. – 우와! 오늘 밖에 나오니까 기분이 어때요? – 햇볕도 따뜻하고 바람도 살랑살랑부네. – 어 저건 무엇일까? (하늘 구름을 가르치며 질문해 본다.) – 구름이 어떤 모양이니? – 저 구름을 만져 보면 느낌이 어떨까? – 우리 몸으로 구름을 한 번 만들어 볼까? – 구름이 가만히 있니? 2. 영아들에게 주변에서 관찰되는 다양한 것들의 이름을 들려 주거나 주변사물의 특징을 간단하게 언어로 표현해 준다. – 우와 나비 모양 구름이네. – 우와 저건 엄마 고릴라 같아.		
활동사진	 		
참고사항	• 교사 혼자 영아들을 한꺼번에 이동하기 쉽지 않으므로 다른 교사의 지원을 받는 것이 바람직하다. • 날씨가 좋을 때, 특히 늦은 봄이나 가을에는 바깥나들이를 자주하여 신선한 공기와 햇볕을 쬘 수 있는 기회를 자주 가지는 것이 바람직하다. ◆ 확장활동 • 교실에서 커다란 전지에 핑거페인팅을 하며 하늘을 표현해 볼 수 있다. ☞ 주의점: 너무 햇빛이 강렬한 날과 시간대는 피한다. .		

2) 2세

<table>
<tr><td>활 동 명</td><td>종이 벽돌로 자동차 만들기</td><td>활동영역</td><td>자연탐구</td></tr>
<tr><td>활동목표</td><td colspan="3">자동차의 모양에 관심을 갖고 모양을 구성해 본다.</td></tr>
<tr><td>활동자료</td><td colspan="3">종이 벽돌 블록, 다양한 자동차의 모습이 담긴 사진이나 그림화보, 운전대를 표현할 수 있는 동그란 소품 등</td></tr>
<tr><td>활동방법</td><td colspan="3">1. 쌓기영역에 붙어 있는 여러 종류의 자동차의 모습이 담긴 사진이나 그림화보를 보며 이야기를 나눈다.
– 여기에 어떤 그림이 있나요?
– 이 자동차는 어떤 용도의 자동차일까요?
– 이런 자동차를 본 적이 있나요? 어디에서 보았나요?
– 어떤 소리를 내고 있었나요?
– 우리가 어떤 자동차를 만들어 보면 좋을까요?
2. 종이 벽돌 블록으로 자동차를 자유롭게 만들어 본다.
– 운전대는 무엇으로 하면 좋을까요?
– ㅇㅇ이는 어떤 모양의 자동차를 만들고 싶니?
– 네모 모양을 만들려면 종이 벽돌 블록을 어떻게 놓아야 할까요?
– ㅇㅇ이는 종이 벽돌 블록 10개를 가지고 경찰차를 만들었네!!!</td></tr>
<tr><td>활동사진</td><td colspan="3"></td></tr>
<tr><td>참고사항</td><td colspan="3">◆ 유의할 점 – 충분히 유아들과 토론한 후 어떤 자동차를 만들지 결정한다
• 유아들이 낸 소품 아이디어를 적극 반영해 준다.
◆ 확장활동
• 자! 우리가 만든 이 자동차를 티고 어디를 갔으면 좋겠니?</td></tr>
</table>

3) 3~5세

활 동 명	몸으로 흉내 내어 동물 이름 맞히기	활동영역	자연탐구
활동목표	• 동물 사진을 보고 동물의 특징에 관심을 가진다. • 동물의 특징을 보고 동물 이름을 안다. • 다른 사람의 표현을 관찰한다.		
활동자료	동물 그림과 이름이 적혀 있는 그림책이나 스케치북		
활동방법	1. 동물을 보여 주며 어떤 동물인지 이야기한다. – 이 동물을 알고 있나요? 이름이 무엇인가요? – 어떻게 움직이나요? 2. 게임의 방법을 설명한다. – 지금부터 선생님이 한 동물을 흉내 내어 볼게요. 친구들이 맞혀 보세요. – 선생님처럼 말을 하지않고 친구들에게 몸짓으로 문제를 내어 볼 수 있을까요? –교사가 전체 아이들에게 시범을 먼저 보여 준다. – 한 아동이 나와 시범을 보이고 맞혀 본다. – 게임으로 진행해 본다. 3. 스케치북을 교사가 들고 그림을 하나씩 한 유아에게 보여 주며 게임을 진행한다. 4. 맞힌 유아가 나와 문제를 내고 계속 이어간다. 5. 두 편으로 나누어 어느 쪽이 더 많이 맞히는지 편 게임으로 진행해 볼 수 있다.		
활동사진	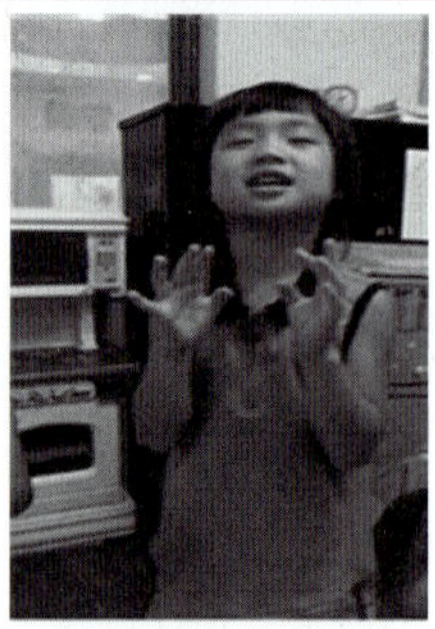		
참고사항	◆ 활동의 유의점 • 정답을 말할 때 손을 들고 문제를 낸 친구가 호명하는 친구부터 말하거나 흉내를 다 보고 나서 대답하는 등의 정답을 말하는 친구들의 태도에 대한 약속을 정한다.		

생각해볼 문제

1. 0~1세 '자연탐구'능력을 촉진할 수 있는 적합한 보육활동계획안을 작성해 보자.

2. 연령별 '자연탐구'영역의 내용체계와 세부내용을 비교해 보고 다른 점이 무엇인지 토의해 보자.

제3부

보육과정의 운영

제12장 보육과정의 계획과 운영

제13장 보육환경구성

제14장 보육과정평가

제12장

보육과정의 계획과 운영

영 · 유아는 놀이를 좋아하고 놀이를 하면서 가장 잘 배운다. 사회적 관계에 있어서도 가족과의 관계를 기초로 또래들과의 관계를 형성하기 시작한다. 정서 역시 자신이 느끼는 여러 가지 정서를 세련되게 표현하는 방법을 습득하는 시기이며 인지적인 발달이 급속히 늘어나고 언어를 사용하면서 다양한 방법으로 자신의 생각을 표현할 수 있게 된다.

이러한 영 · 유아의 발달적 특성을 반영하여 보육과정이 계획되어야 하고 영 · 유아들의 일상생활의 경험, 흥미, 발달 특성을 고려하여 계획이 수립되고 실행되어야 한다.

본 장에서는 영 · 유아에게 적합한 보육과정을 운영하기 위한 보육계획(연간, 월간 및 주간계획)을 수립하고 어떻게 운영할 것인가에 대해 살펴본다.

1. 보육과정의 운영계획 개요
2. 교육계획
3. 연령별 보육계획

1. 보육과정 운영계획 개요

1) 운영계획의 필요성

보육과정은 일반적으로 보육현장에서는 0~2세 표준보육과정과 3~5세 누리과정 운영을 표준보육과정의 기초로 하고 있다. 이러한 기본적인 보육과정과 함께 보육기관의 보육철학, 보육대상의 특성, 부모의 기대, 선호하는 프로그램, 지역사회의 특성 등을 반영하여 나름대로의 보육과정을 계획·운영하고 있다.

이러한 보육과정은 영·유아가 무엇을, 언제, 어떻게, 어디에서 즐거울 수 있는지에 대한 체계적인 계획, 내용, 방법이므로 영·유아의 행복한 삶은 보육과정이 얼마나 잘 계획되고 운영되느냐에 좌우된다. 따라서 보육계획은 보육대상의 연령, 성별, 발달의 차이, 보육기관의 특성 등을 반영하여 수립되어야 한다.

2) 보육계획의 기본 요소

보육계획을 수립하기 전에 살펴봐야 할 기본적인 요소들은 다음과 같다.

첫째, 보육인력이다.

영·유아의 수와 요구, 시설의 입지, 보육 프로그램의 특성에 맞게 적절하고 충분한 보육인력이 갖추어져야 한다. 또한, 보육활동에 참여하는 인력들은 보육프로그램의 이론적 토대를 이해하고 수용하여야 하며, 각각의 보육활동이 장기적인 목적을 실현하기 위한 단계임을 이해하여야 한다. 개정 누리과정에서는 유아, 놀이 중심 교육과정이 실현될 수 있도록 교육과정 운영에 대한 교사의 자율성을 강조하고 있다.

둘째, 충분한 실내·외 공간 확보와 적절하게 배치하여야 한다.

계획하는 활동에 적합하고 영·유아들은 안전하게 돌볼 수 있는 실내·외 공간이 있어야 하며 여러 활동이 원활하게 연결되어 진행되고 사고가 발생하지 않도록 실내·외 공간이 배치되어야 한다. 특히 놀이 중심 교육과정이 실현되기 위해선 실내·외 공간 확보가 중요시된다.

셋째, 자원의 가용성이다.

보육활동에 필요한 비품이나 교재도구가 이용 가능해야 하고 지역사회에 있는 공공기관이나 시장, 어린이 도서관, 박물관, 과학관, 전시관, 문화재 등을 활용함으로써 영·유아들이 보다 실제적인 환경에서 풍부한 경험을 가질 수 있다.

넷째, 활동을 위한 시간이다.

영·유아의 특성과 활동내용의 특성을 고려하여 시간을 적절하게 안배하여 일관성 있는 일과를 운영해야 한다.

다섯째, 대체활동 마련이다.

의도했던 활동에 대해 영·유아들이 흥미를 나타내지 않는 경우, 날씨가 궂은 경우, 교재교구나 비품에 문제가 있는 경우, 예측할 수 없는 사정이 생긴 경우 등에 대비하여 대체활동을 마련해 두어야 한다. 계획이 변경되는 경우에 다른 인력이나 교재교구를 활동할 수 있도록 대비해야 한다.

여섯째, 장애아에 대한 배려이다.

장애아를 위해 활동을 수정하거나 다른 교재교구의 사용 및 지도법을 달리하는 등 특별한 도움이 필요한지를 검토해야 한다. 그러나 장애아를 배려한 활동이 일상적 활동의 정규성을 흩트리지 않도록 유의해야 한다.

이러한 기본 요소들은 보육 대상의 연령 및 발달 수준, 보육 프로그램의 성격이나 어린이집의 입지와 환경, 부모의 요구 및 가정의 환경여건, 지역사회의 특성과 요구 등에 따라 보완되어 보육계획 수립 시에 반영되어야 한다.

2. 교육계획

교육계획은 전술된 교육계획의 기본요소에 급식, 안전관리, 부모협력, 지역사회 등을 고려하여 다음과 같은 사항을 반영하여 편성한다.

첫째, 어린이집의 운영시간에 맞추어 편성한다.

둘째, 표준 보육과정에 제시된 각 영역의 내용을 균형 있게 통합적으로 편성한다.

셋째, 영·유아의 발달 특성 및 개인차, 경험을 고려하여 놀이를 중심으로 편성한다.

넷째, 영·유아의 일과 중 일상생활을 포함하여 편성한다.

다섯째, 어린이집과 보육실의 특성에 따라 융통성 있게 편성한다.

여섯째, 성별, 종교, 신체적 특성, 가족 및 민족 배경 등으로 인한 편견이 없도록 편성한다.

교육계획은 기간에 따라서는 연간계획, 월간계획, 주간계획, 일일계획 등으로 분류할 수 있는데 구체적으로 어떤 수준의 보육계획까지 작성할 것인지는 보육시설의 실정과 보육교사의 역량에 맞게 편성해야 한다. 연간, 월간, 주간, 일일계획안과 활동계획안에 대해 살펴보면 다음과 같다(보건복지부 2013).

1) 연간계획

연간계획은 일년 동안 어린이집에서 실행해야 할 보육목표와 보육내용을 한눈에 파악할 수 있도록 제시한 것으로 어린이집 보육과정 운영의 근간이 된다. 연간계획은 일반적으로 계절, 행사 등을 고려하여 주제를 중심으로 구성하지만 연령이 어린 영아의 경우에는 주제에 얽매이지 않아도 무방하다. 보육주제는 연초에는 영·유아의 주변 환경과 밀접한 관계가 있는 친숙하고 익숙한 내용에서 시작하여 점차 새로운 내용, 교사의 도움이 필요한 내용, 새로운 환경을 다루는 내용 등을 선정하여야 하는데, 이때 무엇보다 어린이집의 전체 영·유아가 경험해야 할 보육내용의 수준이 다양한 영역의 보육내용을 균형 있게 연계시키고 있는지에 유의하여 수립한다.

2) 월간계획

연간계획에 따라 소주제를 중심으로 월간계획을 수립할 수 있다. 월간계획을 수립할 때에는 활동의 형태를 고려하여 구성하는 것이 바람직하다. 영아의 경우, 활동은 일상생활과 놀이활동을 중심으로 구분할 수 있으며, 유아의 경우 실내의 자유선택활동과 대·소집단 활동, 기본생활습관 관련활동 등으로 구분할 수 있다. 월간활동은 주제별로 3~5개의 소주제로 구성하되, 표준보육과정과 누리과정의 수준별 내용과 연관되도록 강조되는 지식, 기술, 태도 및 가치를 제시한다.

3) 주간계획

주간계획은 월간계획을 기초로 선정된 활동을 요일별로 어떻게 배분할지를 결정하는 것으로 다양한 측면에서 균형을 고려하여 수립한다. 예를 들어, 영·

유아가 가정에서 주말을 보내고 오는 월요일에는 지난 금요일에 했던 친숙한 활동을 배치하는 것이 바람직하며 새롭게 집중을 해야 하는 활동은 화요일 정도에 배치한다. 주간계획을 구성할 때에는 연령별, 수준별 보육목표에 맞는 활동을 고르게 편성하고, 이를 단계적·연속적으로 배치한 후 표준보육과정과 누리과정의 각 영역별 활동을 골고루 경험할 수 있도록 한다. 필요시 활동은 연속성을 가지고 수일에 걸쳐 진행될 수 있고, 통합 활동으로 확장될 수 있어야 하며, 오전과 오후도 서로 연계되는 활동을 계획한다. 주간계획을 통해 보육실의 운영을 한눈에 볼 수 있고 일주일 동안의 준비사항이나 활동계획의 윤곽이 제시된다.

4) 일일계획

일일계획은 주간계획을 기초로 하루일과의 시간대별로 진행될 개별활동의 순서를 정하여 활동의 목표와 내용, 활동에 필요한 준비물 등을 기록하는 것이다. 따라서 주간계획안에 이러한 구체적인 내용을 추가하거나 개별활동서가 별도로 있다면 일일계획안을 사용하지 않고 주간계획안으로 대체할 수 있다.

보육교사는 일과를 계획할 때 급·간식, 배변, 낮잠, 휴식 등 영·유아의 신체적 요구를 고려하여야 한다. 그리고 동적 활동과 정적 활동, 실내활동과 실외활동, 개별활동과 대·소집단활동, 교사 주도활동과 아동 주도활동 등을 균형 있게 배치하여야 한다. 하루일과를 계획할 때는 주요 활동내용별로 표준보육과정의 어떤 내용이 전개되는 것인지 살펴보고 영·유아가 경험할 하루일과가 지나치게 어느 한 쪽으로 편중되지 않도록 하는 것이 바람직하다. 또한, 매일 반복되는 일상활동이라도 그날 강조할 부분을 미리 생각해 보고 이것이 표준보육과정과 누리과정의 내용과 어떻게 연계되는지를 생각해 볼 필요가 있다.

3. 연령별 보육계획

1) 0~1세 영아를 위한 보육계획

영아는 발달속도의 차이가 크고 주변환경과 사람에 대해 호기심이 많은 반면에 두려움도 함께 갖고 있는 특성이 있다. 따라서 영아를 위한 보육과정을 계획할 때에는 영아들이 충분한 관심과 사랑을 받을 수 있고 일생생활 경험들이 모두 교육적으로 의미 있는 경험들이 되도록 계획하여야 한다.

보육활동을 계획하고 운영하는 데 있어서 영아의 개인차를 고려하여 보육계획을 지속적으로 조절하고 변화시켜 준다. 어떤 영아는 다양하고 많은 자극은 선호하지만 다른 영아는 적은 자극에도 안정감을 잃어버릴 수 있으므로 영아의 생활리듬이나 기질에 따라서 계획했던 활동도 융통성 있게 변화시킬 수 있어야 한다.

영아를 위한 보육과정을 계획하기 위해 고려해야 할 사항은 다음과 같다(김지은 외 2006; 김혜경 외, 2005).

첫째, 영아의 신체적·생리적 욕구충족이다.

영아를 위한 보육계획은 영아의 신체적·생리적 욕구충족이 중심이 되어서 이러한 과정이 교육적으로 의미 있게 진행되어야 한다. 즉, 일상생활과 관련된 잠자기, 먹기, 씻기, 기저귀 갈기, 배변훈련, 옷 입고 벗기 등이 영아와 친밀감을 나누고 일생생활의 자조 능력을 키울 수 있는 교육활동으로 연결되어야 한다.

둘째, 편안하고 안정된 분위기 제공이다.

가정에서처럼 편안하고 안정된 분위기에서 기본생활습관들을 경험하고 반복할 수 있도록 해야 한다. 영아에게 익숙한 집이 아닌 다른 곳에서의 생활은 영아들을 긴장시킬 수 있다. 이러한 긴장은 영아의 발달에 바람직하지 못한 영향을 줄 수 있으므로 가능한 가정과 유사한 분위기를 제공하여 영아가 편안하게 개념과 기술을 습득할 수 있도록 계획한다.

셋째, 놀이환경이다.

신체발달이 활발히 이루어지는 영아 특성을 고려하여 대·소근육 발달을 위한 놀이환경을 구성하여 격려해 준다.

넷째, 감각적 경험이다.

영아기는 감각을 통해 많은 지식과 정보를 습득하고자 하며 이에 대한 호기심과 탐구심이 왕성한 시기이다. 따라서 냄새를 맡고, 만지고 맛을 보는 등 감각적 경험을 해 볼 수 있는 기회와 시간을 충분히 제공한다.

다섯째, 의사소통이다.

언어적 능력이 부족한 영아이므로 비언어적인 의사소통을 통해 영아 자신의 생각이나 감정을 표현할 수 있도록 영아와 교사 간의 비언어적인 의사소통에 중점을 두도록 한다. 이를 통해 영아는 자신감과 사회적 기술의 기초를 형성할 수 있기 때문에 중요하다.

여섯째. 친숙한 활동이다.

보육계획안을 구성할 때에는 영아에게 친숙한 활동과 새로운 활동을 적절하게 안배하여 계획한다. 이 시기의 영아는 흥미 있는 활동을 반복해서 하기를 즐기기 때문에 새로운 활동과 함께 영아에게 친숙한 활동도 계속해서 경험할 수 있도록 배려해 준다.

이를 기초로 보육과정은 기간에 따라 연간, 월간, 주간, 일일 보육계획안으로 구성된다.

(1) 연간계획

영아들이 어린이집에 처음 들어와서 적응하는 기간, 영아의 발달단계, 흥미와 경험, 어린이집의 특성 등을 고려하여 연간계획을 수립해야 한다.

영아들이 부모와 헤어져 새로운 교사와 만나 신뢰관계를 형성하고 애정을 가질 수 있으며 새로운 환경에 적응하여 안정된 생활을 돕도록 하고 배변훈련이나 혼자 음식을 먹을 수 있는 능력, 손을 씻고 청결하게 할 수 있는 능력 등 기본생활습관 형성에 관한 주제가 전개될 수 있으며 영아의 발달 특성에 맞는 다양한 감각적인 놀이활동 주제로 포함될 수 있다.

표 12-1 연간계획 예시(1세)

순서	주제별	주	소 주 제
1	새로운 것이 낯설어요 	3월 1주~3월 2주	어린이집에 왔어요
		3월 3주~3월 4주	만나고 친해져요
		4월 1주~4월 2주	우리 반에 무엇이 있을까?
		4월 3주~4월 4주	밖으로 나가 보아요
2	느낄 수 있어요 	5월 1주~5월 2주	만져보아요
		5월 3주~5월 4주	살펴보아요
		5월 5주~6월 1주	들어 보아요
		6월 2주~6월 3주	맡아 보아요
		6월 4주	맛보아요
		7월 1주	온몸으로 느껴 보아요
3	놀이할 수 있어요 	7월 2주~7월 3주	놀잇감은 재미있어요 1
		7월 4주~7월 5주	놀잇감은 재미있어요 2
		8월 1주~8월 2주	물놀이는 재미있어요
		8월 3주~8월 4주	까꿍 놀이는 재미있어요

순서	주제별	주	소 주 제
4	나는 할 수 있어요 	9월 1일~9월 2주	즐겁게 할 수 있어요 "풍성한 한가위 추석이에요"
		9월 3주~9월 4주	말할 수 있어요
		10월 1주~10월 2주	찾을 수 있어요
5	움직이는 것이 재미있어요 	10월 3주~10월 4주	바깥놀이는 재미있어요
		10월 5주~11월 2주	몸을 움직여요
		11월 3주~11월 4주	움직이게 할 수 있어요
6	좋아하는 놀이가 있어요 	12월 1주~12월 3주	그림책으로 놀아요
		12월 4주	즐거운 크리스마스
		12월 5주	춤추고 놀이해요
		2015년 1월 1주~1월 3주	흉내 내요
		1월 4주~1월 5주	응가, 쉬 놀이가 좋아요
7	새로운 것도 좋아요 	2월 1주~2월 2주	함께 놀아요
		2월 3주~2월 4주	선생님이 좋아요 "떡국 먹는 설날이에요."

출처: 휴먼시아국공립어린이집 1세 프로그램.

(2) 월간계획

월간계획은 연간계획을 기초로 계열성과 연계성이 유지되도록 구성하며 영아의 발달상태와 흥미, 계절과 어린이집 환경을 고려하여 보육기관의 행사일정, 견학, 영아의 생일, 공휴일, 계절적인 특별활동 등을 구체적으로 제시할 수 있다(임미혜 외, 2008).

영아를 위한 월간계획 작성 시 모든 활동이 반드시 주제와 관련될 필요는 없다. 영아의 교육내용 선정은 주제와 관련된 개념습득보다는 이 시기의 영아의 보편적인 발달적 특성과 요구에 맞는 다양한 활동을 발달영역별로 이루어져야 할 과제와 관련지어 선정되어야 한다(고문숙 외, 2008).

표 12-2 월간계획 예시(1세)

9월 만 1세 월간 교육계획안	
생활주제	나는 할 수 있어요
교육목표	• 배변은 즐거운 것임을 느끼고 즐겁게 배변을 시도해 본다. • 배변을 시도하고 성공한 뒤의 성취감을 느낀다. • 주변의 소리를 구분하여 말소리를 들어 본다. • 언어적 표현에 관심을 갖고 스스로 말하고 표현하는 것을 시도한다.
주제선정 이유	'나는 할 수 있어요' 주제는 자신을 구체적으로 인식하며 자신의 능력을 시험하려는 시도를 많이 하게 되는 1세아에게 스스로 해 볼 수 있는 것들의 기회를 주며 자조능력을 증진시키고 자신감을 가져 볼 수 있게 해주기 위해 선정한 주제이다. 언어 또한, 급속하게 발달하며 새로운 단어를 많이 알게 되고 자신의 감정이나 요구를 언어로 표현하려는 시기이므로 많은 언어적 자극을 주어 영아들의 언어발달과 행동의 발달을 함께 도모하고자 한다. '나는 할 수 있어요' 주제로 배변훈련, 말놀이, 찾기 놀이 등을 반복적으로 경험하며 영아가 성취감을 느끼고 스스로 할 수 있다는 자신감을 가져 볼 수 있도록 도울 수 있다.

	주	1 주	2 주	3 주	4 주
		09.01 ~ 09.06	09.08 ~ 09.13	09.15 ~ 09.20	09.22 ~ 09.27
활동	주제	즐겁게 할 수 있어요1	즐겁게 할 수 있어요2	말할 수 있어요1	말할 수 있어요2
등원 및 맞이하기		–등원 후 신발을 스스로 벗어요 –영아 건강상태 확인하기		–먼저 온 친구에게 '안녕' 인사해요 사 –영아 건강상태 확인하기	
일상적 양육	점심 및 간식	–(씻기)수건으로 닦아요	– 선생님 도움받아 그릇을 정리해요.	–혼자서도 치카치카	–(먹기)음식을 다 먹은 후 '다 먹었어요'라고 말해요
	낮잠	–선생님 도움받아 이불을 펴요		–내 이불을 정리해 봐요	
	기저귀 갈이/배변활동	–(배변)혼자 옷 벗기를 시도해요.		–쉬, 응가를 한 후 물을 내려요	

실내자유놀이					
	신체	–(소근육)휴지를 뽑아요. –(대근육)내 몸을 크게 작게 –(대근육)스트레칭: 달강달강 –(대근육)단동십훈: 시상시상–둘이서 둘이서 손잡고 사 –(대근육)마사지: 양 엄지 인디언 밀킹	–(소근육)지퍼를 올려요 –(대근육)스트레칭: 닝가닝가 –(대근육)단동십훈: 질라아비 훨훨의–나비가 훨훨 날아갑니다. –(대근육)엉덩이로 기어보기 –(소근육)마사지: 손가락걷기	–(대근육) 네 발로 엉금엉금 –(대근육)단동십훈: 도리도리–무슨 소리가 날까요? –(대근육)스트레칭: 고네고네 –(대근육)마사지: 훑어주기 –(소근육)오재미 잡기	–(대근육)친구 자동차 태워주기 사 –(대근육)단동십훈: 곤지곤지–풍선 위에 동동 –(대근육)스트레칭: 목마타기 –(대근육)마사지: I LOVE YOU –(소근육)손가락 반지 끼우기
	언어	–(말하기, 듣기)"쉬, 응가" 말소리를 들어요 –(읽기, 말하기) 동물들의 응가 –(쓰기)변기 그림에 끼적이기 –(읽기, 말하기)돌잡이 한글, 도서: 내가 입어요	–(쓰기)변기 그림에 끼적이기 –(말하기, 듣기)양말 손 인형과 말하고 듣기 사 –(읽기)배변 그림책 읽기 –(읽기, 말하기)돌잡이 한글, 도서: 내가 입어요	–(말하기, 듣기)어떤 소리 일까요? –(읽기)가을에 먹는 과일 그림책 –(쓰기)달팽이 집을 지읍시다–달팽이 모양에 끼적이기 –(읽기, 말하기)돌잡이 한글, 도서: 내가 입어요	–(말하기,듣기)따르릉~ 전화 왔어요 –(읽기)덮개 있는 그림책 –(쓰기)달팽이 집을 지읍시다–달팽이 모양에 끼적이기 –(읽기, 말하기)돌잡이 한글, 도서: 내가 입어요
	역할 쌓기	–(역할)인형과 변기 놀이 사 –(쌓기)격자블록으로 변기 만들기	–(역할)인형 기저귀 놀이 사 – (쌓기)기저귀 쌓기	–(역할)음식 먹는 흉내를 내요 사 –(쌓기)분유통 높이 쌓기	–(역할)바구니 들고 물건 사러 가요 –(쌓기)컵 쌓기
	감각 탐색	–(미술) 점토로 응가 만들기 –내 신발장 찾기 –뻥튀기 목걸이 만들기 –조물조물 송편 빚기 – (음률)'가을은 가을은' 노래 들으며 작은 북치기	–(음률)도토리 마라카스 흔들기 –(미술)한지 쪼글쪼글 구기기 놀이 –솔방울 놀이 –울림통 놀이 –과일퍼즐 맞추기	–(미술)나뭇잎 왕관 만들기 –내 키와 친구의 키 사 –나무 열매 킁킁 –계란판에 뿅뿅이 담기 –(음률)곡식 마라카스 흔들기	–(미술)머리카락 붙여주기 –친구와 손바닥 마주치기 –크기대로 놓아요 –밤 옮기기 –(음률)비닐 봉투에 나뭇잎 넣어 흔들어 보기

실외놀이	–(금빛산책)물웅덩이의 식물을 보아요 일 –끈 제기놀이 –[실내대체활동](대근육)춤추는 리본막대	–(금빛산책)가을꽃을 보아요 일 –꼭꼭 숨어라 –[실내대체활동]공 굴려 주고받기	–(금빛산책)가을 하늘을 바라 보아요 일 –모래 위에 발자국 찍어보기 –[실내대체활동]아기 코끼리 걸음마	–(금빛산책)잠자리랑 친구해요 일 –큰 공을 굴려서 돌아오기 –공원에 가요 사 지 –[실내대체활동]칙칙폭폭 기차놀이
기본생활습관	–(절제)어른과 함께 다녀요	–(질서)신발을 제자리에 정리해요	–(예절) 웃으면서 말로 표현할 수 있어요.	–(절제)이럴 땐 이렇게 해요
안전교육	–사람이 없는 곳에 가지 않아요	–위험한 표시예요	–교통표지판을 알아요	–(소방)소방대피훈련
귀가 및 가정과의 연계	–가정에서도 배변 훈련을 해요		–엄마아빠에게 반갑게 인사하기 사	

(3) 주간계획

영아의 놀이는 흥미에 따라 개별적으로 진행되고 활동시간 역시 개별적으로 전개되기 쉬우며 동일하거나 유사한 활동을 일정기간 반복하는 경우가 많으므로 시간적 여유와 융통성이 요구된다. 따라서 주간계획은 선정된 활동과 자료를 통하여 최적의 경험을 할 수 있도록 반복하여 제시함으로써 영아가 심리적으로 안정감을 가질 수 있도록 개별적인 상황을 고려하여 활동을 계획하고 실행하여야 한다.

주간계획은 가능한 일주일이 시작되는 월요일에 새로운 활동을 소개하지 않고 지난주에 하였던 활동을 반복하여 제시함으로써 심리적으로 안정감을 가지고 일주일을 시작할 수 있도록 배려하는 것이 바람직하다.

표 12-3 주간계획 예시(1세)

<table>
<tr><td colspan="2">생활주제</td><td colspan="3">나는 할 수 있어요 1</td><td rowspan="2">교육 기간</td><td colspan="2" rowspan="2">201년 9월 1일 ~ 9월 6일</td></tr>
<tr><td colspan="2">주 제</td><td colspan="3">즐겁게 할 수 있어요 1</td></tr>
<tr><td colspan="2">목 표</td><td colspan="6">배변은 즐거운 것임을 느끼고 즐겁게 배변을 시도해 본다.</td></tr>
<tr><td colspan="2">활동 / 요일</td><td>월(1일)</td><td>화(2일)</td><td>수(3일)</td><td>목(4일)</td><td>금(5일)</td><td>토(6일)</td></tr>
<tr><td colspan="2">등원 및 맞이하기</td><td colspan="5">등원 후 신발을 스스로 벗어요</td><td rowspan="17">통합보육</td></tr>
<tr><td rowspan="3">일상생활</td><td>점심 간식</td><td colspan="5">수건으로 닦아요(씻기)</td></tr>
<tr><td>낮잠 및 휴식</td><td colspan="5">선생님의 도움을 받아 이불을 펴요</td></tr>
<tr><td>배변활동</td><td colspan="5">혼자 옷 입기를 시도해요(배변)</td></tr>
<tr><td rowspan="4">대소집단활동</td><td>신체</td><td>휴지를 뽑아요</td><td>내 몸을 크게 작게</td><td></td><td>달강달강 (스트레칭)</td><td>양 엄지 인디언 밀킹(마사지)</td></tr>
<tr><td>통합</td><td></td><td>인형과 변기놀이</td><td></td><td>격자블록으로 변기 만들기</td><td></td></tr>
<tr><td>언어</td><td>쉬, 응가 말소리를 들어요</td><td>동물들의 응가</td><td></td><td>변기 그림에 끼적이기</td><td></td></tr>
<tr><td>탐색</td><td>점토로 응가 만들기</td><td>내 신발장 찾기</td><td></td><td>뻥튀기 목걸이 만들기</td><td>조물조물 송편 빚기</td></tr>
<tr><td colspan="2">실외활동</td><td colspan="5">물웅덩이의 식물을 보아요(산책), 춤추는 리본막대(실내놀이)</td></tr>
<tr><td colspan="2"></td><td colspan="5">영어 – AM I A DUCK~ ! 체육 – 티볼</td></tr>
<tr><td colspan="2">안전교육</td><td colspan="5">소중한 나의 몸 (성폭력예방교육)</td></tr>
<tr><td colspan="2">기본생활</td><td colspan="5">어른과 함께 다녀요(절제)</td></tr>
<tr><td rowspan="4">자유선택활동</td><td>신체</td><td colspan="5">둘이서 둘이서 손잡고</td></tr>
<tr><td>언어</td><td colspan="5">내가 입어요(도서)</td></tr>
<tr><td>역할 쌓기</td><td colspan="5">블록으로 단풍나무 만들기</td></tr>
<tr><td>감각탐색</td><td colspan="5">가을은 가을은 노래들으며 작은 북 치기(음률)</td></tr>
</table>

(4) 일일계획

일일계획은 주간계획을 기초하여 영아들의 흥미와 반응을 고려하여 영아들과 함께하는 하루 일과를 계획하는 것이다.

영아들은 어릴수록 쉽게 피로해하고 몸상태를 스스로 알고 조절하는 것이 미숙하므로 생리적, 신체적 요구를 조절할 수 있도록 일과를 구성하는 것이 원칙이다. 따라서 먹기, 자기, 기저귀 갈기, 씻기 등과 같이 기본적인 욕구충족을 위한 일상생활이 활동의 중심이 되고 휴식과 놀이, 실내·외활동, 대·소근육활동 등의 다양한 활동이 일과에 포함되도록 고려한다.

일일계획은 영아가 하루를 어떻게 보낼지를 계획하되 교사의 계획을 강요하기보다는 융통성 있는 계획이 되도록 해야 한다.

표 12-4 일일계획 예시(1세)

날짜	2014 년 9 월 1 일 월요일		반명 : 이슬반	연령 : 만 1세
대주제	나는 할 수 있어요.			
소주제	즐겁게 할 수 있어요 1			
목표	배변은 즐거운 것임을 느끼고 즐겁게 배변을 시도해 본다.			
구분	활 동 계 획	활동자료	표준보육 과정 내용범주	실행기록 및 평가
07:30 ~ 09:00 등원 및 통합 보육	[등원 및 맞이하기 : 등원 후 신발을 스스로 벗어요] – 영아가 등원하면 반갑게 맞이하기 – 부모와 교사가 반갑게 인사하기 – 영아가 신발을 벗기를 시도해 보게 한다. – 영아가 신발을 벗어 신발장에 넣어보게 한다.	영아신발 신발장 영아사진이 붙은 이름표	• 기본생활 〉 건강한 생활 〉 건강한 일상생활하기 • 자연탐구〉 탐구하는 태도 기르기〉 탐색시도하기	부모님과 함께 등원하는 영아를 반갑게 맞이하며 인사와 대화를 나누었다. 선생님이 먼저 고개를 숙여 인사를 건네며 영아에게 모델링이 될 수 있도록 바른 행동과 언어를 사용하였다. 영아 스스로 신발을 벗어 볼 수 있도록 격려하였고, 혼자 벗기 힘들어하는 영아는 교사의 도움을 주었다.

<table>
<tr>
<td>09:00
~
09:20
손 씻기
및
오전
간식</td>
<td>– 비누를 이용하여 손을 깨끗하게 씻기
– 영아의 자리에 바르게 앉기
– 개인 식사도구를 사용하여 즐겁게 먹기
– 스스로 도구를 사용해 보도록 격려하기</td>
<td>비누
개인수건</td>
<td>기본생활 〉건강하게 생활하기</td>
<td>발판을 사용하여 영아 스스로 손을 씻어볼 수 있도록 격려하였다.
바르게 손 씻는 방법을 이야기하며 선생님의 도움을 받기도 하였다.
화장실 다녀오기, 손 씻기를 한 후 간식 먹을 준비를 하였다. 간식 노래를 부른 후, 남김없이 먹도록 하였다.
영아의 기분상태와 건강상태를 확인하고 전달 사항을 확인하였다.</td>
</tr>
<tr>
<td>09:20
~
10:20
실내
자유
놀이</td>
<td>– 개인별 흥미와 수준에 따른 실내 자유놀이하기
<table>
<tr><th>영역</th><th>활동명</th><th>실행</th></tr>
<tr><td rowspan="5">신체</td><td>(대근육) 내 몸을 크게 작게</td><td>○</td></tr>
<tr><td>(대근육) 스트레칭:달강달강</td><td>×</td></tr>
<tr><td>(대근육)마사지: 양 엄지 인디언 밀킹</td><td>×</td></tr>
<tr><td>(대근육)단동십훈: 시상시상–둘이서 둘이서 손잡고
■ 사회관계증진활동</td><td>×</td></tr>
<tr><td>(소근육)휴지를 뽑아요</td><td>○</td></tr>
<tr><td rowspan="4">언어</td><td>(말하기, 듣기)"쉬, 응가" 말소리를 들어요</td><td>○</td></tr>
<tr><td>(읽기, 말하기)동물들의 응가</td><td>○</td></tr>
<tr><td>(쓰기)변기 그림에 끼적이기</td><td>○</td></tr>
<tr><td>(읽기, 말하기)돌잡이 한글, 도서: 내가 입어요</td><td>○</td></tr>
<tr><td rowspan="2"></td><td>(역할)인형과 변기놀이
■ 사회관계증진활동</td><td>○</td></tr>
<tr><td>(쌓기)격자블록으로 변기 만들기</td><td>○</td></tr>
<tr><td rowspan="5">감각탐색</td><td>(미술) 점토로 응가 만들기</td><td>○</td></tr>
<tr><td>내 신발장 찾기</td><td>○</td></tr>
<tr><td>뻥튀기 목걸이 만들기</td><td>×</td></tr>
<tr><td>조물 조물 송편 빚기</td><td>×</td></tr>
<tr><td>(음률)'가을은 가을은' 노래 들으며 작은 북치기</td><td>×</td></tr>
<tr><td>기본생활습관</td><td>(절제) 어른과 함께 다녀요</td><td>○</td></tr>
<tr><td>안전교육</td><td>사람이 없는 곳에 가지 않아요</td><td>×</td></tr>
<tr><td colspan="3">실행기록 : ○(실행) ×(미실행) +(확장) ◎(수정)</td></tr>
</table>
</td>
<td>각 영역별 자유 선택 놀이 교구</td>
<td></td>
<td>개인별 흥미와 수준에 맞추어 실내 자유놀이를 하였다. 영아가 개인별로 관심을 갖는 놀이가 다르기 때문에 교사가 적절하게 다르게 개입하고 반응하며 영아가 즐겁고 편안하게 놀이할 수 있도록 해주었다.
특히, 오전 시간의 자유놀이는 영아 스스로 놀이활동을 선택하여 시도하는 모습을 관찰할 수 있었다.</td>
</tr>
</table>

	[신체 : (대근육)내 몸을 크게 작게] ■ 목표 (영아목표) 영아가 선생님의 행동을 모방하여 흉내놀이를 할 수 있다. 영아 몸을 이용하여 자유로운 신체 놀이를 할 수 있다. (교사목표) 영아가 신체를 움직이며 몸을 크게 작게 만들어 보는 경험할 수 있도록 도우며 영아의 요구에 민감하고 적절하게 반응한다. ■ 활동방법 ① 손바닥 모양의 스티커를 벽면에 붙여 영아의 관심을 관찰한다. ② 영아가 손바닥 모양을 자유롭게 탐색하는 것을 관찰하고 교사는 언어로 반응해 준다. ③ 선생님이 몸을 움직이는 모습을 보여주며 영아가 관심을 보이면 반응을 보여주며 함께 놀이한다. ④ 영아들이 교사의 몸 움직임이나 손바닥 스티커에 관심을 보이며 놀이 하는 모습을 보일 때 상호작용해 주며, 영아가 보이는 관심도를 보며 격려해 준다.	손바닥 스티커	• 예술경험 〉 예술적 표현하기 〉 모방행동 즐기기 • 신체운동 〉 신체조절과 기본운동하기 〉 대근육 조절하기	손바닥 모양 스티커를 벽면에 붙여 영아의 관심을 유도하였다. 관심 보이는 영아와 함께 손바닥 모양을 탐색하고 손바닥 모양을 따라 팔을 넓게 그리고 좁게 하며 활동에 참여할 수 있었다. 참여를 잘하는 영아를 격려하며 다른 영아들도 활동에 참여 할 수 있도록 유도하였다. 활동이 진행하며 손바닥 스티커를 여러장 놓고 손바닥 스티커를 따라 몸을 움직여 볼 수 있었다.
	[역할, 쌓기 : (역할) 인형과 변기 놀이] ■ 사회관계증진활동 ■ 목표 (영아목표) 인형을 변기에 앉혀보고 응가하는 흉내를 내며 배변에 관심을 가져 볼 수 있다. (교사목표) 영아가 인형을 이용하여 응가하는 흉내놀이를 할 수 있도록 도우며 놀이하는 것에 민감하고 적절하게 반응한다. ■ 활동방법 ① 다양한 모양의 인형과 아기 변기를 역할 영역에 제공한다. ② 영아가 자유롭게 원하는 방식으로 인형과 변기를 이용하여 놀이하는 모습을 탐색해 본다. ③ 교사가 다른 인형을 안고 놀이하는 모습을 보여 준다. ④ 영아가 역할영역에서 놀이할 때 자발적으로 인형과 변기 놀이를 하는 모습을 보일 때 격려한다.	동물 인형, 아기 인형, 장난감 아기 변기, 휴지, 기저귀 등	• 기본생활 〉 건강한 생활 〉 건강한 일상생활하기 • 의사소통 〉 말하기 〉 표정, 몸짓, 말소리로 말하기 • 예술경험 〉 예술적 표현하기 • 신체운동 〉 신체활동에 참여하기 〉 몸 움직임 즐기기	역할영역에 놓여 있는 변기에 교사가 관심을 보이며 "어 이게 뭘까?" 하며 영아의 관심을 이끌었다. 영아가 다가와 변기를 만져 볼 수 있었다. 영아가 관심을 보여 교사가 언어적으로 "아 변기구나", "참 예쁘게 생겼네"하며 언어적으로 이야기 해 주었다. 인형을 가지고 변기에 앉히는 시늉을 하니 영아도 인형을 가지고 올 수 있었다. 교사를 따라 인형을 변기에 앉혀 주었다.

	[역할 쌓기 : (쌓기) 격자 블록으로 변기 만들기] ■ 사회관계증진활동 ■ 목표 (영아목표)격자블록을 끼워 쌓아 보는 경험을 하며 변기 모양을 만들어 보는 것을 시도할 수 있다. (교사목표) 영아가 격자블록놀이를 하며 변기를 만들어 볼 수 있도록 도울 수 있으며 영아가 표현하는 것에 민감하고 적절하게 반응한다. ■ 활동방법 ① 격자블록을 쌓기 영역 바구니에 담아 제공한다. ② 영아가 자유롭게 원하는 방식으로 놀잇감을 탐색해 본다. ③ 교사가 바구니에서 격자 블록을 꺼내 하나씩 하나씩 끼워 보며 넓은 판모양을 만들어 보인다. ④ 자발적으로 놀이하도록 영아를 격려한다.	격자블록	• 신체운동 〉 신체 조절과 기본운동하기 〉 대근육 조절하기 • 자연탐구 〉 수학적 탐구하기 〉 주변 공간 탐색하기 • 자연탐구 〉 탐구하는 태도 기르기 〉 탐색 시도하기	격자블록을 제공해 주고 영아가 충분히 블록을 만지고 쌓고 붙여 보며 탐색해 볼 수 있도록 하였다. 탐색이 끝나고 교사가 블록을 끼우며 만드는 법을 상호작용해 주었다. 영아가 교사의 만들기에 관심을 보일 때 네모난판 모양을 만들어 변기라고 알려 주었다. 영아가 모양에 관심을 갖기보다 블록을 만지고 붙이는 것에 관심을 더 보여 자유롭게 영아의 놀이를 격려하며 활동을 진행하였다.
	[감각 탐색: 내 신발장 찾기] ■ 목표 (영아목표) 영아의 신발장을 찾아 신발을 신어 볼 수 있다. (교사목표) 내 신발장을 찾아 신발을 찾아 볼 수 있도록 돕는다. ■ 활동방법 ① 신발장에 영아 신발을 제공하고 영아 스스로 탐색해 볼 수 있도록 한다. ② 영아가 신발장에 관심을 보였을 때 교사가 상호작용해 준다. ③ 교사가 신발을 보여 주며 누구의 신발인지 관심을 보이는 영아들과 함께 탐색해 본다. ④ 영아가 반복적으로 탐색할 수 있도록 도우며 상호작용할 수 있다. ⑤ 신발이 섞여 있을 때 같은 짝을 찾아보는 활동을 할 수 있다.	영아용 신발장, 신발장 이름표	• 자연탐구 〉 탐구하는 태도 기르기 〉 탐색 시도하기 • 신체운동 〉 신체 조절과 기본운동하기 〉 소근육 조절하기	바깥놀이 활동 시 밖으로 나가기 전 신발장에서 신발을 찾아 보았다. 자신의 얼굴이 붙어 있는 신발장을 찾을 수 있는 영아도 있고 못 찾는 영아도 있었다. 신발을 찾은 영아는 혼자서 신발을 신어 보도록 격려해 주었고, 신발을 못 찾은 영아는 찾아 볼 수 있도록 격려하며 신발을 찾을 수 있도록 도와주었다.
	[기본생활 : (절제)어른과 함께 다녀요] ■ 목표 부모님, 선생님과 함께 다녀야 한다는 것에 관심을 갖는다. 안전한 생활 습관을 기른다. ■ 활동방법 ① 영아가 혼자서 교실 문을 나가지 않도록 한다.	멀티자료	기본생활 〉 안전하게 생활하기 〉 안전하게 지내기	멀티 자료를 보며 위험한 상황이 발생할 수 있음을 알고, 교실 밖을 나갈 때나 집 밖으로 나갈 땐 꼭 어른과 함께 가야 안전하다는 것을 강조하여 이야기하였다.

	② 영아가 교실 밖을 나가려고 하면 교사가 이야기를 해 준다. ③ 실외놀이 또는 나들이 갈 때 선생님의 손을 잡아보도록 한다. ④ 가정에서도 외출 시 반드시 부모님의 손을 꼭 잡고 다닐 수 있도록 이야기하고 안내한다.		사회관계 〉 더불어 생활하기 〉 안정적인 애착형성하기	영아들이 그림 자료를 보며 부모님이나 선생님이 없을 때 무서운 상황이 일어날 수 있으니 꼭 어른과 함께 가야 한다는 것을 인지 하고 어른 없이 혼자서 절대 가지 않도록 약속하였다.
10:20 ~ 10:35 기저귀 갈이 및 배변	[기저귀 갈이 및 배변 : 혼자 옷 벗기를 시도해요] –영아가 배설의 의사를 표현하면 함께 화장실로 간다. –영아가 혼자 옷을 내린 후, 변기에 용변을 본다. –용변을 본 후 성취감을 느낄 수 있도록 상호작용한 후 물을 내린다. –변기에 배변 한 후에는 교사가 칭찬을 해 주어 배변 후의 즐거움을 느낄 수 있도록 한다.	화장실, 화장지 , 세면기, 물, 비누, 수건 	기본생활〉 건강하게 생활하기〉 건강한 일상 생활하기	배변 훈련을 시작한 영아가 화장실에 가고 싶은 의사를 표현하였다. 교사와 함께 화장실에 가서 영아 스스로 옷벗기를 시도해 보았다. 두 손으로 바지를 잡고 아래로 내려 보았다. 혼자 하기 힘들어하는 영아는 교사의 도움을 받아 할 수 있도록 하였다. 용변을 본 후 "잘했다" 라고 칭찬해 주었다.
10:35 ~ 11:30 실외 놀이	–날씨와 영아의 건강상태를 점검한 뒤 실외활동하기 –이동 거리에 따라 유모차 이용하기 [금빛산책 : 물웅덩이의 식물을 보아요] ■ 일상생활 ① 영아가 실외 산책을 나갈 수 있도록 준비를 돕는다. 겉옷을 입히고 실외활동용 모자를 씌워 자외선으로부터 보호해 줄 수 있도록 한다. ② 어린이집 실외놀이터나 텃밭 주변을 산책하며 금빛으로 물들고 있는 자연을 보며 영아와 상호작용할 수 있다. ③ 선생님 손을 잡고 실외놀이터나 텃밭 주변을 산책한 후 교실로 돌아온 후 깨끗하게 손을 씻을 수 있다.	실외 활동용 영아 모자, 유모차 물티슈, 영아가 마실 수 있는 물 , 수중 식물 등	• 자연탐구 〉탐구하는 태도 기르기 〉사물에 관심 가지기 • 신체운동 〉신체 활동에 참여하기 〉바깥에서 신체 움직이기 • 사회관계 〉더불어 생활하기 〉 안정적인 애착형성 하기	영아 스스로 바깥활동 나갈 준비를 하였다. 양말 신기 모자 쓰기를 잘하는 영아는 칭찬해 주고 어려워하는 영아는 교사가 도와주며 격려해 주었다. 내 신발장에서 신발을 찾아 신고 밖으로 나가기 전 지켜야 할 약속에 대해 이야기하였다. 선생님을 따라 걷고, 친구와 손을 잡고 걷기, 친구를 아프게 하지 않는다. 약속 사항을 인지하고 밖으로 나가 물웅덩이에 사는 식물을 관찰해 보았다. 물웅덩이에 보라꽃이 피어 있는 부레옥잠이 있었다. 영아들과 꽃의 색깔과 모양을 탐색하고 산책할 수 있었다.

10:35 ~ 11:30 실외 놀이	[실내 대체활동 : (대근육)춤추는 리본막대] ① 리본막대를 영아에게 제공하고 자연스럽게 리본막대에 관심을 보이도록 한다. ② 영아들이 자유롭게 노래를 들으며 리본막대를 흔들어 본다. ③ 교사가 리본막대를 지그재그로 흔들어 주어 꼬불꼬불한 모양이 되도록 한다. ④ 영아들이 노래에 맞추어 리본막대 놀이를 자유롭게 해 볼 수 있도록 격려한다.	리본 막대	• 신체운동 〉신체활동에 참여하기 〉기구를 이용하여 • 신체활동 시도하기 · 신체운동 〉신체조절과 기본운동하기 • 자연탐구 〉탐구하는 태도 기르기 〉탐색 시도하기	신나는 노래를 준비하고 리본막대를 가지고 노래에 맞춰 몸을 움직이며 리본막대를 흔들어 보았다. 영아들이 신나는 음악에 몸을 움직였다. 리본 막대를 흔들며 신체표현을 할 수 있었다
11:30 ~ 11:45 손 씻기 및 이동	–교실로 안전하게 이동하기 –비누와 개인 수건을 이용하여 손 씻기	개인수건 비누, 기저귀 매트, 기저귀, 소독액, 물로 닦을 수 있는 세면대	기본생활〉건강하게 생활하기〉건강한 일상생활하기	실외 활동 후, 교실로 이동하여 선생님의 도움을 받으며 외투를 벗고 손 씻기와 기저귀를 확인하였다. 실외 활동에 대해 영아들과 이야기를 나누어 보며 다음 활동 준비를 하였다.
11:45 ~ 12:15 점심 식사	[점심 식사 : 수건으로 닦아요] –하루 일과 중 씻어야 하는 상황에 영아들과 함께 씻어 볼 수 있다. –교사의 도움을 받아 손을 씻을 수 있다. –제자리에 앉아 개인 식사 도구를 이용하여 식사하기 –스스로 식사 도구를 사용하여 식사 시도하기	식사도구 점심식사 영아개인 수건 개인비누 또는 물비누	기본생활〉건강하게 생활하기〉물을 깨끗이하기	교사의 도움을 받으며 물비누를 사용하여 손을 깨끗하게 씻고 개별 영아 수건에 스스로 손을 닦아 보도록 하였다. 손을 닦은 후 도시락 준비를 하도록 격려하였다. 도시락 준비 후, 동요를 반복하여 불러 보는 동안 순차적으로 배식을 하였다. 오늘의 반찬과 국을 소개하며 적당히 배식하였다. 다 먹은 영아는 선생님의 도움을 받으며 정리하고 조용히 놀이를 하였다.

<table>
<tr><td rowspan="21">12:15
~
13:00
이닦기
및
기저귀
갈이/
실내
자유
놀이</td><td colspan="3">–영아용 칫솔을 이용하여 이 닦기
–영아가 스스로 해보도록 한 뒤 반드시 교사가 한 번 더 닦아준 뒤 마무리하기
–기저귀 확인 및 갈아 주기
–영아의 흥미에 따라 실내자유놀이하기
–오전 활동과 연계하여 영역별 놀이 활동을 진행</td><td rowspan="21">영아용
칫솔
기저귀
물티슈</td><td rowspan="21">기본생활〉건강하게 생활하기〉건강한 일상생활하기</td><td rowspan="21">선생님의 도움을 받으며 양치질과 세수, 로션 바르기를 하였다.
또한, 기저귀를 확인하고 갈아 주며 영아의 기분상태와 건강상태를 이야기하며 상호작용을 꾸준히 하였다.
영아의 흥미에 따라 실내 자유놀이를 자유롭게 선택하여 활동을 하였다.
영아가 개인별로 관심을 갖는 놀이가 다르기 때문에 교사가 적절하게 다르게 개입하고 반응하며 영아가 즐겁고 편안하게 놀이할 수 있도록 해주었다.
(오전, 오후 자유 선택 놀이 활동을 연계하여 영아들이 반복 활동을 하도록 유도하였다.)</td></tr>
<tr><td>영역</td><td>활동명</td><td>실행</td></tr>
<tr><td rowspan="5">신체</td><td>(대근육) 내 몸을 크게 작게</td><td></td></tr>
<tr><td>(대근육) 스트레칭:달강달강</td><td></td></tr>
<tr><td>(대근육)마사지: 양 엄지 인디언 밀킹</td><td></td></tr>
<tr><td>(대근육)단동십훈: 시상시상–둘이서 둘이서 손잡고
■ 사회관계증진활동</td><td></td></tr>
<tr><td>(소근육)휴지를 뽑아요</td><td></td></tr>
<tr><td rowspan="4">언어</td><td>(말하기,듣기)“쉬, 응가” 말소리를 들어요</td><td></td></tr>
<tr><td>(읽기, 말하기)동물들의 응가</td><td></td></tr>
<tr><td>(쓰기)변기 그림에 끼적이기</td><td></td></tr>
<tr><td>(읽기, 말하기)돌잡이 한글, 도서: 내가 입어요</td><td></td></tr>
<tr><td rowspan="2">역할
쌓기</td><td>(역할)인형과 변기놀이
■ 사회관계증진활동</td><td></td></tr>
<tr><td>(쌓기)격자블록으로 변기 만들기</td><td></td></tr>
<tr><td rowspan="5">감각
탐색</td><td>(미술) 점토로 응가 만들기</td><td></td></tr>
<tr><td>내 신발장 찾기</td><td></td></tr>
<tr><td>뻥튀기 목걸이 만들기</td><td></td></tr>
<tr><td>조물조물 송편 빚기</td><td></td></tr>
<tr><td>(음률)‘가을은 가을은’ 노래 들으며 작은 북치기</td><td></td></tr>
<tr><td>기본
생활
습관</td><td>(절제) 어른과 함께 다녀요</td><td></td></tr>
<tr><td>안전
교육</td><td>사람이 없는 곳에 가지 않아요</td><td></td></tr>
<tr><td colspan="3">실행기록 : ○(실행) ×(미실행) +(확장) ◎(수정)</td></tr>
</table>

13:00 ~ 15:30 낮잠 준비 및 낮잠	[낮잠 : 선생님 도움받아 이불을 펴요] –영아가 낮잠을 자고 싶어 하는지 관찰한다. 낮잠을 자고 싶어 할 때 낮잠을 잘 준비를 돕는다. –이불장에서 영아가 개별 낮잠 매트와 침구를 찾아볼 수 있도록 돕는다. –교사는 영아가 쉽게 잠들 수 있도록 등을 토닥여 주거나 그림책을 보여 주며 재워 줄 수 있다.	영아의 이불, 베개, 영아가 좋아하는 인형, 자장가 음원, · 기저귀 매트, 기저귀, 소독액, 물로 닦을 수 있는 세면대	• 기본생활 〉 건강한 생활 〉 건강한 일상생활하기 • 사회관계 〉 나를 알고 존중하기 〉 나의 것 인식하기	영아가 자신의 물건에 관심을 가질 수 있도록 낮잠 시간에 반복적인 상호 작용을 통해 도움을 주었다. 자신의 이불을 인지하고 바닥에 선생님과 함께 펴 보았다. 영아가 개별 이불에 누워 잠잘 수 있게 조명을 어둡게 만들고 조용한 음악을 들려 주며 안정감 있게 영아가 쉴 수 있도록 하였다.
15:30 ~ 16:00 낮잠 깨기 및 기저귀 갈이	[기저귀갈이 및 배변 : 혼자 옷 벗기를 시도해요] –영아가 배설의 의사를 표현하면 함께 화장실로 간다. –영아가 혼자 옷을 내린 후 ,변기에 용변을 본다. –용변을 본 후 성취감을 느낄 수 있도록 상호작용한 후 물을 내린다. –변기에 배변한 후에는 교사가 칭찬을 해 주어 배변 후의 즐거움을 느낄 수 있도록 한다.		기본생활〉 건강하게 생활하기〉 건강한 일상생활하기	배변 의사가 있는 영아와 함께 화장실에 가서 옷을 스스로 벗어 보도록 시도하고 어려운 영아는 선생님과 같이해 볼 수 있도록 하였다. 용변을 본 후 칭찬해 주었다.
16:00 ~ 16:30 손 씻기 및 오후 간식	–비누와 물을 이용하여 깨끗하게 손 씻기 –제자리에 앉아 오후 간식 먹기	개인수건	기본생활〉 건강하게 생활하기〉 몸을 깨끗이 하기	바르게 손 씻기를 한 후, 순차적으로 배식하는 간식을 영아 스스로 먹도록 격려하였다. 다 먹은 영아는 입 닦기와 용모를 단정히 하고 자유놀이를 하였다.

<table>
<tr><td rowspan="21">16:30
~
18:00
실내
자유
놀이</td><td colspan="3">-개인별 흥미와 수준에 따른 실내 자유놀이하기</td><td rowspan="21">자유
선택
놀이</td><td rowspan="21"></td><td rowspan="21">오전 활동과 연계하여 영역별 놀이 활동을 진행하였다.
개인별 흥미와 수준에 맞추어 실내 자유놀이를 하였다.
영아가 개인별로 관심을 갖는 놀이가 다르기 때문에 교사가 적절하게 다르게 개입하고 반응하며 영아가 즐겁고 편안하게 놀이할 수 있도록 해 주었다.
특히, 오후 시간의 자유놀이는 오전 활동과 연계활동이기에 영아들의 활동 모습을 관찰할 수 있었다.
오전 활동과 연계하여 영역별 놀이 활동을 진행하였다.</td></tr>
<tr><td>영역</td><td>활동명</td><td>실행</td></tr>
<tr><td rowspan="5">신체</td><td>(대근육) 내 몸을 크게 작게</td><td></td></tr>
<tr><td>(대근육) 스트레칭: 달강달강</td><td></td></tr>
<tr><td>(대근육)마사지: 양 엄지 인디언 밀킹</td><td></td></tr>
<tr><td>(대근육)단동십훈:시상시상-둘이서 둘이서 손잡고 ■사회관계증진활동</td><td></td></tr>
<tr><td>(소근육)휴지를 뽑아요</td><td></td></tr>
<tr><td rowspan="4">언어</td><td>(말하기, 듣기)“쉬, 응가” 말소리를 들어요</td><td></td></tr>
<tr><td>(읽기, 말하기)동물들의 응가</td><td></td></tr>
<tr><td>(쓰기)변기 그림에 끼적이기</td><td></td></tr>
<tr><td>(읽기, 말하기)돌잡이 한글, 도서: 내가 입어요</td><td></td></tr>
<tr><td rowspan="2">역할
쌓기</td><td>(역할)인형과 변기놀이 ■사회관계증진활동</td><td></td></tr>
<tr><td>(쌓기)격자블록으로 변기 만들기</td><td></td></tr>
<tr><td rowspan="5">감각
탐색</td><td>(미술)점토로 응가 만들기</td><td></td></tr>
<tr><td>내 신발장 찾기</td><td></td></tr>
<tr><td>뻥튀기 목걸이 만들기</td><td></td></tr>
<tr><td>조물조물 송편 빚기</td><td></td></tr>
<tr><td>(음률)‘가을은 가을은’ 노래 들으며 작은 북치기</td><td></td></tr>
<tr><td>기본
생활
습관</td><td>(절제) 어른과 함께 다녀요</td><td></td></tr>
<tr><td>안전
교육</td><td>사람이 없는 곳에 가지 않아요</td><td></td></tr>
<tr><td colspan="3">실행기록 : ○(실행) ×(미실행) +(확장) ◎(수정)</td></tr>
</table>

18:00 ~ 19:30 귀가 및 통합 보육	[귀가 : 가정에서도 배변 훈련을 해요] –영아의 얼굴과 손을 깨끗이 씻고 깨끗한 옷으로 갈아입고 귀가준비를 한다. –영아가 어린이집에서 하루 동안 어떻게 지냈는지 부모님께 말씀을 전한다. (대면을 하지 못할 경우 이야기 전달장을 통해 전달한다.) –배변훈련과 관련된 특이사항을 부모님께 전달한다. –영아의 배변 상황을 구체적으로 전달하고 가정에서도 스스로 배변할 수 있도록 격려하여 일관성 있는 지도가 될 수 있도록 협조를 구한다. –부모가 영아의 배변훈련를 칭찬하고 격려하며 스킨십으로 애정을 표현해 줄 수 있도록 안내한다.	개인 소지품	• 의사소통 〉 말하기 〉 발성과 발음으로 소리내기 • 기본생활 〉 건강한 생활 〉 건강한 일상생활하기	영아의 용모를 단정히 하고, 가방과 소지품 및 외투를 준비하면서 귀가할 준비를 하였다. 부모님을 만나고 반갑게 인사를 나누며 영아도 바르게 인사를 할 수 있도록 격려하였다. 부모님에게 배변 훈련을 시작한 영아가 집에서도 잘할 수 있도록 칭찬과 격려를 해 줄 수 있도록 말씀해 드렸다.
일과 평가		특이사항 및 안전사고		

2) 2세 영아를 위한 보육계획

2세 영아는 0 ~1세 영아에 비해 신체 조절능력이 좋아지고 활동 반경이 넓어지며 의사표현 능력이 발전하면서 부모, 교사 등 성인과 영아와 영아 간에 자연스럽게 일어나는 일상생활을 통한 다양한 경험을 겪으며 성장하고 학습하게 된다. 특히, 보육시설에서 장기간 보육하는 영아의 경우, 보육시설에서의 일상생활이 양질의 교육적 경험을 습득할 수 있도록 하는 것이 매우 중요하다.

따라서 보육계획은 신체적 건강과 사물에 대한 지적 호기심 및 안전을 위한 내용을 위주로 계획하고 점차 신체적, 사회적, 정서적, 언어적 발달의 요구를 충족시키는 놀이활동이 포함되어야 한다.

(1) 2세 영아를 위한 연·월간계획

2세 영아는 의존적인 영아기에서 벗어나 자아에 대해 눈을 뜨고 스스로 무엇인가를 하고자 하는 욕구가 강하므로 신체 발달 수준, 어린이집에 대한 적응 기간, 계절 등이 고려되어야 하고 신체를 활발하게 움직여 활동할 수 있는 놀이활동과 1세 때부터 진행되어 온 배변훈련 등 기본 생활습관에 익숙해지도록 2세 영아에게 친숙하고 단순한 주제위주로 계획할 필요가 있다.

표 12-5 2세 영아를 위한 연간계획

월	주제	소주제
3월	어린이집이 좋아요	나는 OO반이에요 엄마, 아빠와 헤어질 수 있어요 우리반 선생님과 친구들이에요 내가 좋아하는 놀잇감이에요
4월	어린이집이 좋아요/제비나라 봄소식	편안하게 지내요 바깥놀이가 재미있어요 안전하게 바깥놀이해요. 꽃구경은 즐거워요
5월	비나라 봄소식 / 나는요	벌레가 꿈틀꿈틀해요 봄나들이 갈까요 나는 OOO이에요 내 몸을 살펴보아요
6월	나는요/나는 가족이 있어요	나는 느껴요. 내가 좋아하는 것이 있어요 혼자서도 잘해요 엄마 아빠가 좋아요
7월	나는 가족이 있어요 / 재미있는 여름이에요	우리 가족 소개해요 우리 가족을 흉내 내요 1 우리 가족을 흉내 내요 2 초록초록 여름이 되었어요 첨벙첨벙 물놀이 1
8월	재미있는 여름이에요	첨벙첨벙 물놀이 2 시원하게 지내요 건강하게 지내요 즐거웠던 여름여행
9월	알록달록 가을이에요	가을이에요 알록달록 단풍이 들어요 가을 나들이 1 가을 나들이 2
10월	알록달록 가을이에요 / 동물 친구들	자연물로 놀이해요 가을 나무와 열매 여러 가지 동물이 있어요 동물처럼 소리를 내어 보아요 동물처럼 움직여 보아요
11월	동물 친구들 / 알록달록 색깔, 울퉁불퉁 모양	엄마 동물과 아기 동물 OO반이 좋아하는 동물 여러 가지 모양이 있어요 색깔로 놀이해요
12월	알록달록 색깔 울퉁불퉁 모양/호호 추운 겨울이에요	모양으로 놀이해요 재미있는 그림 그리기 날씨가 추워요 신나는 겨울 축제 겨울을 따뜻하게 보내려면
1월	호호 추운 겨울이에요 / 키도 쑥쑥 마음도 쑥쑥	건강하게 겨울을 보내요 신나는 겨울놀이 1 신나는 겨울 놀이 2 혼자서도 할 수 있어요
2월	키도 쑥쑥 마음도 쑥쑥	친구와 함께할 수 있어요 즐거웠던 우리반 우리는 다섯 살(설날) 형, 언니가 되어요

출처: 키움터어린이집 2세 프로그램

(2) 주간계획

2세 영아는 보육활동에 참여할 수 있으므로 언어활동, 표현활동, 음률동작활동, 대·소근육활동 등 여러 가지 유형의 활동들 안에서 다양하게 경험할 수 있도록 균형감 있게 계획하는 것이 바람직하다.

표 12-6 2세를 위한 주간계획 예시

<table>
<tr><td colspan="2">생활주제</td><td colspan="2">동물 친구들
알록달록 색깔, 울퉁불퉁 모양</td><td rowspan="2">교육기간</td><td colspan="3" rowspan="2">2014년 11월 3일 ~
11월 8일</td></tr>
<tr><td colspan="2">주 제</td><td colspan="2">엄마 동물과 아기 동물</td></tr>
<tr><td colspan="2">목 표</td><td colspan="6">동물에 관심을 가지며 생명을 존중하는 마음을 갖는다.</td></tr>
<tr><td colspan="2">요일
활동</td><td>월(3일)</td><td>화(4일)</td><td>수(5일)</td><td>목(6일)</td><td>금(7일)</td><td>토(8일)</td></tr>
<tr><td colspan="2">등원 및
맞이하기</td><td colspan="5">– 어린이집에 어떻게 왔는지 이야기하기</td><td rowspan="7">통합보육</td></tr>
<tr><td rowspan="6">대소집단활동</td><td>이야기
나누기</td><td>주말지낸
이야기</td><td></td><td rowspan="5">참관
수업날</td><td></td><td>노란색은
어디에?</td></tr>
<tr><td>동화/동시</td><td></td><td>(동화)
동물이
좋아</td><td></td><td></td></tr>
<tr><td>게임/음률/
미술</td><td>(새노래)
동물농장</td><td></td><td>(게임)
그림자
맞추기</td><td></td></tr>
<tr><td>영어/체육
〈특별활동〉</td><td></td><td>(체육)</td><td></td><td>레고</td></tr>
<tr><td>자연탐구</td><td></td><td>동물
발자국</td><td colspan="2">신호등 색 알아봐요</td></tr>
<tr><td>안전교육</td><td colspan="5">성폭력 예방교육</td></tr>
</table>

<table>
<tr><td rowspan="3">일상생활</td><td colspan="2">점심및간식</td><td>– (먹기)흘린 음식 휴지로 닦아요
– (씻기)물을 잠그고 이를 닦아요</td><td rowspan="13"></td></tr>
<tr><td colspan="2">낮잠 및 휴식</td><td>– 낮잠을 자고 난 후 조용한 놀이를 해요</td></tr>
<tr><td colspan="2">배변활동</td><td>– 바른 자세로 쉬를 해요</td></tr>
<tr><td rowspan="7">자유선택활동</td><td colspan="2">신체</td><td>– (대근육)구불구불 뱀처럼 넘어가요
– (소근육)동물 모양 바느질</td></tr>
<tr><td colspan="2">언어</td><td>– (읽기)동화: 동물이 좋아
– (쓰기)아기 동물 그림 위에 끼적이기
– (말하기)아기 동물 카드(누구의 아기일까?)
– (듣기)동물은 어떻게 말을 할까?</td></tr>
<tr><td colspan="2">역할/쌓기</td><td>– (쌓기)레고 블록으로 동물원 만들어요 사
– (쌓기)긴 뱀, 짧은 뱀 만들어요.
– (역할)엄마 동물, 아기 동물이 되어 보아요 사</td></tr>
<tr><td rowspan="2">예술활동</td><td>미술</td><td>– 동물 모양 모빌 만들기
– 알록달록 색종이 뱀</td></tr>
<tr><td>음률</td><td>– '동물 농장' 부르며 동물 흉내 내기
– 사자처럼 크게! 병아리처럼 작게! 북을 쳐요</td></tr>
<tr><td colspan="2">탐색</td><td>– 동물은 어떤 음식을 먹을까?
– 자라서 무엇이 될까요?(동물의 성장)</td></tr>
<tr><td colspan="3">실외활동</td><td>– (산책)나무에게 전하는 이야기 일
– (실외놀이)동물 인형 목욕 시키기
– [실내대체활동]구르는 공을 잡아 봐요</td></tr>
<tr><td colspan="3">기본생활</td><td>– (절제)스스로 먹어 보아요</td></tr>
<tr><td colspan="3">귀가 및 가정연계</td><td>– 동물원에 가서 좋아하는 동물 찾아보기</td></tr>
</table>

(3) 일일계획

일일계획은 매일 반복되는 일상생활 관련 활동들을 일정한 순서로 계획하여 영아가 하루를 어떻게 보낼 것인지를 예상하게 함으로써 심리적인 안정감을 가질 수 있도록 한다. 계획한 활동대로 진행하기보다 영아의 건강상태, 흥미나 관심, 발달 정도, 놀이실의 상황 등을 고려하여 융통성 있게 운영하는 것이 중요하다(윤희경 외, 2005).

일과를 진행하는 일상생활 속에서 학습경험이 이루어지도록 하여 하루 활동의 과정과 결과를 평가하고 그 평가결과를 바탕으로 다음 날의 계획을 조정하거나 개선하도록 한다.

표 12-7 2세를 위한 일일계획 예시

반명	햇살반	일시	2014년 11월 12일	수업일수	/
생활주제	주변의 환경과 생활	주제	올망졸망, 우리 주변의 돌과 흙	소주제	돌 · 흙의 특성에 관심 가지기
목표	돌과 흙의 특성을 알아본다.				

시간	활동목표	활동내용	누리과정 관련요소	준비물	실행 평가
07:30 ~ 9:00 등원 및 통합 보육	등원하는 유아를 반갑게 맞이한다.	[등원 및 맞이하기] [사회관계증진 : 선생님과 친구들에게 반갑게 인사하기] • 함께 등원하는 친구와 인사를 나눈다. • 신발과 가방을 자신의 자리에 정리한다. • 선생님과 친구들에게 바른 자세로 인사한다.	• 신체운동 · 건강 〉건강하게 생활하기 〉건강한 일상생활하기		
9:00 ~ 9:30 오전 간식	바르게 앉아 간식을 먹는 습관을 기른다.	[오전 간식] • 간식을 먹는 바른 방법을 이야기 나눈다. • 유아들에게 간식을 나누어 준다. • 감사인사를 하고 준비된 간식을 맛있게 먹는다. • 앉아서 바른 자세로 간식을 먹을 수 있도록 하고, 다 먹은 유아는 스스로 정리한다.	• 신체운동 · 건강 〉 건강하게 생활하기 〉 바른 식생활 하기	오늘의 간식	

<table>
<tr>
<td rowspan="2">09:30
~
10:30
오전
자유
선택
활동</td>
<td>1) 다양한 영역의 놀이에 관심을 가진다.

2) 영역을 선택하여 자유롭게 놀이한다.</td>
<td>[자유선택활동]
• 새로운 영역을 소개한다.
• 놀이하고 싶은 영역을 선택하여 자유롭게 놀이한다.
• 놀잇감을 친구들과 함께 사용하고 놀이 후 정리한다.
<table>
<tr><th>영역</th><th>활동명</th><th>실행</th></tr>
<tr><td>쌓기</td><td></td><td>o</td></tr>
<tr><td>역할</td><td>흙에서 사는 지렁이</td><td>o</td></tr>
<tr><td rowspan="2">언어</td><td>모래글자 만들기</td><td>o</td></tr>
<tr><td>땅속에는 무엇이 있을까?</td><td>x</td></tr>
<tr><td rowspan="2">수 조작</td><td>돌길 따라 걸어요</td><td>o</td></tr>
<tr><td>같은 돌멩이 찾기</td><td>o</td></tr>
<tr><td>음률</td><td>[사회관계증진]자갈돌들의 아름다운 합창</td><td>o</td></tr>
<tr><td rowspan="2">미술</td><td>부드러운 황토 물 그림</td><td>o</td></tr>
<tr><td>자갈돌 그림</td><td>x</td></tr>
<tr><td>과학</td><td>흙 속에는 무엇이 있을까요?</td><td>o</td></tr>
<tr><td>안전</td><td>따라가지 않을게요</td><td>o</td></tr>
</table>
실행: o(실행) X(안함) ◎(수정) +(확장)</td>
<td>• 신체운동 · 건강 〉 안전하게 생활하기 〉 놀이하기
• 사회관계 〉 다른 사람과 더불어 생활하기</td>
<td>영역별 놀잇감 활동 제시된 교구</td>
<td></td>
</tr>
<tr>
<td>1) 흙에서 사는 지렁이의 모습과 움직임에 관심을 가진다.

2) 흙을 지키는 방법을 알고 실천한다.</td>
<td>[역할] 흙 속에 사는 지렁이
■ 활동방법
① 지렁이에 대해 이야기 나눈다.
② 활동 방법을 알아본다.
③ '흙에서 사는 지렁이' 활동을 한다.
④ '흙에서 사는 지렁이' 활동이 끝난 후 평가한다.</td>
<td>• 자연탐구 〉 과학적 탐구하기 〉 생명체와 자연환경 알아보기</td>
<td>
(지렁이 그림)</td>
<td></td>
</tr>
</table>

10:40 ~ 11:40 대 · 소 집단 활동	1) 흙은 종류에 따라 여러 가지 색깔이 있음을 안다. 2) 여러 가지 흙에 대한 자신의 생각을 이야기 한다.	[이야기 나누기] 흙의 종류와 색 ■ 활동방법 ① 우리 원 주변에서 볼 수 있는 흙에 대해 이야기 나눈다. ② 가정에서 가지고 온 흙을 친구들에게 소개한다. ③ 친구들이 가지고 온 흙을 알아본다. ④ 흙을 관찰하며 알아본 내용을 이야기 나눈다.	• 의사소통 〉 말하기 • 사회관계 〉 다른 사람과 더불어 생활하기 • 자연탐구	다양한 종류의 흙 (진흙, 황토, 찰흙, 모래, 마사토)	
	나무가 우리에게 주는 이로움과 고마움을 알고 게임을 해 본다.	[게임] 나무를 심어요 ■ 활동방법 ① 손 인형(욕심이와 지킴이)이 나와서 이야기한다. ② 게임 방법에 대해 이야기한다. ③ 약속을 지키며 게임을 한다. ④ 게임을 정리하고 활동을 평가한다.	• 자연탐구 〉 과학적 탐구하기 〉 생명체와 자연환경 알아보기 • 사회관계 〉친구와 사이좋게 지내기	손인형 2개, 세숫대야, 흙, 모형나무, 돗자리, 신호 악기	
	1) 유괴당하는 순간, 어떻게 해야 하는지 알아본다. 2) 유괴당했을 때, 대처방법에 대해 알아본다.	[안전교육] 따라가지 않을 게요 ■ 활동방법 ① 낯선 사람이 말을 걸었을 때, 어떻게 해야 하는지 이야기 나누어 본다. ② '유괴'에 대해 이야기 나누어 본다. ③ 유괴를 당했을 때, 대처 방법에 대해 알아본다. ④ 유괴 당했을 때 대처 방법에 대해 O, X 문제를 내어 다시 확인한다.	안전교육 멀티자료	안전교육 멀티자료	

11:40 ~ 12:10 실외 활동	쓰기도구를 이용한 자기표현을 종이가 아닌 흙, 땅바닥 바위의 자연물에 그림을 그려보는 기회를 가지며 쓰기도구에 대한 탐색을 한다.	[일상생활][실외]흙/땅 바닥, 바위, 아스팔트 위에 그림 그리기 ■ 활동방법 산책을 가서 흙 위에 그림을 그릴 수 있는 방법을 모색하고 실행한다. [대체활동]요한 슈트라우스의 '빈 숲속의 이야기' –요한 슈트라우스 –'빈 숲속의 이야기'에 대해 이야기 나눈 후, 다양한 방법으로 음악을 감상해본다.	• 신체운동 · 건강 • 의사소통 사용하기 • 자연탐구	종이/쓰기도구(색연필, 사인펜, 4B연필), 분필, 흰 돌멩이, 나뭇가지	
12:10 ~ 화장실 다녀 오기 및 손 씻기 ~ 13:20 점심 식사	1) 화장실 사용방법을 바르게 알고 소변을 본다. 2) 음식을 골고루 먹어 몸을 튼튼하게 한다. 3) 여러 가지 영양소를 섭취하여 신체의 발달을 도모한다.	[화장실 다녀오기]/[점심식사] –반찬과 국을 확인하고 친구들에게 오늘의 식단을 이야기한다. –먹을 수 있을 만큼 나누어 줄 것이니 꼭꼭 씹어서 모두 먹을 수 있도록 노력하기로 한다. –밥과 반찬을 배식한다. –나누어 주며 친구들에게 반찬에 대해 잘 이야기해 유아들이 음식에 대한 거부감이 없도록 유도한다. –모두 음식을 나누고 친구들과 함께 합장하여 "잘 먹겠습니다." 인사를 한다. –감사한 마음으로 점심을 먹는다. –점심을 다 먹은 유아는 양치를 깨끗이 한다. –양치를 한 후 자유선택활동을 하도록 한다.	• 신체운동 · 건강 〉 건강하게 생활하기 〉 바른 식생활 하기	종이 타월, 비누 도시락, 수저, 물 컵, 양치 컵, 칫솔, 밥, 국, 반찬 등	
13:30 ~ 14:00 대소집 단활동					

<table>
<tr>
<td>14:00
~ 15:30
낮잠</td>
<td>오전 활동으로 인한 휴식의 시간을 가지며, 정서적 안정감을 느낀다.</td>
<td>[낮잠]
–조용한 음악을 들으며, 낮잠을 자거나 휴식한다.</td>
<td></td>
<td>낮잠음악
조용한 놀잇감
베개, 이불</td>
<td></td>
</tr>
<tr>
<td>15:30
~
낮잠
깨기 및
정리
정돈
~
16:00
오후
간식</td>
<td>1) 휴식을 마무리하며 나의 물건들을 정리한다.

2) 바르게 앉아 간식을 먹는 습관을 기른다.</td>
<td>–먼저 일어난 유아들은 화장실을 다녀온 후 다른 유아가 일어날 때까지 책 보기 등의 정적인 놀이를 한다.
–경쾌한 음악을 들으며 낮잠에서 깨어난다.
–베개 및 이불을 정리한다.
–간식을 먹는 바른 방법을 이야기 나눈다.
–유아들에게 간식을 나누어 준다.
–인사하고 준비된 간식을 맛있게 먹는다.
–앉아서 바른 자세로 간식을 먹을 수 있도록 하고, 다 먹은 유아는 스스로 정리한다.</td>
<td>• 신체운동 · 건강 〉 건강하게 생활하기 〉 바른 식생활 하기</td>
<td>경쾌한
음악
정리장
오늘의
간식</td>
<td></td>
</tr>
<tr>
<td>16:00
~
실외
활동

16:30
~
19:30
자유
선택
활동</td>
<td>1) 다양한 영역의 놀이에 관심을 가진다.

2) 영역을 선택하여 자유롭게 놀이한다.</td>
<td>
<table>
<tr><th>영역</th><th>활동명</th><th>실행</th></tr>
<tr><td>쌓기</td><td>[사회관계증진]흙 속 세상 꾸미기</td><td></td></tr>
<tr><td>역할</td><td>흙에서 사는 지렁이</td><td></td></tr>
<tr><td>전래</td><td>노아사랑무릎학교</td><td></td></tr>
<tr><td rowspan="2">언어</td><td>모래글자 만들기</td><td></td></tr>
<tr><td>땅속에는 무엇이 있을까?</td><td></td></tr>
<tr><td rowspan="2">수 조작</td><td>돌길 따라 걸어요</td><td></td></tr>
<tr><td>같은 돌멩이 찾기</td><td></td></tr>
<tr><td>음률</td><td>[사회관계증진]자갈돌들의 아름다운 합창</td><td></td></tr>
<tr><td rowspan="2">미술</td><td>부드러운 황토 물 그림</td><td></td></tr>
<tr><td>자갈돌 그림</td><td></td></tr>
<tr><td>과학</td><td>흙 속에는 무엇이 있을까요?</td><td></td></tr>
<tr><td>안전</td><td>따라가지 않을게요</td><td></td></tr>
<tr><td colspan="3">실행: o(실행) X(안함) ◎(수정) +(확장)</td></tr>
</table>
</td>
<td></td>
<td></td>
<td></td>
</tr>
</table>

<table>
<tr>
<td>16:30
~
귀가
및
통합
보육</td>
<td>1) 겉옷과 가방을 챙겨 스스로 귀가 준비를 한다.

2) 하루의 활동을 평가하고 자신의 기분을 표현한다.</td>
<td>–원 생활을 마치고 집으로 가는 시간임을 알린다.
–원에서의 있었던 일을 이야기하며 하루를 평가한다.
–즐거웠던 일과 속상했던 일을 이야기 나눈다.
–속상한 마음을 풀어주어 기분 좋게 하원할 수 있도록 한다.
–유아들이 옷을 입을 수 있도록 유들의 옷을 챙긴다.
–옷을 입은 후 가방을 메고 자리에 앉도록 한다.
–교사와 함께 교실에서 인사를 나눈다.(안녕 노래)
–선생님, 친구들과 인사를 하고 귀가하도록 지도한다.</td>
<td colspan="2">• 의사소통 〉 말하기 〉 느낌, 생각, 경험 말하기
• 사회관계 〉 나를 알고 존중하기 〉 나의 일 스스로 하기</td>
<td>겉옷, 가방</td>
<td></td>
</tr>
<tr>
<td rowspan="4">실행
및
평가</td>
<td colspan="2" rowspan="4"></td>
<td colspan="4">원아 관리</td>
</tr>
<tr>
<td rowspan="2">출결
사항</td>
<td>출석</td>
<td>결석</td>
<td>결석
원아</td>
</tr>
<tr>
<td></td>
<td></td>
<td></td>
</tr>
<tr>
<td>유아
관찰</td>
<td colspan="3"></td>
</tr>
</table>

3) 3~5세 유아를 위한 보육계획

이 시기의 유아는 신체적 발달이 왕성하고 활동적이며 대인관계에 있어서도 가족과의 관계를 토대로 또래 관계를 형성하기 시작한다. 또한, 독립적이며 자기주장이 강한 성향이 두드러지게 되므로 여러 가지 일상적인 활동을 스스로 해결하도록 하여 독립성과 자율성을 기르고 성취감을 느끼게 함으로써 긍정적인 자아개념을 형성할 수 있다(고문숙 외, 2008).

따라서 유아들이 점차 일정한 계획과 순서에 맞추어 활동하고, 단체생활에 적응할 수 있도록 하고 영아기 때 형성된 기본생활습관을 공고히 하고, 신체적 활동과 안전 위주의 활동에서 나아가 통합적 발달을 도모하는 경험을 갖도록 하며 단체활동을 통해 협동심을 기르는 주제를 계획한다.

(1) 연간계획

연간계획은 표준보육과정의 내용을 바탕으로 유아의 신체적·정신적 발달 특성과 전통, 흥미, 관심, 계절, 부모의 요구, 지역사회 및 어린이집의 실정 등을 고려하여 계획하여야 한다. 연간주제 선정은 기본적으로 유아가 주변에서 친숙하게 접하고 직접 경험할 수 있는 것을 기본으로 유아의 발달 수준, 흥미, 계절 등을 고려하여 선정할 수 있다.

특히, 유아의 다양한 활동 및 경험은 전체적인 균형과 보육목표를 지향하여 서로 연계되고 통합되어야 한다.

표 12-8 5세 유아를 위한 연간계획 예시

월	주제명	주	소주제명	행사	월	주제명	주	소주제명	행사
3	즐거운 어린이집	1	새로 만난 우리반		9	세계 속의 우리 나라	1	우리나라의 생활	
		2	새로 꾸민 우리반				2	우리 나라의 문화유산	
		3	어린이집 탐험				3	세계 여러 나라와 사람들	
		4	사이좋은 친구				4	세계 여러 나라의 생활	
							5	함께 사는 세계	
4	봄	1	봄의 모습		10	가을과 자연	1	가을의 변화	
		2	식물의 봄맞이				2	가을 곡식과 열매	
		3	동물의 봄 나들이				3	가을 나무와 숲	
		4	우리들의 봄이야기				4	우리들의 가을 이야기/추석	
5	소중한 가족	1	우리가족 소개		11	지구와 환경	1	우리가 사는 지구	
		2	여러 가족의 모습				2	지구의 변화	
		3	가족놀이				3	고마운 지구	
		4	사랑하는 우리가족 1				4	지구의 보호	
		5	사랑하는 우리가족 2						
6	우리 동네	1	우리동네 모습		12	겨울과 놀이	1	겨울의 모습	
		2	우리동네기관 1				2	동식물의 겨울나기	
		3	우리동네기관 2				3	겨울철 안전	
		4	다양한직업				4	이웃과 함께하는 겨울	
		5	함께하는 우리 이웃				5	새해맞이와 놀이	
7	신나는 여름	1	여름의 모습		1	기계와 생활	1	편리한 생활도구	
		2	건강한 여름나기				2	우리주변의 기계	
		3	즐거운 물놀이 1				3	우리는 발명가	
		4	즐거운 물놀이 2				4	미래의 생활	
8	교통과 안전	1	내가 궁금한 교통수단		2	초등학교에 가요	1	즐거웠던 어린이집	
		2	편리한 교통시설				2	즐거웠던 어린이집	
		3	미래의 교통수단				3	궁금한 초등학교	
		4	안전한 교통문화				4	1학년이 되면	

(2) 월간계획

월간계획은 활동영역의 균형과 통합을 고려하여 연간계획에서 구성된 생활주제를 다시 소주제로 구분하여 작성하는데, 이때 연간계획과 계열성·연계성이 유지되도록 작성하여야 한다(서영숙 외 2006).

또한, 월간계획에는 교육 및 행사에 관한 계획, 영양, 건강, 안전관리, 부모참여, 지역사회 봉사활동 등에 대한 계획이 포함된다. 그러나 이러한 주제는 유아의 흥미나 관심, 활동의 심화에 의해 계획이 융통성 있게 변경되기도 한다. 따라서 주제에 따라 철저하게 연구하고 계획하고 활동을 준비하면서 대안적 계획도 동시에 준비되어야 한다.

>> 표 12-9 5세 유아를 위한 월간계획 예시

생활주제	풍성한 가을
교육 목표	가을의 자연현상과 생활의 변화에 관심을 가진다. 가을에는 많은 곡식과 열매들이 익고, 익은 곡식과 열매를 거두어들인다는 것을 안다. 가을이 되어 변화하는 식물과 곤충에 관심을 갖고 살펴본다. 아름다운 가을 풍경을 느끼고 즐긴다.
주제 선정 이유	생활주제 '가을'은 유아가 계절의 변화를 느끼고, 가을의 자연현상과 동 · 식물에 관심을 갖고 소중함을 느끼도록 돕는 생활주제이다. 선정된 주제는 '알록달록 가을이 와요', '가을은 풍성해', '가을의 식물', '가을의 동물', '가을 풍경 느끼기'이다. '알록달록 가을이 와요'는 유아가 가을이 왔음을 알고, 계절적 변화에 따른 우리 생활의 변화를 알아보고 경험함으로써 가을을 느낄 수 있도록 하였다. '가을은 풍성해'에서는 가을에 열매를 맺는 곡식과 열매에 대해 알아보며 풍성한 가을을 느낄 수 있도록 돕고자 하였다. '가을의 식물', '가을의 동물'은 가을철 식물과 동물, 곤충의 변화를 탐색하고 경험하며 생명의 소중함을 느끼도록 하였으며, '가을 풍경 느끼기'는 가을의 자연 풍경을 직접 경험하며 아름다움을 느끼고 체험하도록 하였다.

	주	1주	2주	3주	4주	5주
		09. 29 ~ 10. 03	10. 06 ~ 10. 10	10. 13 ~ 10. 17	10. 20 ~ 10. 24	10. 27 ~ 10. 31
활동	주 주제	알록달록 가을이 와요	가을은 풍성해	가을의 식물	가을의 동물	가을 풍경 느끼기
자유선택활동	쌓기 영역	· 가을 풍경 구성하기	· 가을 논밭을 꾸며요	· 가을 나무 구성하기	· 가을 곤충을 만나요 – 숲길 만들기	· 블록으로 가을 동산 꾸미기
	역할 영역	· 가을 옷 패션쇼	· 농부 아저씨와 참새놀이	· 나뭇잎의 가을 소풍	· 가을 곤충 놀이터	· 가을 등산하기
	언어 영역	· 가을을 흉내 내는 말 · 가을과 관련된 단어를 찾아보세요 · 색깔이 모두 사라졌어–동화책	· 가을 열매와 곡식을 찾아요 (NIE) · 열매 이름 난타	· 가을꽃의 이름을 알아요 · 나뭇잎 책 만들기	· 가을 곤충 연결하기 · 가을 곤충 사진 책 만들기	· 가을 색깔 책 만들기 · 가을 색 모래 글자 만들기 · 나뭇잎 가면
	수 · 조작 영역	· 내가 좋아하는 계절 그래프 · 가을 퍼즐 맞추기 · 색깔끼리 모아요 · 〈일곱 조각 칠교〉수교구	· 밤과 도토리로 패턴목걸이 만들기 · 가을 열매 퍼즐 · 10을 만들어요	· 코스모스 꽃잎 모으기 · 나뭇잎 패턴 · 나뭇잎 퍼즐 맞추기	· 가을 곤충 잡기 · 가을 곤충 그림자 찾기 · 가을 곤충 퍼즐 맞추기	· 가을 풍경 맞추기 · 가을 색깔 그래프 만들기
	음률 영역	· 가을은 어떤 소리일까? · 음악에 맞추어 스카프 흔들기	· 곡물 레인메이커 · 탬버린(창의 교구)–춤추는 탬버린	· 노래를 부르며 나뭇잎을 밟아요	· 잠자리의 음악회	· '10월 풍요의 들녘' 음악 감상하기
	미술 영역	· 내가 만든 가을 옷 · 알록달록 가을의 색	· 나무 공작 허수아비 · 곡식 모자이크	· 코스모스 접어 가을 들판 꾸미기 · 나뭇잎 가면 · 가을 나무 꾸미기	· 자연물로 가을 곤충 만들기 · 잠자리 · 곤충이 나오는 명화 감상하기	· 가을 하늘 만들기 · 자연물 가루로 가을 동산 꾸미기 · 허수아비 만들기
	과학 영역	· 가을을 찾아보세요	· 가을 과일을 관찰해요	· 나뭇잎이 달라요	· 가을 곤충 관찰하기	· 손수건에 가을 물들이기 · 과학교구–관찰경(관찰해요)

대소집단활동	이야기 나누기	· 가을이에요 · 가을이 되면 필요해요 · 시원해졌어요	· 가을 곡식과 열매로 만든 음식 · 황금색 들판이 되었어요 · 겉과 속이 달라요 · 감사하는 생활	· 가을의 꽃을 알아요 · 나무들의 색이 달라졌어요 · 가을 식물을 만나러 가요	· 가을 동물들이 하는 일 · 가을 곤충을 알아요 · 가을 밤의 음악가 귀뚜라미 · 곤충 최고의 비행사 잠자리	· 가을의 농촌 풍경 · 가을 하늘 · 가을 바람 · 가을 동산 산책하기
	동시 동화(노아 사랑무릎학교) 동극	· [노.아]가을 · [동시]가을은 요술쟁이	· [노.아]커다란 순무 · [동극]커다란 순무	· [노.아]단풍잎의 가을밤	· [노.아]개미와 베짱이 · [동시]가을 벌레의 향연	· [노.아]할머니의 농사일기 · [동시]가을동산
	게임 신체 표현	· [게임]가을 옷 찾기 · 〈신체〉가을 바람이 되어보아요	· [게임]밤 나르기	· [신체]나뭇잎의 변화 · [게임]나뭇잎 색깔 바꾸기	· [신체]가을 곤충이 되었어요	· [신체]가을 바람 느끼며 달려봐요 · [게임]가을 하늘 카드 뒤집기 게임 · 공놀이
	요리	· [요리]고구마 맛탕	· [요리]영양밥 짓기	· [요리]나뭇잎 쿠키	· [요리]생강과자 만들기	· [요리]구름빵
	음악	· [동요]가을길 · [동요]가을이 왔다고 해요	· [동요]허수아비 아저씨 · [동요]도토리	· [동요]몰래 들어와서는 · [동요]코스모스	· [동요]산골짝의 다람쥐 · [동요]몰래들어와서는	· [동요]가을바람
	음악, 명화 감상	· [음악]비발디–사계 중 가을	· [명화]밀레 – 이삭 줍는 사람들	· [명화]존 에버렛 밀레이–가을 낙엽	· [명화]김희겸–편우령환첩 잠자리	· [음악]차이코프스키–사계 중 10월 가을의 노래

실외 놀이	· 가을 동산으로 나들이 가요 · 과일 씨와 채소 씨 비교하기 · [실내대체활동]솔솔솔 가을바람	· 가을을 찍어요 · [실내대체활동] 나는 야, 가을 열매 · 나뭇잎 무지개 · [현장학습] 쌀을 만나요	· 가을 숲에서 사진을 찍어요 · 가을 숲 돌탑 쌓기 · [실내대체활동]낙엽 주워오기	· 가을 곤충이 되었어요 · 떨어지는 나뭇잎 놀이 · [실내대체활동]메뚜기처럼 뛰어 반환점 돌아오기	· 가을 바람 만나요 · 나뭇잎 잎맥 관찰하기 · [실내대체활동]가을바람 되어보기
안전 교육	· 나는 야! 내 몸 지킴이	· 싫어요! 안 돼요! 도와주세요! 2	· 잘 쓰면 약! 못 쓰면 독!	· 안전하게 타요(자전거와 스케이트)	· 전기는 위험할 수 있어요
생활 습관	· (예절)바르게 인사해요	· (질서)견학 시 지켜야 할 약속	· (예절)선생님과 친구의 말을 끝까지 들어요	· (예절)친구 집에 놀러 왔어요	· (절제)컴퓨터와 텔레비전을 바르게 사용하려면

출처: 법인. 연어린이집 5세 프로그램.

(3) 주간계획

주간계획은 연·월간계획에서 수립된 주제에 따라 유아의 직접적이고 구체적인 일상 경험에 기초하여 요일별, 하루 시간별, 실내·외 공간별 등으로 계획하며 유아의 흥미와 관심, 명절과 기념일 등이 반영될 수 있다.

유아는 스스로 경험하면서 발달하고 배우므로 유아와 교사가 적극적으로 상호 작용하고 유아가 능동적으로 참여할 수 있는 활동을 계획하는 것이 매우 중요하며 보육활동에 필요한 교재교구나 활동의 방법, 주변 환경 등이 포함되어야 한다.

이러한 활동계획은 유아의 발달적 요구나 특성에 따라서 다소 조절될 수 있으며 소주제와 연관된 활동은 하루 또는 한번 경험하기보다는 연속적·반복적으로 경험할 수 있도록 한다.

표 12-10 5세 유아를 위한 주간계획 예시

<table>
<tr><td colspan="3">생활주제</td><td colspan="3">풍성한 가을</td><td rowspan="2">교육기간</td><td colspan="2" rowspan="2">2014년 10월 27일
~11월 1일</td></tr>
<tr><td colspan="3">주제</td><td colspan="3">가을 풍경 느끼기</td></tr>
<tr><td colspan="3">목표</td><td colspan="6">아름다운 가을 풍경을 느끼고 즐긴다.</td></tr>
<tr><td colspan="3">요일
활동</td><td>월(27일)</td><td>화(28일)</td><td>수(29일)</td><td>목(30일)</td><td>금(31일)</td><td>토
(1일)</td></tr>
<tr><td rowspan="6">자유선택활동</td><td colspan="2">의사소통
영역</td><td colspan="5">가을 색깔 책 만들기
가을 색 모래 글자 만들기
나뭇잎 가면</td><td rowspan="12">통합보육</td></tr>
<tr><td colspan="2">사회영역</td><td colspan="5">쌓기–블록으로 가을 동산 꾸미기
역할–가을 등산하기</td></tr>
<tr><td colspan="2">수조작영역</td><td colspan="5">가을 풍경 맞추기
가을 색깔 그래프 만들기</td></tr>
<tr><td rowspan="2">예술
활동
영역</td><td>미술</td><td colspan="5">허수아비 만들기
자연물 가루로 가을 동산 꾸미기</td></tr>
<tr><td>음률</td><td colspan="5">'10월 풍요의 들녘' 음악 감상하기</td></tr>
<tr><td colspan="2">과학영역</td><td colspan="5">손수건에 가을 물들이기
과학교구–관찰경(관찰해요)</td></tr>
<tr><td rowspan="6">대소집단활동</td><td colspan="2">이야기
나누기</td><td>주말지낸
이야기</td><td>가을의 농촌
풍경</td><td>가을 하늘</td><td>가을 바람</td><td>가을 동산
산책하기</td></tr>
<tr><td colspan="2">동시/동화
(노아사랑
무릎학교)</td><td>[동시]–
가을 동산</td><td>[노.아]–할머
니의
농사일기</td><td></td><td></td><td></td></tr>
<tr><td colspan="2">새 노래</td><td></td><td></td><td></td><td>가을 바람</td><td></td></tr>
<tr><td colspan="2">게임/
신체</td><td></td><td></td><td>[게임]–가을
하늘 카드
뒤집기 게임</td><td></td><td>[신체]–가을
바람 느끼며
달려 봐요</td></tr>
<tr><td colspan="2">음악/명화
감상/요리
활동</td><td></td><td></td><td></td><td>구름빵(요리)</td><td>[음악]–차이
코프스키–사
계중 10월 가
을의 노래</td></tr>
<tr><td colspan="2">특성화
프로그램</td><td>–안전교육
(전기는
위험할 수
있어요)</td><td>–체육활동
(가을 열매
따기)</td><td>–영어활동</td><td>–루크
(4단계)</td><td>–브릭앤 로봇</td></tr>
</table>

실외활동	가을 바람 만나요 나뭇잎 잎맥 관찰하기 대체활동 – 가을 바람 되어 보기
기본생활습관	(절제) – 컴퓨터와 텔레비전을 바르게 사용하려면
귀가 및 가정연계	

(4) 일일계획

일일계획은 주간계획을 기초하여 유아들이 하루 동안 어떻게 생활할 것인가를 계획하는 것이다. 유아의 하루 일과는 등원, 실내·외 놀이활동, 대·소집단 활동, 낮잠과 휴식, 급식과 간식 배변과 씻기, 정리정돈, 귀가 등으로 구성된다.

일일계획에 따른 운영 후에는 활동 전반에 대한 평가가 이루어져야 하며 그 평가 결과를 바탕으로 일일계획을 수정하거나 개선함으로써 계획과 운영 및 평가가 순환적으로 이루어지도록 해야 한다(이기숙 외, 2000).

표 12-11 5세 유아를 위한 일일계획 예시

반 명		일 시	2014년 10월 31일 금요일	수업 일수	/
생활주제	풍성한 가을	주 제	가을 풍경 느끼기	소주제	가을 동산 즐기기
목 표	가을이 되어 달라진 가을 풍경을 즐긴다. 아름다운 가을 풍경을 느끼고 자연의 경이로움을 느낀다.				
교사의 준비 및 환경 점검	보육실 환기하기		보육실 청결 및 세팅하기		
	활동 물품 준비하기		유아의 개별 소지품 확인하기		
	보육용품이나 비품의 모서리 보호대 점검하기		위생용품 준비하기		
	전기콘센트, 플러그 정비하기		일일보고서 작성 준비하기		

일일 시간표	• 07:30 ~ 9:00 등원 및 통합보육 • 09:00 ~ 09:30 오전 간식 • 09:30 ~ 10:30 자유선택활동 • 10:30 ~ 10:40 화장실 다녀오기 • 10:40 ~ 11:40 대 · 소집단 활동 • 11:40 ~ 12:10 실외활동 • 12:10 ~ 12:20 화장실 다녀오기 및 손 씻기 • 12:20 ~ 13:20 점심 식사 • 13:20 ~ 13:40 조용한 활동 및 낮잠 준비 • 13:40 ~ 15:00 낮잠 • 15:00 ~ 15:10 낮잠 깨기 및 정리정돈 • 15:10 ~ 15:40 오후 간식 • 15:40 ~ 16:20 실외활동 • 16:20 ~ 16:30 화장실 다녀오기 • 16:30 ~ 19:30 자유선택활동 및 귀가지도

시간	활동목표	활동내용	누리과정 관련요소	준비물	실행평가
07:30 ~ 9:00 등원 및 통합 보육	등원하는 유아를 반갑게 맞이한다.	[등원 및 맞이하기] [사회관계증진 : 선생님과 친구들에게 반갑게 인사하기] –함께 등원하는 친구와 인사를 나눈다. –신발과 가방을 자신의 자리에 정리한다. –선생님과 친구들에게 바른 자세로 인사한다.	• 신체운동 · 건강 〉건강하게 생활하기〉 건강한 일상생활하기		
9:00 ~ 9:30 오전 간식	바르게 앉아 간식을 먹는 습관을 기른다.	[오전 간식] –간식을 먹는 바른 방법을 이야기 나눈다. –유아들에게 간식을 나누어 준다. –감사의 인사하고 준비된 간식을 맛있게 먹는다. –앉아서 바른 자세로 간식을 먹을 수 있도록 하고, 다 먹은 유아는 스스로 정리한다.	• 신체운동 · 건강 〉 건강하게 생활하기〉 바른 식생활하기	오늘의 간식	

<table>
<tr>
<td rowspan="2">09:30
~
10:30
오전
자유
선택
활동</td>
<td>1) 다양한 영역의 놀이에 관심을 가진다.

2) 영역을 선택하여 자유롭게 놀이한다.</td>
<td>[자유선택활동]
–새로운 영역을 소개한다.
–놀이하고 싶은 영역을 선택하여 자유롭게 놀이한다.
–놀잇감을 친구들과 함께 사용하고 놀이 후 정리한다.
<table>
<tr><th>영역</th><th>활동명</th><th>실행</th></tr>
<tr><td>쌓기</td><td>[사회관계증진] 블록으로 가을동산 꾸미기</td><td>o</td></tr>
<tr><td>역할</td><td>가을 등산하기</td><td>o</td></tr>
<tr><td rowspan="2">언어</td><td>가을 색깔책 만들기</td><td>o</td></tr>
<tr><td>가을 색 모래 글자 만들기</td><td>o</td></tr>
<tr><td rowspan="2">수 조작</td><td>가을 풍경 맞추기</td><td>o</td></tr>
<tr><td>가을 색깔 그래프 만들기</td><td>o</td></tr>
<tr><td>음률</td><td>‘10월 풍월의 들녘’ 음악 감상하기</td><td>o</td></tr>
<tr><td rowspan="2">미술</td><td>가을하늘 만들기</td><td>o</td></tr>
<tr><td>자연물 가루로 가을 동산 꾸미기</td><td>o</td></tr>
<tr><td>과학</td><td>손수건에 가을 물들이기</td><td>o</td></tr>
<tr><td>안전</td><td>전기는 위험할 수 있어요</td><td>o</td></tr>
</table>
실행: o(실행) X(안함) ◎(수정) +(확장)</td>
<td></td>
<td>영역별 놀잇감 활동 제시된 교구</td>
<td></td>
</tr>
<tr>
<td>1) 가을 풍경의 아름다움을 느끼고 즐긴다.</td>
<td>[미술]자연물 가루로 가을동산 꾸미기
■ 활동방법
① 말린 나뭇잎을 가루로 만들어 본다.
② 잎을 색깔별로 분류하여 통에 담는다.
③ 여러 가지 색깔 잎 가루로 만들 작품을 구상한다.
④ 밑그림을 그리고 잎 가루를 뿌려 작품을 만든다.
⑤ 활동을 회상하고 평가한다.</td>
<td>• 자연 탐구〉 과학적 탐 구하기 〉 자연현상 알아보기</td>
<td>원 주변을 산책하며 주워온 여러 가지 색깔 나뭇잎, 잎 가루를 색깔별로 담을 그릇, 도화지, 색연필, 물풀</td>
<td></td>
</tr>
</table>

	2) 나뭇잎 가루를 이용해 가을 동산을 창의적으로 표현한다.	■ 확장 및 연계활동 ① 주워 말린 잎을 활용하여 여러 가지 가을 모습, 동물 등을 표현해 보는 활동을 한다. ② 주워온 잎을 과학 영역에 제공하여 잎맥을 관찰할 수 있다. ■ 지도상의 유의점 ① 가루로 작품을 만들 때 가루의 질감을 충분히 느끼는 것에 초점을 맞추어 상호작용한다. ② 잎을 완전히 말려야 쉽게 가루로 만들 수 있다. 손바닥으로 비비기 힘든 잎의 경우 찢어서 사용하거나 절구와 절구 공이를 사용하여 빻을 수 있다. ③ 단풍잎 가루를 만드는 곳, 작품을 만드는 곳으로 분리하여 활동하거나 여러 날에 걸쳐 실시한다. ■ 평가하기 ① 가을 풍경의 아름다움을 느끼고 즐기며 활동하는가? ② 나뭇잎 가루를 이용하여 가을 동산을 창의적으로 표현하는가?	• 예술경험 〉 예술적 표현하기 〉 미술 활동으로 표현하기	 (가을 숲 슬라이드)	
10:30 ~ 10:40 **화장실 다녀오기**	1) 화장실 사용방법을 바르게 알고 소변을 본다.	[화장실 다녀오기] –유아들과 줄을 서서 화장실로 이동한다. –옷을 내리기 힘들어하는 유아, 뒤처리가 힘든 유아, 옷을 바르게 입지 못하는 유아 등이 있는지 교사가 관찰 후 도와준다. –손을 깨끗이 씻는다. –종이타월로 손을 닦고 쓰레기통에 버린다. –신발을 바르게 정리하고 나온다.	• 신체운동 · 건강 〉 건강하게 생활하기 〉 몸과 주변을 깨끗이 하기	종이 타월, 비누	

10:40 ~ 11:40 대 · 소 집단 활동	1) 가을의 자연현상의 변화에 관심을 가진다. 2) 가을의 아름다움을 느끼고 즐긴다. 3) 자신의 경험과 생각을 자유롭게 이야기한다.	[이야기 나누기]가을동산 산책하기 ■ 활동방법 ① '가을이 왔다고 해요' 노래를 함께 부른다. ② 가을 동산에서 볼 수 있는 것들에 대해 이야기 나눈다. –가을 동산에 가면 무엇을 볼 수 있을까요? –가장 보고 싶은 것은 무엇인가요? ③ 가을 동산에 갈 계획을 유아들과 함께 토의해 본다. –가을 동산에 갈 때 무엇이 필요할까요? – 가을 동산에 가서 무엇을 하고 싶나요? ④ 동산에 갈 때 지켜야 할 안전 규칙(약속)에 대해 이야기 나눈다. –동산에 갈 때 우리들이 지켜야 할 약속은 무엇이 있을까요? –왜 그런 약속들이 필요할까요? ⑤ 가을 동산에 가기 전 준비해야 할 것을 챙겼는지 다 함께 확인해 보고, 더 필요한 것은 없는지 이야기 나눈다. ⑥ 가을 동산으로 나가서 가을을 느끼며 이야기 나눈다. –숲에 나오니 느낌이 어떤가요? –무엇이 보이나요? ⑦ 가을 동산에서 즐겁게 놀이한다. –숲에 앉아서 책을 읽어 보세요. –그리고 싶은 그림이 있다면 그려보세요. ⑧ 활동 후 느낌을 이야기 나눈다. –가을 동산에서 무엇을 했나요? –가을 동산에 오니 어떤 느낌이 드나요? ■ 확장 및 연계활동 ① 가을 곤충 놀이, 가을 등산 놀이 등의 활동으로 확장할 수 있다. ■ 지도상의 유의점 ① 안전에 유의하며 가을 동산을 즐기고 체험할 수 있도록 지도한다. ② 가을 동산을 산책하면서 본 가을 풍경, 가을에 대한 느낌 등을 자유롭게 표현할 수 있도록 상호작용한다. ■ 평가하기 ① 가을의 자연현상의 변화에 관심을 가지는가? ② 가을의 아름다움을 느끼고 즐기는가? ③ 자신의 경험과 생각을 자유롭게 이야기하는가?	• 자연탐구 〉 과학적 탐구하기 〉 자연현상 알아보기 • 의사소통 〉 말하기 〉 느낌, 생각, 경험 말하기	카메라, 바구니, 돋보기, 책, 도화지, 색연필, 돗자리, 생수 등  (가을이 왔다고 해요 가사판)	

	1) 가을이 되어 변화하는 날씨와 가을바람을 느낀다. 2) 친구와 함께 놀이하는 것을 즐긴다.	[신체]가을바람 느끼며 달려봐요 ■ 활동방법 ① 바깥놀이 시간이나 산책길에서 바람을 맞으면서 천천히 걸어 본다. –천천히 걸으면서 바람을 느껴 볼까요? –바람이 우리 몸의 어떤 부분에 닿는 것 같나요? ② 바람이 부는 운동장이나 들판을 빨리 걷거나 달려 본다. –달리니까 바람이 어떻게 느껴지나요? –친구가 달리는 모습을 볼까요? ③ 자연 속에서 바람에 따라 움직이는 것을 찾아본다. –바람이 부니까 어떤 것들이 같이 움직이고 있나요? – 나뭇잎이 어떻게 움직이고 있는지 살펴보세요. ④ 여러 가지 도구(바람개비, 비닐 깃발, 풍선, 종이, 스카프 등)를 활용하여 다양한 방법으로 바람을 확인한다. –여러 가지 물건 중에서 어떤 것을 사용해 보고 싶나요? –바람이 부는 곳에서 비닐봉지 깃발을 들고 서 있어 보자. 어떻게 되었나요? ⑤ 유아 두 명이 함께 스카프를 갖고 달려본다. –스카프를 갖고 친구와 함께 달려 보자. –스카프가 어떻게 되었나요? ■ 확장 및 연계활동 ① 미술 활동으로 비닐 깃발이나, 바람개비 만들기 활동을 할 수 있다. ■ 지도상의 유의점 ① 제시된 활동 자료 이외에도 바람을 느낄 수 있는 도구를 유아들과 이야기 해 볼 수 있다. ② 유아가 도구를 이용하여 바람을 관찰할 때 안전하게 놀이할 수 있도록 사전에 미리 이야기를 나눈다. 특히,, 바람개비를 들고 뛰다가 넘어지면 다칠 수 있으므로 활동 전에 미리 도구 사용 시 안전에 대하여 이야기를 나눈다. ■ 평가하기 ① 가을이 되어 변화하는 날씨와 가을바람을 느끼며 활동하는가? ② 친구와 함께 놀이하는 것을 즐기는가?	• 자연탐구 〉 과학적 탐구하기 〉 자연현상 알아보기 • 사회관계 〉 다른 사람과 더불어 생활하기 〉 친구와 사이좋게 지내기	바람개비, 비닐 깃발, 풍선, 종이, 스카프  (바람개비 가사판)	

	1) 음악을 감상하며 아름다움을 느끼고 즐긴다. 2) 음악을 감상하고 떠오르는 생각을 표현할 수 있다.	[음악 감상]차이코프스키의 사계 중 '10월의 가을의 노래' ■ 활동방법 ① 가을 하면 떠오르는 것들을 이야기 나눈다. –가을 하면 어떤 것들이 떠오르나요? –왜 그것이 생각나나요? ② 차이코프스키의 사계 중 '10월 가을의 노래'를 감상한다. ③ 음악을 감상한 후 느낌을 이야기 나눈다. –음악을 들어 보니 어떤 느낌이 드나요? –어떤 악기로 연주한 것 같나요? ④ 음악과 작곡가에 대해 소개한다. –우리가 감상한 음악은 차이코프스키라는 작곡가가 만든 음악이에요. –가을에 대한 느낌을 음악으로 표현한 이 음악의 제목은 '10월 가을의 노래'예요. ⑤ 가을 풍경을 상상하며 다시 한 번 음악을 감상한다. –가을 풍경을 생각해 보며 한 번 더 음악을 감상해 보세요. ■ 확장 및 연계활동 ① 음악을 들으며 떠오른 가을에 대한 생각을 신문과 잡지의 그림을 사용하여 꾸민다. ② 음악에 대한 생각과 느낌을 자유롭게 몸으로 표현해본다. ■ 지도상의 유의점 ① 음률 영역에 음원을 두어 유아들이 개별적으로 음악을 감상할 수 있도록 한다. ■ 평가하기 ① 음악을 감상하며 아름다움을 느끼고 즐기는가? ② 음악을 감상하고 떠오르는 생각을 표현할 수 있는가?	• 예술경험 〉 예술 감상하기 〉 다양한 예술 감상하기 • 의사소통 〉 말하기 〉 느낌, 생각, 경험 말하기 • 자연탐구 〉 과학적 탐구하기 〉 자연현상 알아보기	차이코프스키–사계 중 10월 가을의 노래  (차이코프스키의 사계 중 10월 가을의 노래 동영상)  (차이코프스키의 사계 중 10월 가을의 노래 활동지)	

<table>
<tr>
<td>11:40
~
12:10
실외
활동</td>
<td>1) 나뭇잎을 자세히 관찰해본다.

2) 잎맥의 역할에 대해 관심을 갖는다.</td>
<td>[일상생활][실외]나뭇잎 잎맥 관찰하기
■ 활동방법
① 낙엽을 본 경험에 대하여 이야기 나눈다.
② 바깥으로 나가서 낙엽을 모아본다.
③ 낙엽을 관찰해 본다.
④ 잎맥에 대해 이야기 나눈다.

[대체활동]가을바람 되어보기
–유아들이 바람, 나무, 나뭇잎이 되어 가을바람과 나뭇잎의 움직임을 표현한다.</td>
<td>• 자연탐구 〉 과학적 탐구하기 〉 생명체와 자연환경 알아보기
• 자연탐구 〉 탐구하는 태도 기르기 〉 탐구과정 즐기기</td>
<td>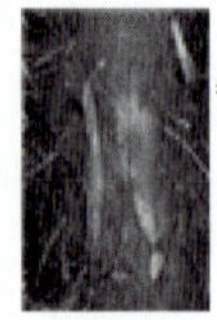
(활동 사진)</td>
<td></td>
</tr>
<tr>
<td>12:10
~
12:20
화장실
다녀
오기
및
손 씻기</td>
<td>1) 화장실 사용방법을 바르게 알고 소변을 본다.</td>
<td>[화장실 다녀오기]
–유아들과 줄을 서서 화장실로 이동한다.
–옷을 내리기 힘들어 하는 유아, 뒤처리가 힘든 유아, 옷을 바르게 입지 못하는 유아 등이 있는지 교사가 관찰 후 도와준다.
–손을 깨끗이 씻는다.
–종이타월로 손을 닦고 쓰레기통에 버린다.
–신발을 바르게 정리하고 나온다.</td>
<td>• 신체운동 · 건강 〉 건강하게 생활하기 〉 몸과 주변을 깨끗이 하기</td>
<td>종이
타월,
비누</td>
<td></td>
</tr>
<tr>
<td>12:20
~
13:20
점심
식사</td>
<td>1) 음식을 골고루 먹어 몸을 튼튼하게 한다.

2) 여러 가지 영양소를 섭취하여 신체의 발달을 도모한다.</td>
<td>[점심식사]
–반찬과 국을 확인하고 친구들에게 오늘의 식단을 이야기한다.
–먹을 수 있을 만큼 나누어 줄 것이니 꼭꼭 씹어서 모두 먹을 수 있도록 노력하기로 한다.
–밥과 반찬을 배식한다.
–나누어 주며 친구들에게 반찬에 대해 잘 이야기 해 유아들이 음식에 대한 거부감이 없도록 유도한다.
–모두 음식을 나누고 친구들과 함께 합장하여 “잘 먹겠습니다.” 인사를 한다.
–감사한 마음으로 점심을 먹는다.
–점심을 다 먹은 유아는 양치를 깨끗이 한다.
–양치를 한 후 자유선택활동을 하도록 한다.</td>
<td>• 신체운동 · 건강 〉 건강하게 생활하기 〉 바른 식생활 하기</td>
<td>도시락,
수저,
물 컵,
양치 컵,
칫솔, 밥,
국,
반찬 등</td>
<td></td>
</tr>
</table>

13:20 ~ 13:40 낮잠 준비	정적인 활동을 하며 낮잠을 준비한다.	[낮잠 준비하기] –정리정돈 및 화장실 다녀온다. –베개 및 이불을 찾아 자기 자리에 눕는다.	• 신체운동 · 건강 〉 건강하게 생활하기 〉 건강한 일상생활 하기	조용한 놀잇감 베개, 이불	
13:40 ~ 15:00 낮잠	오전 활동으로 인한 휴식의 시간을 가지며, 정서적 안정감을 느낀다.	[낮잠] –조용한 음악을 들으며, 낮잠을 자거나 휴식한다.	• 신체운동 · 건강 〉 건강하게 생활하기 〉 건강한 일상생활 하기	낮잠 음악	
15:00 ~ 15:10 낮잠 깨기 및 정리 정돈	휴식을 마무리하며 나의 물건들을 정리한다.	[낮잠 깨기 및 정리정돈] –먼저 일어난 유아들은 화장실을 다녀온 후 다른 유아가 일어날 때까지 책보기 등의 정적인 놀이를 한다. –경쾌한 음악을 들으며 낮잠에서 깨어난다. –베개 및 이불을 정리한다.	• 신체운동 · 건강 〉 건강하게 생활하기 〉 건강한 일상생활 하기	경쾌한 음악 정리장	
15:10 ~ 15:40 오후 간식	바르게 앉아 간식을 먹는 습관을 기른다.	[간식 먹기] –간식을 먹는 바른 방법을 이야기 나눈다. –유아들에게 간식을 나누어 준다. –인사하고 준비된 간식을 맛있게 먹는다. –앉아서 바른 자세로 간식을 먹을 수 있도록 하고, 다 먹은 유아는 스스로 정리한다.	• 신체운동 · 건강 〉 건강하게 생활하기 〉 바른 식생활 하기	오늘의 간식	
15:40 ~ 16:20 실외 활동	1) 바깥 놀이터를 탐색하며 자유롭게 놀이한다. 2) 안전하게 약속을 지키며 놀이한다.	[바깥에서 놀이하기] ① 실외놀이에 나가기 전 안전하게 놀이하는 방법에 대해 이야기 나눈다. ② 유아와 함께 실외놀이터에서 지켜야 하는 약속에 대해이야기 나눈다. ③ 바깥놀이터로 이동하여 주변을 돌아보며 안전약속을 다시 한 번 회상한다. ④ 약속을 지키며 안전하게 놀이한다. ⑤ 놀이 후 몸에 묻은 먼지와 신발을 털고 실내로 이동한다. ■ 유의점 ① 안전에 유의하며 자유롭게 놀이할 수 있도록 한다.	• 신체운동 · 건강〉 신체 활동에 참여하기〉 바깥에서 신체활동하기 • 신체운동 · 건강 〉 신체 활동에 참여하기 〉 기구를 이용하여 신체활동하기	바깥 놀이 기구	

<table>
<tr>
<td>16:20
~
16:30
화장실
다녀
오기</td>
<td>1) 화장실 사용방법을 바르게 알고 소변을 본다.</td>
<td>[화장실 다녀오기]
–유아들과 줄을 서서 화장실로 이동한다.
–옷을 내리기 힘들어하는 유아, 뒤처리가 힘든 유아, 옷을 바르게 입지 못하는 유아 등이 있는지 교사가 관찰 후 도와준다.
–손을 깨끗이 씻는다.
–종이타월로 손을 닦고 쓰레기통에 버린다.
–신발을 바르게 정리하고 나온다.</td>
<td>• 신체운동 · 건강 〉 건강하게 생활하기 〉 몸과 주변을 깨끗이 하기</td>
<td>종이
타월,
비누</td>
<td></td>
</tr>
<tr>
<td rowspan="2">16:30
~
19:30
자유
선택
활동
및
개별</td>
<td>1)다양한 영역의 놀이에 관심을 가진다.

2)영역을 선택하여 자유롭게 놀이한다</td>
<td>[자유선택활동]
–오전의 자유선택활동을 연결하여 자유롭게 영역을 선택하여 놀이한다.
–놀잇감을 친구들과 함께 사용하고 놀이 후 정리한다.
<table>
<tr><th>영역</th><th>활동명</th><th>실행</th></tr>
<tr><td>쌓기</td><td>[사회관계증진]블록으로 가을동산 꾸미기</td><td></td></tr>
<tr><td>역할</td><td>가을 등산하기</td><td></td></tr>
<tr><td rowspan="2">언어</td><td>가을 색깔책 만들기</td><td></td></tr>
<tr><td>가을 색 모래 글자 만들기</td><td></td></tr>
<tr><td rowspan="2">수조작</td><td>가을 풍경 맞추기</td><td></td></tr>
<tr><td>가을 색깔 그래프 만들기</td><td></td></tr>
<tr><td>음률</td><td>'10월 풍월의 들녘' 음악 감상하기</td><td></td></tr>
<tr><td rowspan="2">미술</td><td>가을하늘 만들기</td><td></td></tr>
<tr><td>자연물 가루로 가을동산 꾸미기</td><td></td></tr>
<tr><td>과학</td><td>손수건에 가을 물들이기</td><td></td></tr>
<tr><td>안전</td><td>전기는 위험할 수 있어요</td><td></td></tr>
<tr><td colspan="3">실행: o(실행) X(안함) ◎(수정) +(확장)</td></tr>
</table>
</td>
<td>• 신체운동 · 건강 〉 안전하게 생활하기 〉 안전하게 놀이하기
• 사회관계 〉 다른 사람과 더불어 생활하기 〉 친구와 사이좋게 지내기</td>
<td>영역별
놀잇감
활동
제시된
교구</td>
<td></td>
</tr>
<tr>
<td>1) 겉옷과 가방을 챙겨 스스로 귀가 준비를 한다.

2) 하루의 활동을 평가하고 자신의 기분을 표현한다.</td>
<td>–원 생활을 마치고 집으로 가는 시간임을 알린다.
–원에서의 있었던 일을 이야기 하며 하루를 평가한다.
–즐거웠던 일과 속상했던 일을 이야기 나눈다.
–속상한 마음을 풀어 주어 기분 좋게 하원할 수 있도록 한다.
–유아들이 옷을 입을 수 있도록 유들의 옷을 챙긴다.
–옷을 입은 후 가방을 메고 자리에 앉도록 한다.
–교사와 함께 교실에서 인사를 나눈다. (안녕 노래)
–선생님, 친구들과 인사를 하고 귀가하도록 지도한다.</td>
<td>• 의사소통 〉 말하기 〉 느낌, 생각, 경험 말하기
• 사회관계 〉 나를 알고 존중하기 〉 나의 일 스스로 하기</td>
<td>겉옷,
가방</td>
<td></td>
</tr>
</table>

<table>
<tr><td rowspan="4">실행
및
평가</td><td rowspan="4"></td><td colspan="4">원아 관리</td></tr>
<tr><td rowspan="2">출결
사항</td><td>출석</td><td>결석</td><td>결석
원아</td></tr>
<tr><td></td><td></td><td></td></tr>
<tr><td>유아
관찰</td><td colspan="3"></td></tr>
</table>

생각해볼 문제

1. ‘영 · 유아의 발달 과업을 생각해보고, 각 발달 영역별로 필요한 환경을 생각해 보자.

2. 이 장에서 제시한 하루 일과 예시를 보고 1세, 2세, 3세의 하루 일과의 공통점과 차이점을 찾아 논의해 보자.

제13장

보육환경구성

보육의 질을 결정하는 요인 중 하나인 보육환경은 하루 8시간 이상을 어린이집에서 생활하는 영 · 유아들에게 매우 중요한 공간이라 할 수 있다. 영 · 유아를 둘러싼 환경은 영 · 유아의 성장과 발달에 직 · 간접적으로 영향을 미칠뿐만 아니라 영 · 유아가 성장해감에 따라 변화될 수 있도록 발달의 적합한 자극을 줄 수 있어야 한다. 어린이집의 모든 공간이 담고 있는 이야기는 그 속에서 매일의 삶을 살아가는 영 · 유아의 모습을 반영할 수 있어야 하므로 가정과 같은 편안함을 담고 있으면서 영 · 유아와 함께 성장하는 관계에 있어야 하며 영 · 유아의 성장을 담아 내고 경험과 변화가 가능한 살아 있는 공간이어야 한다. 본 장에서는 위와 같은 보육환경을 구성하기 위한 기본적인 원칙에 대해 살펴본다.

1. 보육환경구성의 원리
2. 실내 환경구성
3. 실외 환경구성

1. 보육환경구성의 원리

오랜 시간 어린이집에서 생활하는 영·유아들에게 보육환경은 편안하고 안전해야 한다. 이 외에도 건강과 위생 등의 쾌적한 환경이 구성되도록 고려해야 할 요소들이 많은데, 보육환경이 중요한 이유는 영·유아의 발달과 교·보육 즉, 보육의 기능에 영향을 미치기 때문이다.

Piaget는 영·유아를 둘러싼 물리적 환경이 인지발달에 중요한 역할을 한다고 주장하였다. 유아에게 있어 물리적 환경은 지식을 구성하기 위한 도구일 뿐 아니라 획득된 지식을 견고하게 하고 익숙하게 사용하기 위해 필요한 반복적 경험과 연습을 제공하는 수단으로 활용된다. 또한, 지식을 활용하여 창의적으로 적용하기 위한 매개체로서도 필요하다(양옥승 외, 2003; 전남련 외, 2013).

영·유아가 생활하는 어린이집의 물리적 환경은 영·유아와 성인(교사)와의 상호작용에도 영향을 주고, 어린이집 운영자의 교육철학과 보육목표를 달성할 수 있는 중요한 보육수단이 될 수 있으므로 보육환경은 영·유아의 발달을 도와주고 그들의 생활경험을 풍부하게 하는 조직적이고 합리적인 환경이 마련되어야 한다.

최미현 등은 영·유아의 발달을 도울 수 있는 최적의 환경을 구성하기 위해 다음과 같은 원리를 제시하였다(최미현 외, 2000; 전남련 외, 2013).

첫째, 어린이집은 가능한 독립된 단층건물로서 영·유아들이 활동하기에 충분한 실내외 공간이 있어야 한다. 또 영·유아들이 능동적이고 자발적으로 활동할 수 있도록 배려된 실내외 공간구성과 풍부한 놀잇감 및 교구, 그리고 벽면구성 등을 고려해야 한다.

둘째, 영·유아의 성장과 발달의 기초 원리를 고려하여 영·유아의 전인적 발달을 증진시키는 환경이어야 한다. 영·유아의 발달 특성, 성숙도, 흥미, 개인차 등을 고려하여 영·유아들이 공간을 쉽게 사용하고 정리할 수 있도록 구성되어야 한다.

셋째, 안전하고 청결하고 매력적이며 충분히 넓어야 한다. 어린이집의 시설·설비 및 교구는 영·유아의 건강과 안전을 고려해야 하며, 충분하고 다양한 공간을 제공함으로써 영·유아들이 자유롭게 주위환경을 탐색할 수 있어야 한다. 또한, 영·유아가 사용 가능한 설비와 가구를 배치하여 자조기술을 습득하고 다양한 구성과 융통성 있는 환경을 조성할 수 있어야 한다.

넷째, 어린이집의 설립 목적과 프로그램의 목적에 기초한 환경으로 어린이집의 보육목표, 보육내용 등을 달성할 수 있도록 구성하여야 한다.

다섯째, 어린이집의 모든 시설물은 공간 배열에 특히, 유념하여 설치함으로써 전반적인 보육 프로그램의 효과를 달성하여야 한다. 또 채광, 통풍, 소음, 습기, 냄새, 색채, 전망, 바닥과 벽, 위치 등의 여러 가지 요인을 고려하여 적절한 시설물로서 보육 프로그램의 효과를 높일 수 있는 환경이어야 한다.

여섯째, 어린이집 중에서 실내 보육실은 연령에 따라 흥미영역으로 구분하여 구성하여야 한다. 영·유아를 보육하는 어린이집의 보육실은 그 연령에 따라 활동영역의 특성과 수가 달라지므로, 연령을 고려하여 보육실을 구성해야 한다. 예를 들면, 기저귀 가는 영역은 만 2세 미만의 영아반에는 배치되나 그 이상의 연령에는 배치되지 않는 영역이다.

일곱째, 성인에 의해 쉽게 감독될 수 있으며, 아동들이 혼자 있을 수 있는 실내외 사적인 영역이 제공되어야 한다. 오랜 시간 동안 집단생활을 하는 영·유아들은 개인적으로 혼자 있는 기회를 필요로 하므로, 실내외 공간의 배치와 계획 시 움푹 파인 공간(alcove)이나 동굴과 같은 형태 등의 사적인 공간이 제공되어야 한다(장현주 외, 2014).

2. 실내 환경구성

실내 환경 구성은 넓고 깨끗하며, 통풍이 잘 되고, 다양한 교재·교구들이 놀이공간에 적절하게 비치되어 있는 것이 이상적이다. 효과적인 놀이 공간 배치를 위한 흥미영역과 연령에 따른 흥미영역(만 0~1세, 만 2세, 만 3~5세)의 내용을 구체적으로 살펴보기로 하자.

1) 흥미영역

흥미영역이란 분리대라든지 기타의 방법으로 놀이공간을 구분하여 설비함으로써 분명히 구분 짓게 되는 교실의 각 영역을 총칭한다. 보육환경을 흥미영역으로 구성하는 이유는 영·유아들이 자신의 흥미와 욕구에 적절한 활동을 선택할 수 있도록 선택권을 보장해 줄 수 있으며, 자신이 선택한 활동을 실행함에 있어 물리적·시각적으로 경계를 짓게 되어 영·유아가 자신의 활동에 몰입할 수 있다는 이점이 있기 때문이다(백혜리 외, 2003).

놀이공간의 면적뿐 아니라 공간 배치가 영·유아의 놀이에 영향을 미친다. Kinsman과 Berk(1979)는 쌓기영역과 역할영역 간의 구분을 없애고 서로 합쳐 놓았을 때, 영·유아의 놀이 행동과 사회적 행동을 연구한 결과 동성 또래와의 놀이보다 혼성 집단 놀이가 증가하는 경향이 나타났다.

또한, 이정미(1986)의 연구에서는 각 영역을 분리대로 경계를 지어서 구성한 경우 그렇지 않은 경우보다 다른 영·유아의 놀이를 방해하는 행동이나 뛰어다니는 행동이 감소하는 것으로 나타났다. 또한, 다른 영역에 비교하여 미술영역, 과학영역 및 역할영역에서 영·유아의 놀이 지속 시간이 더 길어진 것으로 밝혀졌다(이숙재, 2010).

영·유아의 놀이 활동은 흥미영역의 배치에 따라 영향을 받게 되는데 효과적인 배치를 위해 고려해야 할 점은 다음과 같다.

첫째, 놀이의 활동성과 소음을 기준으로 하여 정적 놀이영역, 동적 놀이영역으로 구분해서 배치하여 놀이가 서로 방해받지 않고 진행될 수 있어야 한다(이숙재, 2010).

Frost는 공간구성을 시끄러운 놀이와 조용한 놀이, 움직임이 많은 놀이와 움직임이 적은 놀이, 물이 사용되는 놀이와 그렇지 않은 놀이로 구분하여 네 영역으로 나누어 서로 분리하여 놀이 공간을 배치하는 것을 권장하였다(Frost, 1976).

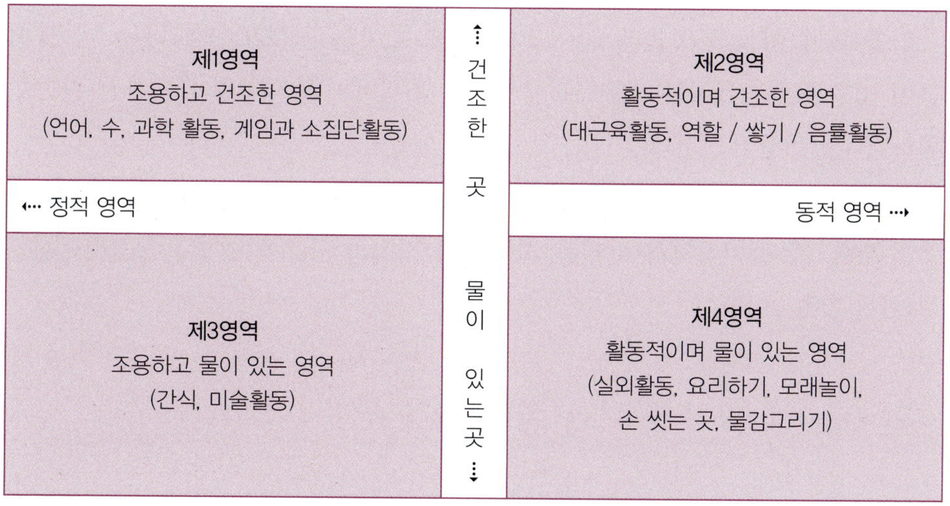

둘째, 한 영역에서 다른 영역으로 이동하기 쉽도록 통로를 만들어야 한다. 영역 간 활동의 연계성을 고려하여 배치할 뿐만 아니라 영역 간 동선을 고려하여 배치함으로써 확장활동이 자연스럽게 이루어질 수 있도록 배치해야 한다.

셋째, 서로 연관되는 놀이영역은 인접하게 배치하여 놀이 효과를 높인다. 예를 들어 극놀이가 많이 일어나는 역할놀이영역과 쌓기놀이영역을 서로 가까이 배치하면 남아와 여아의 혼성놀이를 자극할 수 있을 뿐 아니라 쌓기놀이와 역할놀이가 혼합된 보다 발전된 놀이로 유도할 수 있다.

넷째, 각 놀이영역을 구분짓기 위해서 책꽂이, 교구장 및 칸막이를 L, U형으로 설치한다. 칸막이는 영·유아 키 높이보다 낮아야 하며 놀이 종류에 따라 요구되는 공간의 크기나 통로 등을 고려하여 설치한다.

다섯째, 각 영역의 명칭을 글씨나 그림으로 표시하여 영역마다 붙이고, 교구장에도 각 놀잇감의 명칭 카드를 붙이면 좋다.

여섯째, 영역의 배치는 필요에 따라 변경시킬 수 있으며, 교구장이나 기타 시설물은 이동하기 쉽게 제작하여 영·유아의 요구 및 참여 인원수에 따라 놀이영역을 확대, 축소시킬 수 있도록 한다. 또한, 생활 주제나 단원에 따라 영역의 배치를 변화시킨다.

일곱째, 놀이실의 공간배치는 교사가 영·유아를 돌보고 지도하는 데 불편함이 없도록 한다. 특히, 보조교사가 없는 기관에서는 영·유아의 안전 관리를 위하여 이 점에 유의한다.

여덟째, 놀이실의 출입구 가까이에는 안전을 위하여 영역 배치를 피한다.

아홉째, 각 놀이영역의 특징을 고려하여 적절한 장소에 알맞은 공간을 제공한다(이숙재, 2010).

2) 0~1세 영아를 위한 실내 환경구성

영아를 위한 실내 환경은 안정감과 편안함을 느낄 수 있어야 하며 배변, 수유, 낮잠 등의 생리적 욕구를 배려한 일상생활영역과 영아의 놀이경향을 고려하여 영역을 구성한다.

(1) 일상생활영역(수유, 기저귀 갈기 등)

영아의 기저귀를 용이하게 갈 수 있도록 기저귀 가는 영역이 필요하며, 개인별 기저귀를 넣을 수 있는 서랍과 기저귀를 갈 때 필요한 용품들을 한곳에 준비하고, 벽면에는 거울을 붙여 기저귀를 가는 동안 영아가 자신의 모습을 볼 수 있게 한다. 냉·온수가 나오는 욕조나 샤워시설이 설치되는 것이 효과적이나, 필요하다면 영아용 이동식 변기도 사용할 수 있다. 보육교사는 기저귀를 갈 때 영아와 이야기를 하면서 개별 영아와 친해지고 학습을 자극하는 기회로 여긴다(백혜리, 2013).

수유영역은 영아들의 개별적 수유 시간표에 맞추어 수유할 수 있도록 마련한 영역으로 항상 청결해야 하고, 영아가 우유를 먹을 때는 조용히 말을 걸거나 편안한 기분을 가질 수 있도록 배려하며, 영아가 먹은 것과 양을 표시해 둘 지정된 표지판을 비치하여 영아의 수유 양을 기록해 두어야 한다. 우유병을 사용하는 아주 어린 영아의 경우는 보육교사가 안고 먹일 수 있는 흔들의자를 마련하고, 수유영역 가까이에 우유병 세척과 소독을 위해 싱크대를 마련하는 것이 좋다.

영역 자료	영아 개인용, 우유병, 턱받이, 우유병 소독기, 수건, 휴지,

(2) 낮잠이나 휴식영역

낮잠이나 휴식공간은 놀이공간과 분리되어 있어야 하고 어른이 쉽게 상황을 관찰할 수 있어야 한다. 안전하고 견고한 침대가 좋으며 침대나 침구의 간격은 적어도 50cm 정도 떨어져야 세균의 전염을 예방할 수 있으며 돌보기에도 편리하다.

이 시기의 영아들은 하루 중 여러 차례 낮잠을 자므로 아무런 방해 없이 편안하게 잠을 잘 수 있도록 배려해야 한다.

영역 자료	• 낮잠영역: 커튼과 전등으로 채광조절, 개인용 침구와 부드러운 봉제인형, 조용한 음악 테이프와 녹음기. • 휴식영역: 작은 소파, 큰 쿠션, 침대, 봉제완구 등

(3) 탐색영역

영아들이 폭넓고 다양한 인지적 놀잇감을 탐색할 수 있는 기회를 제공하는 곳이어야 한다. 이 영역에는 감각 발달을 도모하고 탐색할 수 있도록 다양한 모양, 크기, 재질 및 색깔의 교구를 비치한다.

영역 자료	다양한 크기의 플라스틱 그릇, 다양한 종류의 딸랑이, 부드러운 헝겊으로 된 봉제완구, 소리 나는 공, 치아 발육기, 오뚝이, 놀이용 젖꼭지, 모빌이나 실이 달린 장난감 등	

이러한 영아용 장난감은 영아들의 건강을 위해 자주 물로 씻거나 소독을 해 주어야 한다.

(4) 언어영역

이 영역은 주변 자극으로부터 격리될 수 있게 다른 놀이영역과 떨어져 마련해야 한다. 영아가 교사와 함께 앉아서 볼 수 있는 안락한 의자나 쿠션 등을 마련하는 것이 좋다.

<table>
<tr><td rowspan="2">영역
자료</td><td></td><td></td></tr>
<tr><td colspan="2">천, 하드보드, 비닐 등으로 만들어져 잘 찢어지지 않는 책, 흥미 있어 하는 동물이나 자동차 등의 그림, 영아들의 사진, 테이프나 레코드플레이어</td></tr>
</table>

(5) 대근육 활동영역

이 시기의 영아들은 고개도 가누지 못하던 상태에서 영아 말기에는 걸어 다닐 수 있을 만큼 큰 변화가 있다. 대근육은 실내외 활동 중 가장 많이 사용한다고 볼 수 있다. 이 영역에는 오르기, 구르기, 기기, 뒤집기, 걷기 등의 다양한 신체활동을 도모할 수 있는 교구를 비치한다.

영역 자료	매트, 영아용 자동차, 영아용 그네, 보행기, 비닐로 된 긴 네모 블록과 스티로폼으로 된 터널, 큰 베개. 콩 주머니, 흔들의자, 밀고 다니는 장난감 등

3) 만 2세 영아를 위한 실내 환경구성

(1) 조작영역

이 영역은 대부분 끼우고, 맞추고, 짝짓고, 크기나 모양, 색깔에 따라 분류해 보는 활동, 연결하는 활동 등을 통하여 변별력을 기르고 눈과 손의 협응력을 기르고 경험에 보는 영역이다.

영역 자료	퍼즐(25~30개월 사이는 4~5개가 적당하며, 30~36개월 사이의 유아에게는 6~12개가 적당하다), 여러 가지 기하도형, 소형블록, 끈 끼우기, 구슬 끼우기, 일상생활훈련을 위한(몬테소리 교구) 자료 등	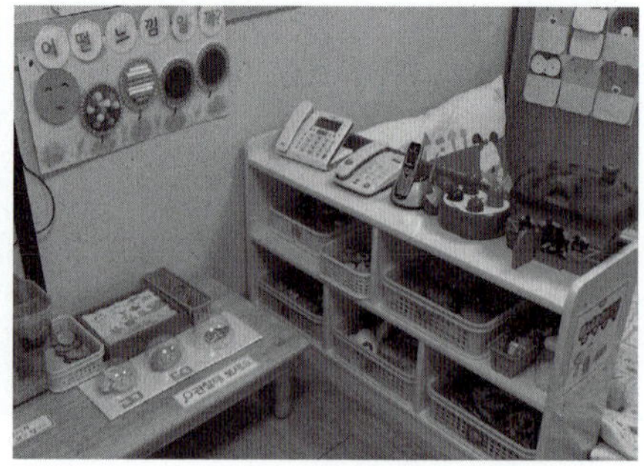

(2) 탐구영역

탐구영역은 자발적인 관심이나 흥미에 따라 주변 물체의 성질을 자유롭게 탐색할 수 있는 환경을 마련해 주어야 한다. 이 시기의 영아들은 주변 세계에 대해 많은 호기심을 가지고 있기 때문에 흥미 있는 자료에 대해서 주의깊은 탐색행동을 보인다. 그러므로 이 영역에는 관찰하고 탐색하며 측정해 볼 수 있는 교재·교구 등을 갖추고 있어야 한다. 유아들이 보고, 만지고, 듣고, 느낌을 비교하여 볼 수 있는 경험을 제공하는 것이 필요하다.

영역 자료	동물이나 식물, 조개, 돌, 꽃, 어항, 여러 가지 표본, 거울 ,돋보기, 자석, 평형저울 등	

(3) 낮잠이나 휴식하는 영역

낮잠이나 휴식을 위한 공간은 놀이 공간과 분리하는 것이 이상적이나 장소가 협소할 경우 언어영역에 함께 배치할 수 있다. 이 시기의 영아들 역시 하루에 한 번 이상은 낮잠을 자므로 편안하게 잠을 잘 수 있도록 물건을 비치하고, 놀이실의 자극적인 환경을 차단할 수 있도록 조명을 조절하거나 햇빛을 가리는 커튼이 필요하다.

영역 자료	개인용 침구, 부드러운 봉제인형, 조용한 음악 테이프, 녹음기 등	

(4) 역할놀이영역

만 2세 경엔 가작화 놀이가 시작되므로 상상놀이에 참여할 기회를 제공할 수 있는 환경을 마련해야 한다. 소꿉놀이영역에는 여러 가지 유형의 극화놀이를 할 수 있도록 소품 등을 준비해 준다. 특히, 어린 영아들에게는 가정의 일상생활에 대해 상상놀이를 할 수 있는 물건들을 우선적으로 제공하여 주어야 한다.

영역 자료	가정놀이 세트(식탁, 의자, 냉장고, 싱크대, 부엌 가구, 음식 모형 등의 소꿉용품들), 병원놀이 자료, 여러 가지 행사 자료, 다양한 옷 종류 등	

(5) 언어영역

이 시기 영·유아들의 언어 발달은 중요한 발달과업 중의 하나이다. 그러므로 언어발달에 공헌할 수 있는 환경이 구성되어야 한다.

영역 자료	다양한 책, 큰 그림책 즉, 문자가 조금 있는 약 20페이지 정도의 그림책, 앉은뱅이 탁자, 커다란 쿠션, 녹음과 듣기활동 자료(테이프 마이크, 녹음기, 이어폰, 레코드플레이어), 동시판, 손 인형, 융판 자료 등	

(6) 미술영역

이 시기의 영아들은 다양한 미술활동에 참여할 수 있으나 구체적인 형상을 표현하지 못하고 긁적거리는 수준이다. 그러므로 형태의 표현보다는 미술활동 자료가 가지는 속성을 탐색하도록 다양한 기회가 주어져야 한다.

<table>
<tr><td rowspan="2">영역
자료</td><td></td><td></td></tr>
<tr><td colspan="2">두꺼운 종이, 얇은 종이, 아세테이트지, 색이 있는 종이, 도화지, 색종이, 크레파스, 색연필, 사인펜, 물감 붓, 이젤, 풀, 안전가위, 점토 등</td></tr>
</table>

(7) 쌓기 놀이영역

쌓기 놀이는 영아의 대·소근육의 사용, 언어적·사회적 기술의 사용, 모양, 균형, 크기, 공간관계 등의 개념을 학습할 수 있을 뿐 아니라 창의적 표현의 발달과도 밀접한 관련이 있다.

<table>
<tr><td>영역
자료</td><td>유닛 블록, 종이 블록, 우레탄 블록 등이 있으며 이런 블록들을 정리할 수 있는 선반, 차, 트럭, 비행기, 동물, 사람 등의 모형의 소품, 소음 방지 카펫</td><td></td></tr>
</table>

(8) 대근육활동영역

이 시기의 영아들은 기어올라가는 것을 즐기므로 안전하게 오르내릴 수 있는 기구를 마련하고 오르내릴 수 있는 충분한 기회를 제공한다(전남련 외, 2013).

영역 자료	밀고 당기는 놀이기구, 흔들 보트, 텀블링, 낮은 평균대, 매트	

4) 만 3~5세 유아를 위한 실내 환경구성

유아는 영아와 다르게 놀이를 통한 학습이 촉진되기 때문에 다양한 흥미영역이 구성된다.

(1) 언어영역

언어영역의 배치는 조용하고 건조한 영역을 선택하여 유아들이 밝고 따뜻하며 조용하고 안정된 분위기 속에서 집중할 수 있도록 교실의 한쪽 구성에 배치해 주는 것이 좋다. 유아들이 편안하게 앉아서 책을 보거나 이야기를 들을 수 있도록 카펫 위에 푹신한 쿠션이나 편안한 의자를 놓아둔다. 책장은 유아의 키에 맞추어 낮게 하고, 책은 전면이 보이도록 진열한다.

<table>
<tr><td rowspan="2">영역 자료</td><td></td><td></td></tr>
<tr><td colspan="2">• 말하기 · 듣기: 융판, 융판동화 자료, 자석판, 자석동화자료, 그림동화 자료, 인형종류(손가락인형, 손인형, 막대인형, 동물인형, 폐품을 이용한 인형 등), 이야기 그림 카드, 이야기 꾸미기 자료, 수수께끼 자료, 말하기 게임, 녹음과 들을 수 있는 테이프와 녹음기, CD 등
• 읽기: 그림동화책, 전래동화책, 다양한 잡지나 책, 쉬운 책, 큰 책, 이름 카드, 자석글자, 사포글자카드, 그림 · 단어카드, 글자 자료 등
• 쓰기: 다양한 필기도구(연필, 사인펜, 색연필, 크레파스, 유성매직, 보드펜, 붓펜 등), 모양과 크기가 다른 종이(하드보드지, 먹지, 사포, 봉투, 색종이 등), 모래나 곡식을 이용한 쓰기 연습용 자료, 글자판, 글자바느질 자료 등</td></tr>
</table>

(2) 수영역

수영역은 조용하고 건조한 영역에 배치한다. 수학적인 개념을 폭넓게 이해할 수 있는 자료를 충분히 준비해둔다.

영역 자료	분류 자료(단추, 구슬, 적목, 색깔 도형, 실물 자료 등), 길이, 높이 크기, 무게를 활용한 자료(다양한 크기의 컵, 크기가 다른 스푼, 크기가 다른 스트로, 크기와 무게가 다른 구체물), 셀 수 있는 자료(수 막대, 구슬, 주판, 콩, 견과류 등), 홀수 · 짝수 개념인지 자료, 짝짓기, 비교하기, 전체와 부분 알기, 서열 개념을 위한 자료, 게임 자료, 수 그래프 그리기 자료, 분수 개념을 알게 하는 자료, 숫자 퍼즐 등	

(3) 조작영역

조작영역은 건조하고 정적인 영역이나 건조하고 동적인 영역에 배치할 수 있다. 유아들이 개인 활동을 많이 하게 되므로 조용한 곳에 배치하고 바닥에 카펫을 깔아서 바닥에 앉아서도 활동할 수 있고 의자에 앉아서도 조작을 할 수 있도록 한다. 조작영역은 눈과 손의 협응기술과 창의적인 구성 능력을 키워 줄 수 있는 기회를 제공할 수 있는 곳이다.

영역 자료	크기가 작고 조립하거나, 끼우거나, 꿰어 보는 자료, 조작적 놀잇감, 구슬 꿰기, 바느질하기, 천 짜기(색종이, 색상지 등 이용 가능), 그림 맞추기, 퍼즐류, 구성놀이 자료, 일상생활 훈련을 위한 자료(단추 끼우기, 지퍼 올리기, 나사 맞추기, 곡식 옮기기, 자물쇠 열기, 끈 매기, 벨트 매기, 물 담기 등)

(4) 과학영역

과학영역은 유아들이 주변 세계의 생물과 무생물, 자연현상, 물체의 성질 등에 호기심을 가지고 탐색하며 실험과 조사과정을 경험하여 물리적 지식을 획득한다. 과학영역은 수업 상황에 따라 물이 있고 조용한 영역이나 건조하고 조용한 영역으로 배치할 수 있다.

영역 자료	구체물(돌, 조개, 과일, 곡식, 열매 등), 관찰도구(자석, 확대경, 거울, 프리즘 등), 측정도구(저울, 자, 티스푼, 계량컵, 온도계 등), 동 · 식물 기르기 및 표본, 과학사전, 사진, 과학도서류 등	

(5) 역할놀이영역

취학 전 유아들은 상징놀이와 가작놀이, 극화놀이, 사회적 놀이, 인지적 놀이 등이 유아기에 비해 더 확장되고 놀이 수준도 높아진다. 교사는 유아들의 놀이가 촉진되도록 교육계획안 주제에 맞는 놀이 환경을 준비한다. Frost가 제시한 동적이며 건조한 영역에 배치하는 것이 좋으며, 다양한 소품을 준비해주어야 한다.

영역 자료		
	병원놀이, 은행놀이, 가게 놀이, 가정놀이, 미장원놀이, 주유소놀이, 학교놀이, 소방서놀이, 경찰관놀이, 우체국놀이, 기차놀이 등 놀이에 필요한 의상, 소품, 도구 등	

(6) 미술영역

미술영역은 물이 있고 정적인 영역이나 물이 있고 동적인 영역으로 배치할 수 있다고 했다. 점토 만들기, 모양 구성하기, 만들기, 풀칠이 필요한 활동 등은 물이 있고 정적인 영역에 배치해야 하나 물감그림 그리기 등 물을 사용하는 동적인 활동을 할 때는 물이 있고 동적인 영역으로 배치해야 한다. 미술활동 작업이 시작될 때 교사는 책상에 비닐을 씌우고 신문지 등으로 덮은 다음 활동을 진행한다. 활동을 시작하기 전에 준비된 환경을 마련하는 것은 교사의 수고를 덜 뿐만 아니라 미술활동의 중요한 한 부분임을 생각해야 한다. 비닐 앞치마나 가운은 유아 스스로 입고 벗을 수 있도록 하는 것도 방법이다.

영역 자료	다양한 크기의 붓, 다양한 질감과 크기의 종이류, 그림물감, 크레파스, 매직, 콜라주 자료(병뚜껑, 모루, 휴지 속심, 나뭇잎, 우유갑, 잡지류, 실 종류, 곡식류, 나무껍질 등), 가위질, 풀칠, 색칠, 모양 오리기 자료, 점토 만들기, 꾸미기, 판화, 찢어 붙이기, 폐품류 등	

(7) 쌓기놀이영역

건조하고 동적인 영역에 배치하는 쌓기놀이영역은 대·소근육의 발달을 돕고, 공간적 관계, 크기, 모양 등의 개념을 이해하도록 돕는다. 블록은 유아 1명당 80~100개 정도의 블록이 추천되고 있다. 다양한 상상놀이로 확장시켜 주기 위한 소품들을 비치한다.

영역 자료	블록: 유닛 블록, 공간 블록, 종이 벽돌블록, 우레탄 블록, 레고 블록 소품: 차 종류, 인형, 널빤지, 경사형, 원기둥, 타원형 커브, 농장, 공항, 터미널, 바다 등의 사진자료	

(8) 음률영역

유아들이 음악에 맞추어 신체를 자유롭게 움직일 수 있는 영역인 만큼 공간이 확보되어야 하며 소음을 줄이고 안정된 분위기를 위해 카펫을 깔아 인접

영역에 방해가 되지 않도록 배치해야 한다. 음률영역의 건조하고 동적인 영역에 속하며 움직임과 리듬을 통해 유아들이 다양한 음악을 감상하고 표현하는 기회를 제공한다. 유아들의 사용과 정리가 용이하도록 악기류를 놓아두는 선반이 개방되어 있는 것이 좋다(양옥승 외, 2003; 전남련 외, 2013).

영역 자료	우리나라 전통악기(소고, 북, 장구, 징, 꽹과리 등), 여러 가지 타악기, 리듬악기(캐스터네츠, 탬버린, 트라이앵글 등), 건반악기, 녹음기, 카세트 플레이어, 헤드폰, 주변에서 소리 나는 물건 등	

3. 실외 환경구성

일반적으로 실외 환경은 활발한 신체 운동만이 이루어지는 장소로 기능을 제한시켜 생각하는 경우가 많다. 그러나 영·유아의 전인적 성장 발달을 촉진시키는 복합 기능을 수행하는 장소가 바로 실외 환경이다.

1) 실외 환경의 기능

① 실외 환경은 영·유아가 여러 가지 신체 활동을 자유롭게 해볼 수 있는 장소이다.

② 실외 환경은 영·유아에게 다양하고 풍부한 감각 경험을 제공하는 장소

이다.

③ 실외 환경은 자연 학습의 장소이다.

④ 실외 환경은 정적 놀이를 할 수 있는 장소이다.

⑤ 실외 환경은 영·유아가 다양한 사회관계를 맺는 장소이다.

⑥ 실외 환경은 영·유아에게 휴식을 제공하는 장소이다.

⑦ 실외 환경은 영·유아에게 즐거움을 주는 장소이다(Theemes, T., 1999; 이숙재, 2014).

2) 실외 환경의 조건

① 다양한 놀이를 할 수 있는 공간이 되어야 한다. 즉, 실외놀이는 실내놀이의 연장이므로 실내에서 영·유아가 하는 모든 놀이를 실외에서도 할 수 있도록 공간을 구성한다.

② 실외 환경은 여러 가지 감각 경험을 통하여 즐거움을 느끼고, 아름다운 자연환경 속에서 즐길 수 있도록 배려하는 장소여야 한다.

③ 실외 환경은 안전해야 한다. 공간의 효율적인 배치, 안전한 시설과 설비, 적절한 지도가 이루어지는 안전한 공간을 구성해야 한다(Decker, C.A., & Decker, J. R., 1988).

실외 환경은 영·유아들의 신체움직임과 실내보다 큰 행동범위로 인해 서로 부딪치거나 다양한 기구들에 의해 다치는 등의 안전사고가 발생하기 쉬운 곳이므로 엄격한 안전규칙이 필요하다. 교사는 실외놀이 시작 전에 지켜야 할 규칙을 알려주어 안전한 놀이가 이루어질 수 있도록 지도하는 것이 바람직하다.

3) 실외 환경구성

(1) 영아를 위한 실외 환경구성

① 대근육활동영역

대근육활동영역은 경사가 완만한 낮은 미끄럼틀이나 계단 오르기, 다리 건너기, 미끄럼 타기, 핸들 돌리기, 다이얼 돌리기 등을 할 수 있는 복합 놀이 시설물을 설치한다. 또한, 이동 놀이 기구로 손수레, 영아가 탈 수 있는 자동차, 큰 공, 훌라후프 등을 제공한다.

② 역할놀이영역

역할놀이영역은 모방놀이를 주로 하는 영아를 위해 작은 놀이집을 설치하고, 유모차, 인형, 부엌용품 등의 친숙한 놀잇감을 제공한다. 특히, 영아들은 놀잇감을 나누어 사용하는 능력이 부족하므로 충분한 양을 준비한다.

③ 감각놀이영역

감각놀이영역은 영아가 자유롭게 물, 모래, 물감, 밀가루 반죽 등을 가지고 놀면서 다양한 감각 경험을 한다. 물놀이대, 모래밭이나 모래놀이대, 탁자, 플라스틱 컵, 작은 양동이, 스펀지, 삽, 모양찍기틀, 체, 이젤, 물감과 붓, 밀가루 반죽, 손가락 그림물감 등을 제공한다.

④ 정적 놀이영역

정적 놀이영역은 영아가 편안히 쉬거나 책 보기, 퍼즐 맞추기 등의 정적인 놀이를 할 수 있는 영역이다. 영·유아들의 왕래가 잦지 않은 위치에 테라스, 천막 등으로 햇빛을 가려주고 돗자리나 매트, 탁자와 의자를 준비하고 동화책, 퍼즐, 조용한 음악을 제공한다(Wellhousen, K., 2002).

(2) 유아를 위한 실외 환경구성

① 대근육활동영역

대근육활동영역은 정적인 놀이영역과 떨어진 곳에 배치하며 유아가 기어오르기, 매달리기, 미끄럼타기 등 다양한 놀이를 할 수 있도록 여러 놀이 시설물을 설치한다. 놀이 시설물은 각각의 용도나 특징, 다른 시설물과의 관계, 안전 등을 고려하여 설치한다. 또한, 사다리, 널빤지 등의 이동 놀이 기구도 함께 제공하여 다양한 운동놀이를 할 수 있게 한다.

② 역할놀이영역

역할놀이영역은 물·모래 놀이영역과 인접하게 배치하고 놀이집이나 텐트를 설치하여 아늑한 공간을 만들어 준다. 또한, 다양한 역할놀이가 이루어질 수 있도록 흔들 배, 흔들 목마, 운전대, 모형 자동차나 모형 동물 등을 제공한다.

③ 정적놀이영역

정적 놀이영역은 정적 놀이영역은 어린이가 쌓기 놀이나 미술 활동, 책 보기, 휴식하기 등을 하는 영역으로 활동적인 영역으로부터 떨어져 있으며 그늘진 장소에 배치한다. 편안한 자세로 정적 놀이를 할 수 있도록 돗자리나 의자를 제공한다.

④ 물 · 모래 놀이영역

물·모래놀이영역은 실내·외 어느 곳에나 설치할 수 있으나 실외에서는 제약을 받지 않고 자유롭게 물·모래 놀이를 할 수 있으므로 대부분 실외에 설치한다. 물과 모래 놀이를 함께하는 경우가 많으므로 수도 시설이 가깝고 어린이의 통행이 잦지 않은 위치에 배치한다. 특히, 모래밭은 계절에 관계없이 이용할 수 있도록 햇살도 비치고 그늘도 적절히 생기는 장소가 적절하다.

⑤ 목공놀이영역

목공놀이영역은 소음이 많이 생길 뿐 아니라 주변이 지저분해지기 쉬우므로 다른 놀이영역과 떨어진 장소에 배치하는 것이 좋다. 또한, 안전을 위해 어린이의 통행이 빈번하지 않은 장소가 적절하다.

⑥ 동 · 식물 기르기영역

동·식물을 기르는 영역은 유아가 쉽게 접근할 수 있으며 바람이 잘 통하고 햇빛이 잘 들고 배수가 잘되는 장소에 배치한다. 동물 사육장은 유아가 동물의 성장 과정을 관찰하기 쉽고 물이나 사료를 공급하기 편리하며 청결, 안전 유지가 가능해야 한다. 또한, 식물을 재배하는 꽃밭이나 채소밭은 햇빛이 잘 비추고 땅이 비옥한 장소가 적합하다.

생각해볼 문제

1. 영아와 유아의 보육환경구성 시 차별화해야 할 부분에 대해 토의해 보자.
2. 보육환경이 영 · 유아의 발달에 자극을 미치고 기회 제공의 장으로써 역할하기 위해 보육교사가 고려해야 할 점은 무엇이라고 생각하는지 토의해 보자.

제14장

보육과정평가

보육평가는 보육과정에서 영 · 유아에게 적합한 보육목표를 설정하고 이 목표를 달성하기 위한 보육내용 및 교수 학습 방법을 조직하고 실제 교수 학습활동에서 나타난 결과를 평가하는 보육의 모든 활동과 관련되어 있다. 즉, 평가는 보육과정 전반을 살피는 과정으로서 그 결과를 바탕으로 보육의 목적 및 목표, 내용 및 교수-학습방법 등을 재조직하게 된다. 이와 같이 보육평가는 보다 질 높은 보육을 실현하기 위한 매우 종표한 과정이라고 할 수 있다. 본 장은 보육평가에 대한 표준보육과정의 내용과 구체적인 방법을 제시하고자 한다.

1. 보육과정 평가 이해

1) 평가의 개념

평가의 사전적 의미는 일반적으로 평가대상의 장점과 가치를 결정하는 과정이라고 말하고 있다. 이은해(1995)는 영유아의 발달을 진단하고, 교육프로그램의 개선을 위한 관련 자료를 수집하고 분석을 통하여 얻어진 정보를 제공함으로써 교육현장의 의사결정을 돕기 위한 과정으로 평가를 정의하였다(이은해, 1995).

보육과정의 평가는 보육과정을 구성하는 보육목표, 보육내용, 교수·학습 과정 및 평가 자체에 대한 평가로 이를 통해서 영유아의 발달적 특성과 요구에 보다 적합한 질 높은 보육을 제공하기 위한 것이다(유구종 외, 2007).

보육평가는 영유아 평가와 교사 평가, 보육시설 평가로 대분된다. 특히, 보육시설평가는 평가인증제도를 통해 국가 수준의 질적 향상을 도모하기 위한 방안으로 의무화되었다.

2006년 본격 시작된 평가인증제도는 일정한 기간을 주기로 하여 점진적으로 보육의 질적 수준을 향상시켜 나갈 수 있도록 중장기적인 계획을 가지고 추진되었다. 이에 따라 제1차 평가인증은 2006년부터 시작되어 2009년까지 완료되었으며, 제2차 평가인증은 개정된 지표를 적용하여 2010년부터 시행되었다. 3차 시행을 위한 지표 개정이 2014년 추진되어 지표(안)가 2014년 11월경 개발되었으나, 2014년 말 국무조정실에 설치된 '유보통합추진단'에서 유보통합 1단계 추진과제 중 하나로 어린이집과 유치원 통합평가체계 구축이 추진됨에 따라 3차 지표(안)는 2차 지표와 병행하여 시범적으로 적용되었다. 어린이집과 유치원의 평가체계 통합은 기관의 다양성을 유지하면서 객관적으로 어린이집과 유치원의 질을 상호 비교할 수 있도록 각각의 평가체계를 바탕으로 평가의 객관성과 일관성을 강화하는 데 목적을 두고 추진되었으며, 2015년 시범사업을 거쳐 2016년도 6월 '유치원·어린이집 평가체계 통합방안'이 발표되어 2017년 하반기부터 부처별로 시행되기에 이르렀다.

이제 보육의 발전은 단순한 양적 성장만을 의미하지 않는다. 「영유아보육법」 제정 당시 보호를 필요로 하는 일부 영유아를 대상으로 출발한 보육은 태어난 가정환경에 관계없이 모든 영유아에게 건강하고 행복하게 성장할 권리를 보장하는 개념으로 확대되었다.

특히 저출산 문제가 심각한 우리나라는 최근 부모의 경제활동과 사회참여가 영유아 양육과 양립할 수 있는 적극적인 지원방안을 필요로 하고 있다. 따라서 평가인증제도는 어린이집이 지향해야 하는 바람직한 보육서비스의 실제를 제시하고 질적 수준을 공정하게 평가할 뿐만 아니라, 어린이집을 이용하는 수요자가 자녀양육의 부담을 덜 수 있도록 정확하고 유익한 어린이집 선택기준 정보를 제공하여 보다 효과적인 보육서비스의 질 관리 기제로 작동하고 있다.

2) 평가인증 제도의 목적

① 보육서비스의 질적 수준을 향상시켜 영유아가 안전한 보육환경에서 건강하게 양육될 권리를 보장할 수 있도록 한다.

② 어린이집이 보육서비스의 질적 수준을 높이고자 준비하고 노력하는 과정을 통해 원장과 보육교직원의 전문성이 증진되도록 한다.

③ 보육서비스의 질적 수준에 대한 정보를 제공하여 부모들이 합리적으로 어린이집을 선택할 수 있도록 한다.

④ 보육정책 수립의 주체인 정부가 보육현장을 효율적으로 지원하고 관리하는 체계를 확립한다.

결국 영유아에게 제공되는 보육과정 운영에 대한 평가를 통해 보다 질적으로 우수한 보육을 하기 위한 것이 보육과정 평가의 목적이라고 할 수 있다(이순형 외, 2006).

국가에서 고시한 표준보육과정과 누리과정의 보육과정 운영에 대한 평가지침을 살펴보면 다음과 같다(보건복지부, 2013).

표준보육과정		3~5세 누리과정	
운영 평가	영 · 유아에 대한 평가	운영 평가	유아 평가
• 어린이집 표준보육과정의 목표와 내용에 근거하여 보육내용이 적절히 편성 · 운영되는지 평가한다. • 어린이집 표준보육과정의 운영 내용 및 활동이 영유아의 발달 수준과 흥미, 요구에 적합한지 평가한다. • 영 · 유아의 발달 수준, 흥미, 요구에 적합한 경험 및 학습을 촉진할 수 있는 다양한 활동과 교수학습 방법이 계획되고 통합적으로 운영되는지 평가한다. • 일과 운영 및 보육활동 구성 시 놀이 활동과 일상생활 활동의 양과 내용이 영아 및 유아 각 연령의 발달에 적합하게 계획되고 운영되는지 평가한다. • 만 0~1세아, 만 2세아는 집단 활동보다 개별적인 상호작용과 교수법을 중심으로 상호작용이 진행되는지를 평가한다. • 어린이집 표준보육과정 운영 평가 결과를 수시로 반영하여 보육과정 운영 계획을 수정 · 보완하거나 다음 연도의 계획 수립 및 운영에 반영하는지 평가한다.	• 어린이집 표준보육과정의 목표와 내용에 근거하여 영 · 유아의 특성과 변화 정도를 평가한다. • 지식, 기술, 태도 등을 평가한다. • 일상생활과 보육과정 활동 전반에 걸쳐 평가한다. • 관찰, 활동 결과물 분석, 부모면담 등 다양한 방법을 사용하여 종합적으로 평가하고, 그 결과를 기록한다. • 평가 결과는 영 · 유아에 대한 이해와 어린이집 표준보육과정 운영 개선 및 부모 면담 자료로 활용한다.	• 운영 내용이 누리과정의 목표와 내용에 근거하여 편성 · 운영되었는지 평가한다. • 운영 내용 및 활동이 유아의 발달수준과 흥미 · 요구에 적합한지를 평가한다. • 교수 · 학습 방법이 유아의 흥미와 활동의 특성에 적합한지를 평가한다. • 운영 환경이 유아의 발달특성과 활동의 주제, 내용 및 효율성 등을 고려하여 구성되었는지를 평가한다. • 계획안 분석, 수업 참관 및 모니터링, 평가척도 등 다양한 방법을 활용하여 평가한다. • 운영 평가의 결과를 반영하여 운영계획을 수정 · 보완하거나 이후 누리과정 편성 · 운영에 활용한다.	• 누리과정 목표와 내용에 근거하여 유아의 특성과 변화 정도를 평가한다. • 유아의 지식, 기능, 태도를 포함하여 평가한다. • 유아의 일상생활과 누리과정 활동 전반에 걸쳐 평가한다. • 관찰, 활동 결과물 분석, 부모면담 등 다양한 방법을 사용하여 종합적으로 평가하고, 그 결과를 기록한다. • 유아평가 결과는 유아에 대한 이해와 누리과정 운영 개선 및 부모 면담 자료로 활용할 수 있다.

2. 보육평가의 대상과 내용

보육평가의 대상은 영·유아와 교사, 보육시설로 나누어 볼 수 있다. 특히, 보육시설은 보육환경과 운영에 대한 평가 지표를 근거로 실시되는 평가인증제로 살펴보도록 한다.

1) 영·유아에 대한 평가

영유아 평가를 통해서 영유아의 발달상황, 특성과 능력을 파악하고, 개인차를 보육과정에 반영하여 영유아 개개인의 발달을 극대화하는 데 목적이 있다. 영유아에 대한 평가방법으로는 관찰법, 검사법, 면담법과 작품분석, 포트폴리오 등으로 구분되는데, 평가 방법을 구체적으로 살펴보면 다음과 같다.

(1) 관찰법

관찰평가는 영유아를 이해하는 데 기본적인 방법이자 가장 손쉬운 방법으로 정보를 얻을 수 있다. 행동, 문제 상황 등의 특정 상황을 관찰하여 획득한 정보는 영유아 개개인의 교수법에 적용하여 지도할 수 있다.

그러나 관찰자가 관찰하는 동안 전적으로 객관적인 평가를 하기란 매우 어렵다. 교사의 주관적인 기록을 피하기 위해서는 관찰 대상이 실제로 행동한 것과 말한 것을 직접화법으로 기록하여 관찰 대상 행동의 질을 파악하도록 해야 한다(유구종 외, 2007).

관찰법의 종류 중 일화기록법, 행동목록법, 평정척도에 대해 살펴보면 다음과 같다.

① 일화기록법

개인이 나타낸 구체적인 행동사례나 어떠한 사건에 관련된 관찰기록을 시간 순서대로 상세하게 기록하는 방법으로 마치 사진을 보는 것 같이 글로 묘사하는 것이다. 어떠한 상황에서 유아가 언제, 누구와 어떻게 된 일인지, 무슨 말과 행동을 했는지를 적는다. 또한 관찰자는 유아의 특정행동, 상황, 영역 등 관찰하고자 하는 부분에 초점을 두고 관찰하여 기록할 수 있다.

② 행동목록법(체크리스트)

관찰자가 영유아의 어떤 기술이나 행동 혹은 발달 특성이 나타났을 때 '예', '아니오'로 단순하게 기록하는 것을 말한다. 관찰이 가능한 기술이나 행동의 항목을 선정하여 행동이나 특성의 출현 여부에 초점을 두어 체크한다. 관찰자의 주관적 판단을 최대한 배제할 수 있으며 행동에 대해 판단이 쉽고 시간이 절약된다는 이점이 있지만, 미리 정해놓은 항목 이외의 중요한 행동을 놓칠 수 있으며, 행동빈도, 지속시간 등의 자세한 정보를 주지 못하는 단점이 있다(장현주 외, 2014).

③ 평정척도

행동목록법과 같이 관찰하려는 행동에 대해 미리 목록화한 표에 기록하는 방법이다. 행동의 출현 유무뿐 아니라 영유아 행동의 질적 특성과 정도를 평가할 수 있도록 구성되어 있고, 평정에 사용되는 척도는 관찰목표에 따라 달라질 수 있다. 관찰자가 직접 평정척도를 만들어 사용하기에는 시간 소요가 많기 때문에 검증을 거친 제작 된 평정척도를 이용하면 효율적으로 관찰 결과를 활용할 수 있다. 평정하기 전 문항을 충분히 이해하고, 여러 번의 관찰 후에 평정하도록 한다(이미정 외, 2009).

(2) 검사법

① 표준화 검사

표준화 검사는 표준화 과정을 거친 검사로 신뢰도와 타당도가 입증된 검사를 말한다. 여기에서 신뢰도는 일관성 정도를 타당도는 정확성 정도를 말한다. 대집단 기준으로 만들어져서 객관적인 자료를 얻을 수 있고, 개별 영유아의 행동이나 성취도 비교가 가능하다는 장점이 있지만 표준화 검사의 결과에 많이 의존하면 학습 경험 중심인 수행평가의 장점을 놓칠 수 있다.

표준화 검사로는 지능검사, 학업적성검사, 성격검사, 사회성숙도검사 등이 있고, 특수아 진단을 위해 자폐증 척도, 학습준비도 검사, 문장 이해력검사, 주의력결핍 과잉행동장애 진단검사 등이 있다. 우리나라에서 사용되거나 개발된 표준화 검사는 주로 지능검사가 많으며, 영유아를 위한 표준화 검사는 거의 없는 형편이다. 영유아를 대상으로 하는 표준화 검사는 영유아 자신이 직접 검사 내용을 이해하고 답한 것이 아니기 때문에 객관적 측정이 힘들다. 따라서 다른 평가도구와 함께 보조 자료로 사용하는 것이 중요하다(유구종 외, 2007).

(3) 면접법

부모를 통하여 영유아의 정보를 얻기 위해 형식적인 면담을 계획하거나 등원과 귀가 시 또는 전화통화를 통해 여러 가지 자료를 얻을 수 있다. 특히 영유아를 이해하는 데에는 욕구, 흥미, 습관, 성격, 선호하는 것 등에 관한 정보가 주요 내용이 된다. 이를 근거로 영유아 개별적으로 반응이 가능하고, 행동을 의미 있게 해석할 수 있다. 형식적인 부모와의 면담 시 영유아에 대해 알고 싶은 질문사항을 미리 작성하는 것도 도움이 되며, 보육시설의 홈페이지 대화방과 게시판을 이용하면 직접적인 대화를 꺼리는 영유아의 문제를 다룰 수 있다는 장점이 있다(유구종 외, 2007).

그러나 피면담자와 라포(rapport)형성이 선행되어야 하며, 한 번에 많은 인원과 면담할 수 없어서 시간이 오래 걸린다. 또한 대상자의 표정과 몸짓 등에 왜곡된 평가를 할 가능성이 있으며, 면담 시 질문이 명확하지 못할 경우, 면담의 대상자가 대답을 못하는 경우 등에는 수집된 정보의 정확도가 떨어질 수 있다.

(4) 작품분석

작품분석은 영유아의 행동특성과 발달 수준을 평가할 수 있는 중요한 방법으로 영유아의 작품을 정기적·체계적으로 수집해야 하며, 작품에 날짜와 작품에 대한 영유아의 설명 등의 특징적인 점을 기록해 두어야 한다. 대화기록, 영유아의 말을 받아 적어 놓은 것, 그림, 사진 등이 포함되며, 작품 수집에 오랜 시간이 소요되지 않고, 영유아를 판단하는 데 직접적인 증거가 된다. 영유아의 변화과정에서 사회·정서적인 부분의 평가도 가능하다는 장점이 있지만 입체작품은 보관이 어려워 수집이 쉽지 않은 단점이 있다(장현주 외, 2014).

(5) 포트폴리오

영유아의 지식, 기술과 태도의 성장을 관찰하고 기록하기 위해 사용하며, 여러 가지 수행과정과 결과물, 사진, 체크리스트, 관찰기록, 면담기록 등의 자료를 수집하여 영유아의 학습과정 전체를 보여주는 종합적인 평가방법이다(박정민 외, 1999).

흔히 교사들이 포트폴리오를 많은 자료의 양이라고 생각하기 쉬우나 일정한 규준이나 기준 없이 정보들을 나열하는 것은 포트폴리오가 아니다. 즉, 포트폴리오에 대한 이해와 지식, 체계적인 계획, 영유아의 수행 정도와 자신의 교육과정을 평가하고 효율적인 실행과정을 발전시키려는 교사의 열의가 필수적이라 하겠다(이은화 외, 2001).

(6) 평가결과의 활용

보육평가의 결과를 부모나 지역사회에 알려 보육에 대한 관심을 높이고 실질적인 보육효과를 증진시킬 수 있다. 보육평가 결과를 유용하게 활용할 수 있는 부분은 다음과 같다(보건복지부, 1991).

① 평가결과는 영·유아의 장점과 단점을 파악하게 하여 영·유아의 욕구를 만족시키며 동시에 발달을 자극할 수 있는 보육경험을 계획하는 지침을 마련하게 한다.
② 교사는 각 영·유아의 여러 자료를 기록 정리하면서 개개 영·유아에 대해 보다 깊이 생각해 볼 기회를 가지게 된다.
③ 문제가 있는 영·유아를 전문가에게 의뢰할 때 문제해결방안의 기초자료로 활용할 수 있다.
④ 기록을 통해 각 유아의 향상 정보를 확인할 수 있다.
⑤ 부모와의 면담 시 활용할 수 있다.
⑥ 초등학교에서의 교육 자료로 활용할 수 있다.

이처럼 개별화된 학습을 위한 학습활동 및 교수방법의 개발과 계획에 필요한 기초자료로 활용될 수 있으며, 평가결과 통보를 통하여 부모와 교사 간의 친밀한 의사소통으로 부모와 지역사회로부터 보육에 대한 지원과 협조를 얻는데 도움이 된다.

2) 교사평가

교사평가란 보육과정 중에 일어나는 교사의 보육방법과 행동, 영유아들과의 상호작용, 욕구에 대한 반응 정도, 교수법 등을 평가하는 방법으로 교사평가를 실시하는 목적은 다음과 같다.

① 교사로서의 성실도와 책임수행을 판단하기 위해서이다.

② 교사로서 전문성 신장을 위해서이다.

③ 인사관리의 판단기준을 만들기 위해서이다.

교사평가는 자기 평가와 타인에 의한 평가를 들 수 있다. 자기평가는 교사 스스로 보육과정의 운영능력과 실천에 대해 다양한 평가척도를 사용하여 주기적으로 체크하고 분석한다. 또한, 반성적 사고를 가지고 개선해야 할 부분을 적극 반영하는 바람직한 교사로서의 성장을 돕는다.

동료교사나 주임교사, 원장 등 다른 사람에 의해 이루어지는 타인에 의한 평가 중 동료평가는 직접적인 관찰을 통해 평가하는 것이 바람직하나 자칫 경쟁적이고, 교사 간의 관계에 따라 진실 된 평가가 이루어지기 어려울 수도 있다.

또 다른 방법인 동료 장학은 동료교사의 수업을 관찰하거나 사례를 분석해 보는 평가방법이다. 동료교사에 수업활동을 드러내 보이는 부담감이 있지만, 객관적인 시각으로 보육활동과 상호작용, 교수법을 평가하고 피드백을 교류할 수 있는 장점이 있으나 자칫 잘 보이기 위해 수업활동 준비에만 치중되어 보육활동의 중요한 내용을 놓치는 경우가 생길 수 있으므로 사전에 평가준거를 협의하여 그것을 기준으로 평가하는 것이 필요하다(문미옥, 2008; 장현주 외, 2014).

3) 보육시설평가-평가인증제

질 높고 바람직한 보육은 아동발달에 긍정적 영향을 미쳐, 질적 수준이 높은 보육시설에서의 아동들이 그렇지 못한 보육시설에서의 아동들에 비하여 보다 반응적이었고, 또래들과 잘 적응하였으며, 정서적으로 안정되어 있는 것으로 나타났다(Scarr, Eisenberg & Deater-Deckard, 1994; Dunn, 1993; Kontos,

1991).

또한 보육시설의 질적 수준을 구성하는 요소들에 대한 연구들을 살펴보면, 질이 높은 아동보육의 특성으로 교사 대 아동의 비율이 아동의 연령에 맞게 구성되어야 하며, 아동의 발달적 특성에 맞는 교재·교구, 그리고 교육프로그램의 내용이 갖추어져 있어야 하며, 교사의 아동에 대한 민감성이 고려된 교사-아동 간의 상호작용이 필요하고, 교사의 전문적인 자격과 교사-부모 간의 긴밀한 협력체제 유지를 제시하고 있다(Textor, 1997).

이은해와 이기숙(1996)도 『유아교육 프로그램 평가 척도』에서 보육시설 내의 일과계획, 교육과정, 상호작용, 물리적 환경, 교재·교구, 영양·건강·안전, 운영관리, 교직원, 가정 및 지역사회와의 관계, 평가활동 등이 보육시설의 질적 수준에 영향을 미치는 요인이라고 하였다(이은해, 이기숙, 1996).

아동발달과 직결되는 보육시설의 질적 수준내용을 지표를 기준으로 점검하고 평가하여 국가적으로 인증을 부여하는 평가인증제가 2005년부터 실시되었다.

2018년도 평가인증에서는 수요자 의견을 반영하여 인증의 내실화를 기하고, 3차 지표가 실시되고 있다. 또한 보육서비스 질 관리에 대한 어린이집 책무성 부여 및 평가의 실효성을 강화하는 방향으로 운영체계를 진행하고 있다.

(1) 운영체계(보건복지부, 2014)

어린이집은 평가인증지표 중심으로 각 어린이집의 특성에 맞는 상시 자체점검을 실시한 후 평가인증에 참여 신청한다. 평가인증 과정은 신청 이후 참여확정, 현장평가, 종합평가의 3단계로 인증결과 발표까지 진행된다. 평가인증 과정은 아래와 같다.

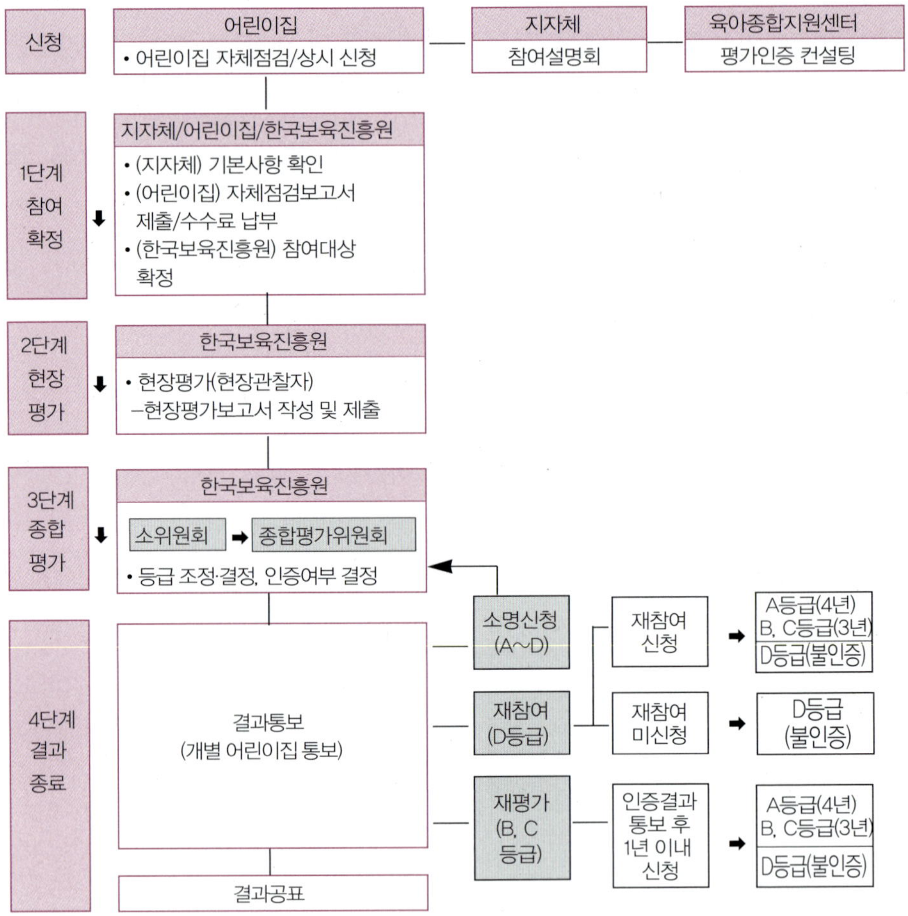

① 신청 단계 : 상시 자체점검, 신청

가. 상시 자체점검

● 자체점검 준비 및 실시

- 어린이집은 상시적으로 자체점검을 실시하며 운영 전반을 점검한다.
- 자체점검 시 어린이집은 평가인증지표를 토대로 우수한 영역과 개선 필요 영역을 파악한 후, 우수한 영역의 경우 지속적으로 유지될 수 있도록

하며, 개선 필요 영역의 경우 개선방안을 마련하여 개선함으로써 보육서비스의 질적 수준이 향상되도록 노력한다.

나. 신청 대상 어린이집

- 신규인증

• 「영유아보육법」 제12조 및 제13조, 제14조에 의하여 설치된 국· 공립 어린이집, 사회복지법인 어린이집, 법인·단체 등 어린이집, 직장 어린이집, 가정 어린이집, 협동 어린이집, 민간 어린이집으로서 현재 미인증 상태인 어린이집(방과 후 전담 어린이집 제외)

- 재인증

• 현재 인증을 유지하고 있는 어린이집으로서 인증 유효기간 만료시점이 도래한 어린이집

② 1단계 : 참여확정

참여확정 단계에서는 신청 어린이집의 기본사항 확인과 자체점검보고서 제출 및 참여수수료 납부가 이루어지며, 아래 '가. 참여확정 자격'의 조건에 충족하는 어린이집은 참여대상으로 확정된다.

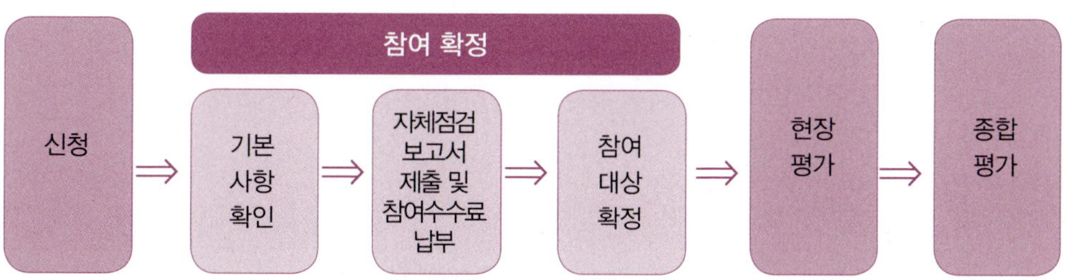

가. 참여확정 자격

- 평가인증 참여확정 마감일 기준으로 행정처분(「영유아보육법」 제45조 및 제45조의2, 동법 제46조, 동법 제47조, 동법 제48조)이 종료된 어린이집, 동법 제40조의 제2호 및 제3호의 반환명령을 이행 완료한 어린이집
  ※ 「영유아보육법」 제48조의 경우 종료시점을 행정처분 시행일로부터 1년 경과 후로 함
- 지자체의 기본사항 확인 결과 필수항목을 모두 준수한 어린이집
  ※ 필수항목 : 총 정원 준수, 예·결산서 및 회계서류 구비, 안전사고에 대한 보험(상해, 화재, 배상)가입, 「영유아보육법」 관련 행정처분 등, 어린이집의 설치기준, 보육실의 설치기준, 보육교직원 배치 기준, 보육교직원의 정기 건강검진, 비상대피시설 설치
- 자체점검보고서를 작성·제출하고 참여수수료를 납부한 어린이집
  ※ 상기 1단계 "가. 참여확정 자격"에서 정한 요건(처분 종료, 기본사항 중 필수항목 모두 준수, 자체점검보고서 제출, 참여수수료 납부)을 모두 충족하여야 참여확정 대상이 됨

나. 기본사항 확인

- 한국보육진흥원에서는 기수별 기본사항 확인 대상, 방법 및 일정을 지자체에 안내하고 지자체에서는 기수별로 해당어린이집의 기본사항 항목을 확인한다.
- 시·군·구는 기수별 참여확정 월이 도래하면 해당 기수에 신청한 어린이집의 기본사항(필수항목 및 기본항목) 준수 여부에 대한 확인한 후 그 결과를 정해진 기한 내에 시·도에 통보하고, 필수항목이 미준수된 어린이집에 대해서는 참여 확정 대상에서 제외됨을 안내한다.
- 시·도는 시·군·구로부터 통보받은 결과를 확인한 후, 한국보육진흥원에 최종 통보한다.

주 체	주요업무	상세내용
한국보육진흥원	기본사항 확인 안내	•기본사항 확인 대상 및 기간 안내
⇓		
시·군·구	기본사항 확인 및 통보	•기본사항 확인 및 시·도 통보 •필수항목 미준수 어린이집에 참여확정 대상에서 제외됨을 안내
⇓		
시·도	기본사항 최종 확인 및 통보	•기본사항 확인 결과 확인 및 최종 통보
⇓		
한국보육진흥원	기본사항 결과 확인 및 조치	•기본사항 확인 결과 확인 •필수항목 미준수 어린이집은 참여확정 대상에서 제외

[그림 14-1] 기본사항 확인 업무 흐름도

다. 자체점검보고서 제출

• 한국보육진흥원은 시·군·구로부터 제출받은 기본사항 확인 결과를 확인한 후, 필수항목을 준수한 어린이집에 대해 자체점검보고서 제출을 안내한다.

• 어린이집은 참여확정 마지막 달에 영역별로 최종 점검을 마치고, 한국보육진흥원에서 안내하고 있는 기간 내에 자체점검보고서를 작성하여 제출한다.

• 평가항목별로 Y 또는 N에 체크, 자체점검결과가 Y 또는 N인 사유, 영역별 특장점 및 개선 노력을 작성한다.

• 자체점검보고서 제출 시 참여확정마감(참여수수료 납부 마감)으로부터 직전 1년 이내에 행정처분 및 위반사항을 확인하여 제출한다.

라. 참여수수료 납부

- 한국보육진흥원은 시·군·구로부터 제출받은 기본사항 확인 결과를 확인한 후, 필수항목을 준수한 어린이집에 대해 참여수수료 납부를 안내한다.
- 평가인증을 신청하는 어린이집은 「영유아보육법」 제30조 및 동법 시행규칙 제32조에 따라 보건복지부 장관이 결정·고시한 참여수수료를 납부한다.

단 계	주 체	내 용
신 청	어린이집	•상시 자체점검 •상시 신청
참여 확정	한국보육진흥원	•기본사항 확인 대상, 방법 및 일정 안내 (시·도/시·군·구 대상)
	시·도/시·군·구	•기본사항 확인 및 결과입력
	한국보육진흥원	•기본사항 확인 결과 확인 •자체점검보고서 제출 및 참여수수료 납부 안내(필수사항 준수 어린이집 대상)
	어린이집	•기본사항 확인 결과 확인 •자체점검보고서 제출 및 참여수수료 납부
	한국보육진흥원	•참여대상 어린이집 확정

[그림 14-2] 참여확정 업무 흐름도

③ 2단계 : 현장평가

현장관찰 단계에서는 현장관찰자가 참여확정 어린이집을 방문하여 평가인증 지표에 따라 어린이집의 질적 수준에 대한 관찰 및 보고가 이루어진다.

가. 현장평가 주간 통보

한국보육진흥원에서는 참여확정 어린이집 별로 1주간의 현장평가 주간을 지정하여 통보하며, 해당 현장평가 주간 중 현장평가일을 정하여 사전에 고지 없이 현장관찰자를 어린이집에 파견한다. 단, 현장관찰자가 위치 확인 등을 위하여 어린이집에 발신번호 표시제한으로 연락할 수 있다.

※ 고지된 현장평가 주간은 원칙적으로 변경 불가능함. 단, 어린이집의 정상적인 운영 또는 보육교직원의 정상적인 근무가 어려운 경우(예 : 보수교육, 상(喪) 등)에 한하여 한국보육진흥원에서 정하는 기준에 따라 참여어린이집별로 조정 가능

- 어린이집의 현장평가 주간은 현장평가월 1주일 전에 어린이집 지원시스템에서 확인할 수 있다.

나. 현장관찰 실시

어린이집 1개소당 2인(99인 이하 어린이집) 또는 3인(100인 이상 어린이집)의 현장관찰자가 파견되며 현장관찰은 1일간 실시한다.

- 현장관찰자의 어린이집 도착 예정시간은 08:30~09:30이며, 현장평가 종료예정시간은 16:30~17:30이다.
- 현장관찰자는 현장평가 어린이집의 보육교직원 및 영유아 재원상황, 어린이집에서 제시한 하루일과표와 실내외 배치도를 확인하여 평가를 시작한다.
- 현장관찰자는 무작위로 선정된 보육실 2개반을 중심으로 어린이집의 실내외 전체를 관찰한다.

- 현장평가는 하루 일과 전반에 걸쳐 관찰, 문서 검토, 면담 등의 방법을 통해 진행한다.
- 현장평가일에는 미임용 보육교직원을 확인하며, 타 어린이집에 임용 중인 교육원(원장 포함)은 관찰어린이집에 근무하거나 지원활동을 할 수 없다.
- 현장평가 종료 전 어린이집의 원장과 현장관찰자는 상호확인 항목에 대해 확인한 후 '현장평가 상호확인서'에 서명한다.
- 현장관찰자는 현장평가 후 개별 현장평가보고서 및 종합 현장평가보고서를 작성하여 평가인증시스템에 입력하고, 현장평가 관련 자료를 한국보육진흥원으로 제출한다.

다. 어린이집 운영기준 확인

- 한국보육진흥원은 현장평가 시 어린이집 운영기준 개선 필요사항이 발견된 경우 시·도 및 시·군·구에 통보하여 개선 여부를 확인한다.
- 시·군·구는 한국보육진흥원으로부터 통보받은 현장평가 당일 발견된 어린이집의 운영기준 개선 필요사항에 대하여 확인하고, 그 개선결과를 7일 이내에 시·도에 통보한다.
- 종합평가 전일까지 개선 여부가 통보되지 낳거나, 미개선된 어린이집에 대해서는 종합평가 1단계에서 확인 하 '불인증'으로 처리한다.

④ 3단계 : 종합평가

종합평가 단계에서는 현장평가가 완료된 어린이집의 기본사항확인서, 자체점검보고서, 현장평가보고서 등을 토대로 종합평가가 진행된다.

가. 종합평가위원회 구성

- 종합평가위원회는 학계전문가, 현장전문가, 보육담당공무원으로 구성한다.
- 종합평가위원의 위촉기간은 1년을 원칙으로 하되, 재위촉할 수 있다.

나. 종합평가 진행

- 종합평가는 학계전문가, 현장전문가, 보육담당공무원으로 구성된 소위원회와 종합평가위원회에서 진행한다.
- 기본사항확인서, 자체점검보고서, 현장평가보고서 등을 검토한 후, 종합평가 기준에 따라 최종 등급을 결정한다.
- 검토한 결과를 토대로 어린이집의 질적 개선 방향을 제시하는 평가결과서를 작성한다.

다. 종합평가 절차

종합평가 절차 및 내용

구 분	내 용
(1단계) 소위원회	■ 학계, 행정, 현장전문가 3인 1조로 구성된 소위원회에서 기본사항확인서, 자체점검보고서, 현장평가보고서 등을 검토한 후, 종합평가 기준에 맞추어 등급 및 인증 여부 결정, 평가결과에 영향을 미치는 사안 등에 대해 심의하여 종합평가위원회에 안건 상정 – 기본사항 확인 결과, 현장평가 결과 및 확인사항 – 〈종합평가 필수확인 항목〉인 아래 사항 중 하나 이상 해당되면 "불인증" 결정 • 참여 어린이집 또는 시 · 군 · 구에서 통보한 "참여변동사항"중 어느 하나라도 해당될 경우 • 평가인증 진행 일정을 준수하지 않은 경우 • 평가인증과 관련하여 허위 사실이 발견된 경우 • 현장평가 시 발견한 어린이집 운영기준 개선 필요사항이 종합평가 전일까지 개선되지 않은 경우 • 현장평가일의 현원 · 출석 기준을 충족하지 못하여 현장평가가 진행되지 않은 경우 • 필수항목 미준수 사례가 발견된 경우
(2단계) 종합평가 위원회	■ 소위원회를 거쳐 상정된 안건에 대해 종합평가위원회에서 심의 후 최종등급 및 인증 여부를 결정

※ 각 기수별로 종합평가 종료부터 결과통보 전까지 '종합평가 필수확인 항목' 해당 여부 재확인.
※ 참여확정 마감일로부터 직전 1년 이내에 발생한 기본항목의 중대한 법 위반사항은 종합평가 시 차하위 등급으로 조정하여 결과 반영.

라. 참여변동사항 확인

- 인증 참여 중인 어린이집에서 참여확정 마감일 이후 아래 사항 중 어느 하나 이상 발생할 경우, 해당 어린이집 및 시·군·구에서는 한국보육진흥원에 변동사항 발생사실을 통보하여야 한다.
  - 행정처분(「영유아보육법」 제40조 제2호 또는 제3호, 제45조, 제45조의2, 제46조, 제47조, 제48조)을 받은 경우
  - 평가인증 참여 전후에 어린이집에서 발생한 성폭력, 아동학대, 운영 부조리 등으로 인하여 대표자 및 보육교직원이 고발 또는 고소되거나 수사, 재판 계류 중에 있는 경우
  - 어린이집의 소재지가 변경된 경우
  - 어린이집의 대표자가 변경된 경우

- 어린이집 또는 시·군·구에서 통보한 상기 참여변동사항 확인결과를 종합평가 시 반영한다.

마. 인증결정

- 현장평가 결과(100%)를 바탕으로 하되, 참여확정 마감일로부터 1년 이내 아래의 중대한 법 위반사항이 발생한 경우 종합평가 시 차하위 등급으로 조정한다.

- 어린이집 평가등급은 4등급(A, B, C, D)으로 하고, 등급에 따라 인증과 불인증으로 구분한다.
  - (인증) A, B, C등급

    ※ B, C 등급의 경우는 1년 이내 1회에 한하여 재평가 신청 가능
  - (불인증) D등급
    - '종합평가 필수확인 항목'에 해당하는 경우 '불인증'으로 결정하되,

아래의 경우에는 한국보육진흥원에서 확인하여 정함

※ 재인증 참여과정 중 기본사항 확인 시작일부터 현장평가 이전에 확인방문 사유가 발생한 경우에는 현장평가와 확인방문의 중복실시를 방지하기 위하여 한국보육진흥원에서 조정가능

⑤ 결과 공표

가. 결과통보

- 어린이집 평가결과는 매월 15일 전·후에 어린이집 지원시스템 업무연락 등을 통해 통보한다.

- 인증결과 통보 전
  - 통보 전 어린이집 정보 확인
    - 어린이집 지원시스템의 어린이집 정보는 평가인증 참여어린이집 관리 및 결과통보, 인증서 제작, 인증어린이집의 사후관리에 활용되므로 변동 사항이 있는 경우에는 수정하여야 한다.
  - 결과통보 전 설문지 작성
    - 인증결과 통보 전 참여어린이집에서는 참여변동사항 확인서 및 어린이집용 설문지를 작성하여야 한다.

- 인증결과 확인
  - 평가인증 참여어린이집의 인증결과, 총점과 영역별 점수는 어린이집지원시스템 내 평가인증 메뉴를 통해 확인할 수 있다.

- 인증서 및 현판 발급
  - 보건복지부(한국보육진흥원)는 평가인증 어린이집에 대하여 보건복지부장관 명의의 인증서 및 인증현판을 제작하여 해당 인증어린이집으

로 직접 배부한다.

나. 소명

- 인증 참여 어린이집은 인증결과(A~D등급)에 대한 소명신청이 가능하다.
  - 평가인증 결과통보 월의 말일까지 어린이집 지원시스템을 통해 소명신청 가능(소명신청서와 관련 증빙자료 제출)
- 소명 절차

소명신청 ⇒ 사실조사(서면, 방문 등) ⇒ 소명심사위원회 개최 ⇒ 의결(인정/불인정) ⇒ 종합평가위원회 개최 ⇒ 결과통보 및 후속조치

- 소명 결과
  - 소명결과는 어린이집 지원시스템을 통해 개별 통보함
  - 최종 인증결과를 공표함

다. 재참여

- 인증참여 어린이집(신규, 재인증)중 인증결과가 불인증(D등급)인 어린이집은 재참여 신청이 가능하다.
- 재참여 절차

재참여 신청 ⇒ 기본사항 확인/자체점검(2개월) ⇒ 현장평가/종합평가(1개월 내외) ⇒ 결과 통보

라. 결과공표

- 인증 참여 어린이집에 대한 평가결과(인증, 불인증), 평가인증 미참여·변동(취소, 만료 등)정보를 통합정보공시 홈페이지를 통해 공개한다.
  - (공표 시기) 결과통보 후 익월 1일부터 공표
  - (공표 내용) 인증 여부, 등급(영역별 등급, 어린이집 등급), 평가결과통보서(총평, 개선 필요사항)

※ 재참여 및 소명신청 어린이집은 해당 과정 완료 후 최종 결과공표

마. 인증유효기간 관리

- 인증 결과가 통보된 달의 15일부터 3년간 인증 유효하며, 인증 통과 어린이집 중 A등급은 1년 연장한다.

업무주체	주요업무	상세내용
어린이집	–	•인증유효기간 종료 사유발생
⇓		
시·도 및 시·군·구	인증유효기간 종료 사유 발생 통보	•인증유효기간 종료 사유 확인 후 한국보육진흥원에 통보
⇓		
한국보육진흥원	인증유효기간 종료 처리 및 관련 조치	•인증유효기간 종료 사유 확인 후 처리 •해당 시·도에 인증유효기간 종료 처리 결과 안내 및 인증서·현판 회수 협조 요청 •해당 어린이집에 인증유효기간 종료 처리 결과 안내(보육통합정보시스템 업무연락)
⇓		
어린이집 / 시·도 및 시·군·구	인증유효기간 종료 사후처리 협조	•인증서 및 인증현판 회수

[그림 14-3] 인증유효기간 종료 절차 업무 흐름도

⑥ 재평가 관리

가. 재평가 대상 및 신청

- 신청 대상 : 평가결과 등급이 B, C인 어린이집 중 재평가 희망 어린이집
  - 1년 이내에 1회에 한하여 재평가 신청 가능함.
- 재평가 절차

재평가 신청 ⇒ 기본사항 확인/자체점검 ⇒ 현장평가/종합평가 ⇒ 결과 통보

⑦ 평가인증 어린이집 사후관리

가. 연차별 자체점검

- 연차별 자체점검 및 보고서 제출
  - 평가인증 어린이집은 인증 유효기간 동안 자체점검위원회를 구성하고, 연차별 자체점검보고서를 작성하여 결과통보 후 익년도부터 매년 1회 정해진 기간 내에 어린이집 지원시스템으로 입력·제출한다.
  - 2018년 상반기 제출대상부터 통합지표를 적용함
  - 연차별 자체점검 및 보고서 제출은 상·하반기로 나누어 관리
  - 연차별 자체점검보고서를 기한 내 제출하지 않는 어린이집에 대해서는 확인 방문을 실시하여 인증유지 여부를 결정한다.

나. 원장 및 교직원 변동에 따른 사후관리

- 평가인증 어린이집 신임 원장 교육

- 평가인증 어린이집의 원장이 교체된 경우, 신임 원장은 한국보육진흥원에서 실시하는 신임 원장 교육을 아래와 같이 반드시 이수하여야 한다.
- 원장이 교체된(임면 보고일 기준) 이후 실시되는 3회차 교육 내에 1회 교육을 어린이집 지원시스템으로 신청하여 이수해야 하며, 교육을 이수하지 않은 경우 확인방문을 실시하여 인증유지 여부를 결정한다.

● 평가인증 관련 보육교직원 교육 정보 제공

- 한국보육진흥원은 어린이집 보육교직원의 잦은 이동 등 보육현장의 특성을 고려하여 평가인증지표 관련 지식과 정보를 교육(온라인 포함) 등을 통해 제공한다.

다. 확인점검

● (개요)평가인증 유지 중인 어린이집 중 일부를 방문하여 인증수준의 보육서비스질이 유지되고 있는지 확인한다.

● (확인내용)통합지표 전체 영역, 필수항목 및 어린이집 운영기준

● (결과활용) 확인점검 결과 일정 기준 이상일 경우 인증유효기간을 연장하며, 일정기준 이하일 경우 자체 개선 기회를 부여하여 품질이 지속 유지될 수 있도록 지원한다.

라. 인증취소

● 인증이 취소되는 경우

① 거짓 또는 부정한 방법으로 평가인증을 받는 경우

② 대표자 또는 원장이 「영유아보육법」을 위반하여 금지 이상의 형을 선고받고 그 형이 확정된 경우

③ 인증 후 「영유아보육법」 관련 행정처분을 받은 경우

④ 대표자, 원장 또는 보육교직원이 「아동복지법」 또는 「아동·청소년의 성보호에 관한 법률」을 위반한 경우

⑤ 인증 후 아래와 같이 주요 품질변동요인이 발생하거나 사후관리 절차를 준수하지 않는 경우에 해당되어 확인방문 실시 절차에 따라 평가를 실시한 결과, 인증 기준에 적합하지 않은 경우

- 소재지 변경
- 정원·운영형태 변경
- 연차별 자체점검보고서를 기한 내에 제출하지 않은 경우
- 원장이 변경된 후 한국보육진흥원에서 실시하는 평가인증 관련 신임 원장 교육을 지정된 기간 내에 이수하지 않은 경우

(2) 평가인증지표

① 통합지표의 구성 체계

가. 구성 체계

- 통합지표는 평가영역 〉 평가지표 〉 평가항목 〉 평가요소(3영역에 한함)순으로 구성

3 건강·안전

평가영역

3-1 실내외 공간의 청결 및 안전

평가지표

3-1-4 안전시설 및 설비를 비상시 효율적으로 사용할 수 있도록 관리하고 있다.

평가항목

1 비상사태를 대비한 안전시설(비상계단, 영유아용 미끄럼대, 비상구, 비상대피로 등)은 비상시 원활히 대피할 수 있도록 관리되고 있다.

2 비상사태를 대비한 설비(피난구 유도등, 소화기, 가스누설 경보기 등)는 비상시 제대로 작동하도록 관리되고 있다.

평가방법	관찰	충족여부	□ Y	□ N
✔ 2개의 평가기준(1~2)을 충족해야 Y로 평정				

평가요소		평가방법	결과
3-1-1-①	실내외 공간을 청결하게 유지한다.	관찰	□Y □N
3-1-1-②	실내외 놀잇감을 청결하게 유지한다.	관찰, 면담	□Y □N
3-1-1-③	개별 침구를 청결하게 유지한다.	관찰	□Y □N
3-1-1-④	환기를 자주하여 실내 공기를 쾌적하게 유지한다.	관찰, 기록	□Y □N
3-1-1-⑤	실내 공간의 온도, 습도, 채광, 조명을 적정하게 유지한다.	관찰	□Y □N
충족여부	□ Y　　□ N	합 계	총 개

평가요소

항목 평정기준

✔ 5개 평가요소 중 4개 이상을 충족해야 Y로 평정

나. 평가방법

● 통합지표의 평가방법은 관찰, 면담, 기록 확인의 방법으로 이루어진다.

관찰
- ○ 보육환경, 보육과정, 상호작용 등에 대한 관찰을 진행함
- ○ 등원에서 하원까지 일과 동안 이루어짐

면담
- ○ 원장과 교사 등을 대상으로 면담을 진행함
- ○ 평가인증지표(항목·요소)에 관한 실행 여부 및 관련 내용을 확인함

기록
- ○ 평가인증지표(항목·요소)에서 실행 여부 및 내용 확인을 위해 되는 관련 기록을 확인함

- 보육일지 : 현장평가월 이전 1개월부터
- 그 외의 기록 : 현장평가월 이전 3개월부터

※ 단, 1년 단위로 확인이 이루어지는 지표의 경우 전년도 기록을 확인할 수 있음

② 통합지표의 구성

가. 평가영역 및 평가항목수

평가영역(항목수)	평가지표	평가항목수(평가요소수)
1. 보육과정 및 상호작용(31)	1-1. 보육 계획 수립 및 실행	4
	1-2. 일과 운영	5
	1-3. 교수-학습방법 및 놀이지원	6
	1-4. 교사-영유아 상호작용	6
	1-5. 영유아 간 상호작용 시 교사 역할	4
	1-6. 평가	4
	1-7. 일상생활	2
2. 보육환경 및 운영관리(19)	2-1. 실내 공간 구성	5
	2-2. 실외 공간 구성	3
	2-3. 기관 운영	4
	2-4. 가정 및 지역사회와의 연계	5
	2-5. 어린이집 이용 보장	2
3. 건강 · 안전(15)	3-1. 실내외 공간의 청결 및 안전	4(14)
	3-2. 급·간식	3(16)
	3-3. 건강 증진을 위한 교육 및 관리	3(9)
	3-4. 등·하원의 안전	2(8)
	3-5. 안전교육 및 사고 대책	3(9)
4. 교직원(14)	4-1. 원장의 리더십	4
	4-2. 교직원의 근무환경	3
	4-3. 교직원의 처우와 복지	3
	4-4. 교직원의 전문성 제고	4

나. 어린이집 등급평정 방식

- **(평가항목)** 각 평가항목별로 충족 여부*에 따라 체크리스트 방식에 의해 '충족(Y)' 또는 '미충족(N)'에 체크
- **(평가지표)** 각 지표별 평가항목의 '충족' 개수에 따라 3개 등급(우수, 적합, 개선필요) 중 1개 부여

평가항목 수	'충족' 평가항목 수		
2	2개	1개	0개
3	3개	2개	1개 이하
4	3개 이상	2개	1개 이하
5	4개 이상	3개	2개 이하
6	5개 이상	3~4개	2개 이하
	↓ 우수	↓ 적합	↓ 개선필요

- **(평가영역)** 각 영역별 평가지표 중 '우수' 등급 지표 개수에 따라 3개 등급(우수, 적합, 개선필요) 중 1개 부여
  * 평가지표 중 '개선필요' 등급이 하나라도 있을 경우, '개선필요' 등급 부여

평가영역(지표 수)	'우수' 지표 수		'개선필요' 지표 수
Ⅰ 영역(7)	5개 이상	4개 이하	1개 이상
Ⅳ 영역(4)	3개 이상	2개 이하	
Ⅱ, Ⅲ 영역(5)	4개 이상	3개 이하	
	↓ 우수	↓ 적합	↓ 개선필요

- **(어린이집 등급)** 4개 평가영역의 등급 종류(우수, 적합, 개선필요) 수에 따라 등급(A, B, C, D) 중 1개 부여, D등급은 불인증

어린이집 등급	등급부여기준	예시
A	모든 영역에서 '우수' 등급인 기관	'우수' 영역 4개
B	3개 영역 이상 '우수' 등급이고, '개선필요' 등급이 없는 기관	'우수' 3개, '적합' 1개 영역
C	'개선필요' 등급인 영역이 없고, A 또는 B 등급이 아닌 기관	'우수' 2개, '적합' 2개 영역 '우수' 1개, '적합' 3개 영역 '적합' 4개 영역
D	1개 영역 이상 '개선필요' 등급인 기관	'개선필요' 영역 1개 이상

참고문헌

곽승주·이명순·오경숙(2016). 보육과정. 경기도: 정민사

교육과학기술부(2012). 3-5세 연령별 누리과정 운영지원을 위한 교사 연수 자료집.

교육부, 보건복지부(2019). 2019 개정누리과정 해설서.

교육과학기술부·보건복지부·육아정책연구소(2012). 5세 누리과정 운영을 위한 교사연수 자료집. 서울:육아정책연구소.

교육과학기술부·보건복지부·육아정책연구소(2013). 3-5세 누리과정 운영지원을 위한 교사연수 자료집.

권건일·신재흡(2006). 유아교사론. 서울: 양서원.

교육부(1995). 유치원 교육 활동지도 자료 I. 총론.

권수정·이은진·김민정·백경미(2014). 보육과정. 경기:공동체.

권용은·류외희·박민정 ·이세라피나(2007). 보육과정 평가인증 조력프로그램(보육과정).

김명순·이기숙·이옥(2005). 한국 유아교육·보육과정의 역사와 미래. 한국유아교육과 보육의 자리매김, 한국유아교육학회 학술대회 자료집, 한국유아교육학회.

김상림 외(2013). 보육과정. 서울: 양서원.

김상림·한준아·권연희(2013). 보육과정. 경기: 양서원.

김영옥(2002). 유아를 위한 다문화 교육. 서울: 정민사.

김정원 외(2006). 보육과정. 서울: 파란마음.

김제한(2001). 발달심리학. 서울: 양서원.

김지은 외 (2013) 보육과정. 서울: 창지사.

김지은·문혁준·김경희·김현주·김혜금·김정희·신혜원·안선희·임연진·조혜정·황옥경(2014). 보육과정. 서울: 창지사.

김혜금 외(2010). 표준보육과정과 평가인증지표에 기초한 0, 1, 2세아 영아보육 프로그램. 경기: 북카페.

김희진 외(2004). 보육교사와 부모의 양성평등의식과 유아의 성별특성에 대한 인식. 한국교육 31(4). 273-301.

노승윤(2003). 실기교육방법론. 서울: 양서원.

도미향 외(2013). 보육과정. 서울: 정민사.

문미옥(2008). 교육과 보육을 위한 영유아를 위한 영유아 교육과정, 서울: 창지사,

문미옥(2015). 교육과 보육을 위한 영유아보육과정. 서울: 창지사.

박세정·박지영·석은조·오성숙(2014). 보육교사론. 서울: 공동체

박은혜(2005). 유아교사론. 서울: 창지사

박정민 외 공저(1999). 유아교육평가의 새로운 대안: 포트폴리오 연구, 경복논총, pp. 313-314.

박찬옥 외(2014). 보육과정. 서울: 정민사.

박찬옥·김낙흥·구수연·이옥임·노희연·이선영·이예숙(2014). 보육과정. 경기: 정민사.
박찬옥·김낙흥·구수연·이옥임·노희연·이선영·이예숙(2014). 보육과정(개정판). 경기: 정민사.
박휴용·여영기(2014). 한국의 저출산 현상의 원인과 유아교육·보육 정책의 방향 분석. 한국영·유아보육학, 85, pp. 69-95.
배소연(1993). 유아교사의 실천적 지식과 교사교육의 방향. 교육학연구, 31(5). 153-171.
백해리·노은호·황성원·조미환·박종옥·이순영·곽혜경·최효영(2013). 보육과정(개정증보). 서울: 창지사.
백혜리·노은호·황성원·조미환·박종옥·이순영·곽혜경·최효영(2013). 보육과정. 경기: 창지사.
변영계·김영환·손미(2007). 교육방법 및 교육공학 3판. 서울: 학지사.
보건복지부(1991). 어린이집 보육교사를 위한 영유아 보육프로그램(I–X)
보건복지부(2013). 제2차 중장기 보육기본계획.
보건복지부(2013). 제2차 표준보육과정 고시 개정. 고시 제 2013 – 8호.
보건복지부(2013). 3세 누리과정에 기초한 어린이집 프로그램 ①.
보건복지부(2013). 어린이집 표준보육과정에 기초한 영아보육프로그램 0세.
보건복지부(2013). 어린이집 표준보육과정에 기초한 영아보육프로그램 1세.
보건복지부(2013). 어린이집 표준보육과정에 기초한 영아보육프로그램 2세.
보건복지부(2011). 표준보육과정의 구체적 보육내용 및 교사지침.
보건복지부(2012). 5세 누리과정에 기초한 어린이집 프로그램.
보건복지부(2012). 제2차 표준보육과정의 구체적 보육내용 및 교사지침.
보건복지부(2013). 3세 누리과정에 기초한 어린이집 프로그램.
보건복지부(2013). 3세 누리과정에 기초한 어린이집 프로그램 ①.
보건복지부(2013). 보육통계.
보건복지부(2013). 어린이집 표준보육과정 및 0~2세 영아보육 프로그램의 이해.
보건복지부(2013). 어린이집 표준보육과정에 기초한 영아보육프로그램 0세.
보건복지부(2013). 어린이집 표준보육과정에 기초한 영아보육프로그램 1세.
보건복지부(2013). 어린이집 표준보육과정에 기초한 영아보육프로그램 2세.
보건복지부(2013). 어린이집 표준보육과정에 기초한 영아보육프로그램 운영의 이해.
보건복지부(2013). 제2차 중장기 보육기본계획.
보건복지부(2013). 제3차 어린이집 표준보육과정 고시 제2013–8호(2013. 1. 21).
보건복지부(2014). 4세 누리과정에 기초한 어린이집 프로그램.
보건복지부(2014). 어린이집 평가인증 안내.
보건복지부(2015). 보육사업안내.
보건복지부(2015). 보육통계.
보건복지부(2017). 제3차 중장기보육 기본계획.
보건복지부(2020). 2020년도 보육사업안내.
보건복지부(2020). 제4차 어린이집 표준보육 과정 고시.
보건복지부(2020). 2020 보육사업안내
보건복지부·교육과학기술부(2013). 3~4세 누리과정에 기초한 어린이집 프로그램.
보건복지부·교육과학기술부(2013). 3~5세 연령별 누리과정 교사용 지침서.

보건복지부·교육과학기술부(2013). 3~5세 연령별 누리과정 해설서.
보건복지부·육아정책연구소(2013). 제3차 어린이집 표준보육과정 교사용 지침서.
보건복지부·육아정책연구소(2013). 제3차 어린이집 표준보육과정 해설서.
서봉연·이순형 (1998). 발달심리학. 서울: 중앙적성 출판부.
서영숙 외(2007). 보육과정. 서울: 공동체.
서영숙 외(2014). 보육과정. 경기: 공동체.
서영숙·서혜전·김영명·채혜선·김진숙(2013). 보육학개론. 경기: 양서원.
서영숙·서혜전·정영희·양영아·안소영·이종현·남미선(2013). 보육과정. 경기: 공동체.
안경아(1999). 유치원 교사의 관심사 및 현직교육 내용에 대한 요구조사. 이화여자대학교 대학원 석사학위 청구논문.
양옥승 외 공저(2003). 영유아보육개론, p. 146. 서울: 학지사.
양승희 외(2014). 보육과정. 서울: 동문사.
여성가족부(2014). 다문화가족 관련 연도별 통계.
여성가족부 홈페이지 자료 출처.
여성가족부(2005). 표준보육과정 연구. 서울: 여성가족부.
오은순(1997). 이혼가정 아동의 적응에 영향을 미치는 생태학적 변인들의 구조분석. 이화여자대학교대 학원 박사학위 청구논문.
유구종 외 공저(2007). 영유아 보육학개론, 서울: 공동체.
유효순(2007). 아동발달. 서울: 창지사.
이경우·류재경(1999). 다문화 환경 체크리스트에 관한 기초 연구. 어린이교육(창간호). 사단법인 대한 어린이교육협회.
이경우·이은화 역(2000). 반편견 교육II. 서울: 창지사.
이기숙 외(2005). 유아교육개론. 서울: 양서원.
이기숙·김정원·이현숙·전선옥(2008). 영유아교육과정. 경기: 공동체.
이기숙·이경미·강경아(2001). 요리활동을 통한 다문화교육. 교과교육학연구 5(2). 21-39.
이미숙·전춘애(1999). 보육시설의 영유아기 프로그램에 대한 질적 수준 평가, 한국영유아 보육학, 19. p. 76. 재인용.
이미정 외 공저(2009). 보육학개론, p. 289. 재인용. 서울: 창지사.
이소희·강경자·마미정(2013). 보육과정(개정판). 서울: 신정.
이숙재(2001). 유아놀이활동, 서울:창지사.
이숙재(2010). 유아를 위한 놀이의 이론과 실제, p. 104. 서울: 창지사.
이순형 외(2006). 보육과정, 서울: 학지사.
이순형 외 공저(2009). 보육학개론, p. 399. 재인용. 서울: 학지사.
이순형 외(2013). 보육과정 4판, 서울: 학지사.
이영애(2001). 유아교사교육의 새로운 접근. 서울: 창지사.
이은화·배소연·조부경(1995). 유아교사론. 서울: 양서원.
이은화 외 공저(2001), 한국유아교육의 쟁점과 과제, 서울: 양서원.
이은해(1995). 아동발달의 평가 및 측정, 경기: 교문사.
이은해·이기숙(1996). 유아교육 프로그램 평가 척도, 서울: 창지사.

이정아·장석경·고연경·박은주·남규(2013). 영·유아를 위한 보육과정. 경기: 동문사.

임영심 외 (2013). 보육과정, 서울: 정민사.

장현주·이남주·이재삼·김소양(2014). 보육과정. 경기: 공동체.

전남련·김재환·권경미(2006). 보육과정. 경기: 양서원.

전남련 외 공저(2013). 영유아 프로그램 개발과 평가, p. 388. 재인용. 서울: 신정.

정옥분(2006). 아동발달의 이해. 서울: 학지사.

정옥분·권민균·김경은·김미진·노성향·박연정·엄세진·윤정진·임정하·정순화·황현주(2013). 보육과정. 경기: 학지사.

정옥분·권민균·김경은·김미진·노성향·박연정·엄세진·윤정진·임정하·정순화·황현주(2018). 보육과정(3판). 경기: 학지사.

정정란(2006). 부모기대 관련변인과 유아발달과의 관계. 대구대학교대학원 박사학위 청구 논문.

정해숙(2001). 가정과 교육에서의 양성평등. 한국가정과교육학회 학술대회자료집, 5-22.

조부경·백은주·서소영(2001). 유아교사의 발달을 돕는 장학. 서울: 양서원.

조운주·최일선(2004). 유아생활지도. 서울: 창지사.

조혜진(2007). 영아반 초임교사들의 어려움과 적응에 대한 이해. 유아교육연구, 27(3), 315-335.

최경숙(2001). 발달심리학: 아동·청소년기. 서울: 교문사.

최기영(1999). 현대사회와 유아교육. 서울: 교문사.

최미현 외 공저(2000). 영유아 보육의 이해, p. 152. 서울: 창지사.

한국보건사회연구원(2015). 1·2차 저출산고령사회기본계획 평가와 시사점.

한국보육진흥원(2010). 보육교사 전문성 제고를 위한 표준보육과정의 이해와 적용.

한국보육진흥원(2020). 어린이집 평가 매뉴얼(어린이집용). 서울: 한국보육진흥원.

한국아동학회(2013). 3-5세 누리과정 및 제3차 어린이집 표준보육과정.

한국유아교육학회(1996). 유아교육사전(용어편). 서울: 교문사.

한미라 외(2008). 유아교육개론. 서울: 양서원.

홍승아 외(2013). 젠터관점에서 본 복지패러다임 발전방안연구. 한국여성정책연구원.

황경애·김현주(2005). 영아보육교사의 전문성 인식과 역할수행에 관한 연구. 진주산업대 논문집, 44, 109-129.

Bee, H.(1999). *The growing child: An applied approach*. N.Y.: Longman.

Berk, L. E. & Winsler, A.(1995). 어린이들의 학습비계 설정(Scaffolding): 비고스키와 유아교육. (홍용희 역). 서울: 창지사(원전은 1995년에 출판).

Berk, L. E.(2000). *Child development*(5th ed.). Boston: Allyn & Bacon.

Berthlsen, D., & brownlee, J.(2007). Working with toddlers in child care Practitioner's beliefs about their role. *Early Childhood Research Quarterly, 22*(3), 347-362.

Bronfenbrenner, U.(1992). 인간발달 생태학(*The ecology of human development*). (이영 역). 서울: 교육과학사(원전은 1979에 출판).

Decker, C. A, & Decker, J. R(1988). *Planning and administering early childhood programs*. Ohio: Charles E. Merrill.

J. Frost(1976). *Revisiting early childhood education.* N.Y.: Holt Rinehart and Winston, Inc. 재인용.

Kail, Robert V. & John C. Cavanaugh(2000). *Human development,* Wadsworth: Cengage Learning

Kopp, C. B., & Krakow, J. B.(1982). The Developmentalist and the study of biological risk: A view of the past with an eye toward the future. *Child Development, 54,* 1086-1108.

McCartney, K.(2004). '보육의 질'의 중요성 : 연구가 시사하는 바는? 영·유아보육과 파트너쉽. 삼성복지재단 12회 국제학술대회, 7-55. 삼성복지재단.

Miller, P. H.(1993). *Theories of developmental psychology*(3rd ed.). N.Y.: W. H. Freeman and Company.

NAEYC(1991). Guidelines for appropriate curriculum con tent and assessment in programs serving children ages 3 through 8. *Young Children, 30,* 21-38.

National Association for the Education of Young Children(NAEYC) & National Association of Early Childhood Specialists in State Departments of Education(NAECS/SED)(1991). Guidelines for appropriate curriculum content and assessment in programs serving children ages 3 through 8(joint position statement). *Young Children, 46*(3), 21−38.

Ornstein & Levine, D. U.(1982). Multicultural Education: Trends and Issues. In Jensen, M.A. & Chevalier, Z.W.,(ED)(1990). *Issues and advocacy in early childhood education.* Boston: Allyn & Bacon. 298-301.

Ornstein, A. C., & Hunkins, F. P. (2007). *Curriculum: foundation, principles and issues*(4th fd). 교육과정: 기초, 원리, 쟁점(4판). (장인실외 공역). 학지사. (원전: 2004년에 출판).

Ragan, w. b. (1963). *Modern elementary curriculum*. New York; Holt, Rinehart and Winston Co.

Reiman, A.T., & Thies-Sprinthall, L.(1998). *Mentoring and surpervision for teacher development.* N.Y.: Addison Wesely Longman, Inc.

Santrock, J. W.(2004). *Psychology.* McGraw-Hill college.

Schwartz, S. L., & Robison, N. F.(1982). *Designing curriculum for early childhood.* Boston: Allyn & Bacon.

Spodek, B.(1991). Early childhood curriculum and cultural definitions of knowledge, In B. Spodek & O. Saracho(eds.). *Issues in early childhood curriculum: Year-book in early childhood education*(Vol. 2). N.Y.: Teachers College Press.

Textor, M. R., International Perspectives on Quality Child Care. *Early Childhood Education Journal, 25*(3), 1998. 167−171, 재인용.

Theemes, T.(1999). *Let's go outside! Designing th early childhood playground.* MI: High Scope Press.

Weber, E.(1993). 유아교육사상사*(Ideas influencing early childhood education).* (이영석 편역). 서울: 교육과학사(원전은 1984년에 출판).

Wellhousen, K.(2002). *Outdoor play everyday: Innovative play concepts for early childhood.* N.Y.: Delmar. 재인용.

저·자·소·개

정정란 진주보건대학교 사회복지계열(유아보육전공) 교수

강복화 장안대학교 사회복지과 교수

강인숙 부천대학교 유아교육과 조교수

권미진 동원과학기술대학교 사회복지과 겸임교수

박혜정 합천군 육아종합지원센터장

오성숙 부산과학기술대학교 유아교육과 교수

이영화 부산경상대학교 사회복지아동보육과 교수

제3판

보육과정

초판 1쇄 발행 2015년 8월 31일
초판 2쇄 발행 2016년 7월 7일
개정 2쇄 발행 2019년 8월 23일
제3판 1쇄 발행 2020년 8월 25일

지 은 이 | 정정란 강복화 강인숙 권미진 박혜정 오성숙 이영화
펴 낸 이 | 김기섭
책임편집 | 이윤미
펴 낸 곳 | 창지사 www.changjisa.com
08589 서울시 금천구 가산디지털1로 83 파트너스타워 1차 9층
전화 (02) 719-2211~3
팩스 (02) 701-9386
등 록 | 1977년 4월 28일 · 제1-421호

ISBN 978-89-426-1364-9 (93370)

값 20,000원

「이 도서의 국립중앙도서관 출판예정도서목록(CIP)은 서지정보유통지원시스템 홈페이지(http://seoji.nl.go.kr)와 국가자료공동목록시스템(http://www.nl.go.kr/kolisnet)에서 이용하실 수 있습니다.(CIP제어번호:CIP2020035502)」